# 中國學術思想 研究輯刊

## 三九編
林慶彰 主編

## 第 **14** 冊
**李贄音樂美學研究（上）**

歐陽蘊萱 著

花木蘭文化事業有限公司

國家圖書館出版品預行編目資料

李贄音樂美學研究（上）／歐陽蘊萱 著 -- 初版 -- 新北市：
花木蘭文化事業有限公司，2024〔民 113〕
目 4+172 面；19×26 公分
（中國學術思想研究輯刊 三九編；第 14 冊）
ISBN 978-626-344-586-4（精裝）
1.CST：（明）李贄 2.CST：學術思想 3.CST：音樂美學
030.8                                        112022476

ISBN-978-626-344-586-4

中國學術思想研究輯刊
三九編 第十四冊                    ISBN：978-626-344-586-4

## 李贄音樂美學研究（上）

作　　者　歐陽蘊萱
主　　編　林慶彰
總 編 輯　杜潔祥
副總編輯　楊嘉樂
編輯主任　許郁翎
編　　輯　潘玟靜、蔡正宣　美術編輯　陳逸婷
出　　版　花木蘭文化事業有限公司
發 行 人　高小娟
聯絡地址　235 新北市中和區中安街七二號十三樓
　　　　　電話：02-2923-1455 ／傳真：02-2923-1452
網　　址　http://www.huamulan.tw 信箱 service@huamulans.com
印　　刷　普羅文化出版廣告事業
封面設計　劉開工作室
初　　版　2024 年 3 月
定　　價　三九編 23 冊（精裝）新台幣 62,000 元

# 李贄音樂美學研究(上)

歐陽蘊萱 著

## 作者簡介

歐陽蘊萱，民國 67 年（1978 年）生於澎湖，雅好音樂，情鍾文學。東海大學中國文學學士，東華大學教育學碩士，臺灣藝術大學音樂碩士，成功大學中國文學博士。研究專長為李贄思想、音樂美學、鋼琴演奏。著有〈李贄「原心妙化」之音樂美學觀研究〉、〈以音樂欣賞進行音樂治療之行動研究〉、〈巴赫半音階幻想曲與賦格的演奏詮釋〉等學位論文，以及〈李贄音樂美學觀之儒家精神〉、〈從「才氣」觀探究《文心雕龍》批評典範建構〉、〈以「狂」為中心的審美思維——論李贄評點《忠義水滸傳》的二度創作〉、〈李贄童心說對王陽明心學之繼承與轉向〉、〈唐代俠義小說「狂」之人物形象書寫〉、〈杜南依音樂會練習曲作品 28 的創作手法〉等期刊研討會論文數篇。

## 提　要

　　本文是作者博士論文之修訂稿，希冀以徐復觀「工夫的樂論」，探究李贄「以樂體道」之精神，及其在音樂美學中達到之心性超越與自由。本諸美學視域的「童心」說，思索李贄樂學的本質、層次、形式、風格、樂器、演奏、審美過程與教化價值。

　　李贄傳承道家論「心」之自然、虛靜、天真義，佛教之真空義，及王門心學之宇宙心、主體心、廓落心，開創出融攝儒釋道之「童心」說。「童心」是李贄音樂美學的基礎，以「樂由心生」、「琴者，心也」、「聲音之道原與心通」為主體，拓展出「發於情性」、「由乎自然」、「止乎禮義」三個層次。其說在聲、音、樂的辨名析理雖不明確，但大抵趨近於老子音聲相和的概念。因來自心之規範性，而有「拘於律」，又不可「拘於一律」的音樂結構論，且由於個體性格的殊異，形成「有是格，便有是調」的音樂風格論。

　　至於音樂生成的樂器屬性與演奏，李贄反對前人區分樂器有高下，提出凡來自心之發用，皆為至樂。就弦樂、聲樂、擊樂演奏，足見李贄尚「實」、全「心」投入之身體工夫，也因其視「道」即「心」，只要本於「心」之自律，便得以融通萬物，「技」「道」無二。而在音樂審美過程中，李贄習自佛教的偶觸頓悟，凡情性自然流露的音樂，自能感動人心。聽者因聲知心，藉音樂以心解心，唯知音可獨得演奏者之心而知其深。奏者則因本「心」自具之真「情」流現與天賦「禮義」之規範，得以在音樂「現成」中，達到無工之「造化」妙境。

　　李贄樂學除審美價值外，同時也具教化意義，他肯定戲曲有興觀群怨的作用，凡飲食宴樂，皆可使人起義動慨。即便向來被視為小技小道之今樂，也如古樂般具有興觀群怨之效。故李贄的音樂美學更強化於「人」樂，著重人心之情理平衡，追求個體「存有」主體之「和」，並在音樂美的體現中，實踐真善美之渾成統一。

目
次

# 第一章　緒　論

## 第一節　問題意識之拈出

　　人生於世，藉由理解而產生的「存有」（Being）概念，在在影響個人形成殊異的行動，展現其獨特的「存在」（existence）方式。也因人無法揚棄對自己的關懷，只要把握「屬我性」（mineness）而進行行動，即可得到本真（Authentic）的存在，成為真正的自己。〔註1〕本論文主在探討中國美學異端大師李贄（1527～1602）在承繼儒釋道學說後，又批判性的浮現自覺意識，提出獨特見解，與對儒、釋、道的質疑，其勇於面對自我的可能性（possibility），有值得追蹤者，而其如何透過樂學彰顯自身，藉由美學凸顯自由與超越，更是筆者所欲深入了解之所在。

　　自徐復觀提出工夫的樂論，肯認以「音樂」作為人格修養之工夫後〔註2〕，以樂體道之相關論述，漸被重視。張晚林、陳國雄〈「工夫的樂論」如何可能——論徐復觀對中國古代樂論的心性學詮釋〉就從功能價值、道德形上學、最高存在形式三方面探討「工夫的樂論」，認為徐復觀是透過「樂教」的「樂」的內在根源與「仁」聯繫，以確立「工夫的樂論」之道德形上學。又因儒家強調音樂本於「仁」，出自「性」，且有形之樂有所侷限，故作為音樂最高形式的

---

〔註1〕Martin Heidegger, Being and Time, tr. J.Macquarrie & E.Robinson (New York: Harper & Row, 1962). pp.25-26.

〔註2〕徐復觀曾提出「工夫的樂論」說，認為孔門之所以重視「樂」，乃基於政治教化，依此作為人格修養、提升，進而達到仁的人格完成之工夫。詳參徐復觀：《中國藝術精神》（增補六版），（臺北：臺灣學生書局，1979年），頁20。

「無聲之樂」等同於「仁」之境界，形成人生的藝術化，為聖賢氣象的展現。〔註3〕此外，在後續研究中，尤其是當前方興未艾的身體觀領域，更有相關論述提及人體五種感官裡，聽覺是工夫修養的實踐過程中，最直接貫通「道」的媒介，此論是儒、釋、道三家文獻不約而同的共識。〔註4〕本文研究目的，乃就李贄的音樂美學思想作為研究命題，蠡測其超乎儒、釋、道音樂美學的傳統，及其音樂美學在中國文化中特殊之轉折底蘊。

　　本文旨在抒論李贄以「童心」為其音樂美學之基礎，做為發用之心的「童心」，兼容儒釋道三家思想之特質，李贄論「心」，是以「真」、「情」為「心」之本質，而由「心」所開展出的音樂則成為「心」之載體，動「情」則是使「心」發用而為「童心」，藉由探究音樂中呈顯出的「情」，即可體會「真樂」之造化無工、妙有之美。故探究「心」之真「情性」與秉賦所有之「禮義」，使作為「心」之載體的音樂，因得於心之自然而然，無斧鑿刻痕，無技巧特意雕琢，自然的真情流現，得以展現無工之「造化」，臻達妙有入神，故在音樂美境中，讓身心融貫於安適自得，並生生不息地運轉流行。也因為非造作於形式，或配合外在框架之束縛，故人心內在情理之統合，得以透過音樂美，活潑生成於當下每一刻之「和」境。且李贄融攝儒釋道三家之「心」本身即具有生生不息之特徵，故「真」、「情」流露之「童心」，所開展出的音樂美境亦得以源源不絕。也因李贄的樂論是在本體上做工夫的即體即用論，故筆者希望藉其音樂美學，綰合李贄音樂與文學、思想會通之本質，並思索樂論如何成為其探究生死性命下落的工夫進路，藉此融合真、善、美，達到生命之完成。

　　然欲探求李贄音樂美學觀，則必須先確立音樂美學一詞之定義。蓋中西方美學名稱出現很晚，然其發展已達兩千多年歷史〔註5〕，音樂美學被視為獨立

〔註3〕張曉林、陳國雄〈「工夫的樂論」如何可能——論徐復觀對中國古代樂論的心性學詮釋〉，《武漢大學學報（人文科學版）》第60卷第5期，2007年9月，頁588～593。

〔註4〕林世賢分別從耳根和聲音兩方面切入，析論耳志根和聲音二者共有之「通」與「無為」的特質，正是耳修特別殊勝的關鍵因素，而「通」與「無為」又恰好符合體道者、證悟者之境界。故其認為儒、釋、道三家不約而同地宣稱：身體的五種感官中，耳修在工夫論上特別殊勝。相關論述詳見林世賢：〈聰聖、聞思與音樂——論耳修在工夫論上之殊勝〉，《漢學研究》第30卷第1期，2012年3月，頁61～92。

〔註5〕葉朗：《現代美學體系》，（北京：北京大學出版社，1988年），頁1～3。該書

學科，是近一、二百年之事，其作為美學——藝術哲學的分支之一，同時也是音樂學的一部門，主在從事音樂本質、本體、實踐、功能、審美與美學史的研究。〔註6〕至於中國音樂美學則是近幾十年來西學東漸而產生之新學科，然有論者認為，中國沒有西方式的美學，只有心性體系下「天人一體」、禮樂交融之樂學，而對「樂」之哲學研究，形成中國心性藝術哲學，其中儒家主入世心性之「人樂」，道家主出世心性之「天樂」，因此研究中國美學，就是研究中國「樂學」〔註7〕。

　　從歷史文化層面端看，中國「樂」學在先秦時期早已興起，且往往與禮、詩並提。同時，「樂」學也和人格之完成息息相關，自孔子以降，便有「興於詩，立於禮，成於樂」（《論語‧泰伯》）〔註8〕之說，詩、禮、樂三位一體之概念，影響歷代思想與文學。而道家則先有老子的「大音希聲」說（《老子‧四十一章》）〔註9〕，後有莊子推崇自然本體之音，自然之樂——「天籟」，強調「退仁義，賓禮樂」（《莊子‧天道》）〔註10〕，體現「中純實而反乎情，樂也」（《莊子‧繕性》）〔註11〕這種使人心復歸純樸真實之性情精神。之後佛教音樂有「梵唄」、佛曲、暮鼓晨鐘，與道教音樂互相融合後漸趨本土化，音樂作為修行法門的關鍵，透過樂音以達自性圓滿，證得菩提。

　　而李澤厚《中國美學史》將中國美學區分為儒家、道家、楚騷、禪宗四大美學體系。〔註12〕吳經熊則在《哲學之悅樂精神》提及，中國哲學三大主流：儒、釋、道皆具有悅樂精神，雖所樂不同，儒家來自好學、行仁、人際和諧的

關於西方美學名稱的發展源流，已有完整介紹，故此不再贅述。

〔註6〕張前、王次炤：《音樂美學基礎》，（北京：人民音樂出版社，2001年），頁1～13。該書整理「音樂美學」一詞的各種定義後，歸納出「音樂美學」的內涵與研究方法，包含本質、本體、實踐、功能、審美與美學史等面向。

〔註7〕勞承萬：《中國古代美學（樂學）形態論》，（北京：中國社會科學出版社，2010年），頁39。

〔註8〕〔宋〕朱熹撰、徐德明校點：《四書章句集注》，（上海：上海古籍出版社，2001年），頁121。

〔註9〕〔魏〕王弼注、樓宇烈校釋：《老子周易王弼注校釋》，（臺北：華正書局，1983年），頁113。

〔註10〕〔清〕王先謙著：《莊子集解》，（臺北縣：漢京文化事業有限公司，1988年），頁120。

〔註11〕〔清〕王先謙著：《莊子集解》，（臺北縣：漢京文化事業有限公司，1988年），頁135。

〔註12〕李澤厚：《中國美學史》第一卷，（北京：中國社會科學出版社，1984年），頁20。

充實之樂；道家在於逍遙、無拘束、由忘我找尋真我，心靈與自然、宇宙和諧的空靈之樂；禪宗則以明心見性、求得本來面目且達入世、出世和諧。因此儒釋道悅樂精神的核心是「和諧」，「和諧」同時也是音樂術語，故有「和」就有「樂」。〔註13〕可見要研究中國美學，甚或音樂美學，萬不能忽略儒釋道三家體系。

　　既然中國哲學本具有悅樂精神，那麼到底要透過甚麼樣的「工夫」方能臻達「樂」境，是筆者一直思索的問題。在閱讀相關文獻過程時，體察到中國的緣「情」傳統，儒家重視禮教，而禮樂難以分離，外在的禮樂植基於內心的敬愛之「情」；道家追求真，自然之樂，因鍾情而忘情；禪宗著意於有情卻不執著於情，要去除我執，以達空明澄淨之心境美。可見以「情」為根本，透過兼具音樂學與藝術哲學的音樂美學，實得以作為一種工夫，使人獲得樂適自得之層次。此說在徐復觀《中國藝術精神》中曾有相關論述，自古孔子便重視音樂教育，禮則是人類行為的藝術化，孔子已然追求對音樂的最高藝術價值之自覺。孔子的樂教就是學道，在其政治理想中具有重要性。〔註14〕同時，因為以道為樂（ㄌㄜˋ），所以人道合一，此即「樂（ㄩㄝˋ）者，樂（ㄌㄜˋ）也。」（《荀子‧樂論》）〔註15〕透過感官以道為樂，在正樂體驗中，達到「中和」之境，而「中和」統一了美與善，道德理想人格也因此完成，達到仁中有樂，樂中有仁。〔註16〕

　　耙梳當前中國音樂美學研究最著者，可以蔡仲德《中國音樂美學史》為代表，蔡氏此書，乃就中國歷代文獻中，與音樂美學相關之典籍為對象，進行各時代音樂美學觀之探討。本書參考書目眾多，對歷代音樂美學觀之思索，皆下過極深刻之功夫。然既以「史」為脈絡，本身就無法在每個觀點，進行細膩而深入之闡述，但也因本書涵蓋了自成體系的音樂美學專論專著，包括經、子及後世文集中的有關論述、凡歷代經傳之相關資料、二十五史中的樂志律志、西漢以後的音樂諸賦、宋元以後的琴論、唱論（含曲論）等等，對音樂美學後續研究，提供諸多可能性，為其最大貢獻。

---

〔註13〕吳經熊著、朱秉義譯：《中國哲學之悅樂精神》，（臺北：華欣文化事業中心，1979年），頁1。

〔註14〕徐復觀：《中國藝術精神》（增補六版），（臺北：臺灣學生書局，1979年），頁1～9。

〔註15〕〔清〕王先謙著：《荀子集解》，（臺北：世界書局，1965年），頁252。

〔註16〕徐復觀：《中國藝術精神》（增補六版），（臺北：臺灣學生書局，1979年），頁12～18。

　　針對李贄音樂美學理論，蔡仲德站在肯定李贄主「情」之成就，視其為明代音樂美學之道家代表。筆者在研讀李贄相關著作後，發現李贄思想難以截然畫分為儒、釋、道任一家，且他生活之明代中晚期，無論社會、政治、經濟，或是文化、思想方面，皆有劇烈變動，當時士、商階層結構之轉變，儒、釋、道三家會通之氛圍，皆對李贄產生莫大影響，故蔡氏為李贄歸屬之美學定位，應有重新審議之必要。是純粹之儒或釋或道？抑或儒釋道三教會通之產物〔註17〕？

　　另從宏觀角度視之，中國音樂美學屬中國美學之一環，而中國美學理論，要者可以朱光潛《文藝心理學》〔註18〕、《美學再出發》〔註19〕、李澤厚《中國美學史》〔註20〕、《美學三書》〔註21〕、徐復觀《中國藝術精神》〔註22〕、宗白華《美學散步》〔註23〕、葉朗《中國美學史大綱》〔註24〕、《現代美學體系》〔註25〕等著作為代表，再從中區分出文藝美學、音樂美學、書畫藝術等子議題。而中國美學研究，大致上是由先秦時代儒、道兩家拓源，繼以魏晉南北朝融合佛教美學，經唐宋開展後，再呈顯明代美學體系中儒釋道三教會通的特徵。

---

〔註17〕針對「三教會通」一詞，徐聖心說，此期三教關係有非尋常所論者，不得遽以「三教合一」簡括而混同。……除公安袁氏之外，其餘均未直捷以「三教」之綜合為務，反而皆競競慎慎在兩方試加調諧。……所謂「合一」，則每一議題或章節設定，皆當使三教人物與概念同時出場，而後「合一」之歷史軌跡、思想家之努力及其真實性，才能大顯彰明。然而，「合一」說並非此期最高成就，亦非所有人士之關注與著力處，其結果也未必足以安立三方。「三教會通」，僅表示這樣的立場：不認為三教勢同水火，亦未必先假定其高下優劣，而力求彼此間之相互了解，相互補充、相互融會、相互增益；但同時又不隨意以為三教同源、同旨或一致，概念間可由表面相似性遽作等同或並論。由此立場所展開與他教間之深刻對話，既能外於自身以親近他者，又能回歸自身以自持其學。此迂迴往返，軌跡疊複，乃所以成其會通。詳見徐聖心：《青天無處不同霞：明末清初三教會通管窺》，（臺北：臺灣大學出版中心，2010年），頁14～15。由於此期的三教思想在「合一」、「會通」等詞彙的歸屬，在學界論者甚多，筆者採徐氏之「相互了解，相互補充、相互融會、相互增益」意，故本論文談論到相關概念時，皆以「儒釋道會通」、「三教會通」一詞概括，以免陷入太快下「合一」定論之失。

〔註18〕朱光潛：《文藝心理學》，（臺北：智揚出版社，1986年）。

〔註19〕朱光潛：《美學再出發》，（臺北：丹青出版社，1987年）。

〔註20〕李澤厚：《中國美學史》，（北京：中國社會科學出版社，1984年）。

〔註21〕李澤厚：《美學三書》，（合肥：安徽文藝出版社，1999年）。

〔註22〕徐復觀：《中國藝術精神》（增補六版），（臺北：臺灣學生書局，1979年）。

〔註23〕宗白華：《美學散步》，（上海：上海人民出版社，1981年）。

〔註24〕葉朗：《中國美學史大綱》，（上海：上海人民出版社，1985年）。

〔註25〕葉朗：《現代美學體系》，（臺北：書林出版有限公司，1993年）。

其次，過往對李贄音樂美學的研究，往往從其〈童心說〉出發，並輔以〈讀律膚說〉、〈雜說〉〔註26〕、〈征途與共後語〉〔註27〕、〈琴賦〉〔註28〕等幾篇文章闡述，卻忽略從李贄文本及整體思想觀念進行全盤探查。尤其《易》和中國音樂美學有不可分割的淵源關係，同時，李贄對《易》也有深入研究，晚年更作《九正易因》；另外，《中庸》多處論及禮之觀念，為儒家重要禮制思想典籍，而禮樂合一又是儒家核心精神，在《道古錄》中，李贄也曾針對《中庸》發抒過見解；再者，是李贄對戲曲的肯定，從他對曲文評價可窺見一二，如：〈玉合〉、〈崑崙奴〉、〈拜月〉、〈紅拂〉〔註29〕等篇，皆可彰顯其音樂美學觀。諸如此類，在探討李贄音樂美學思想時，皆屬於不可不察之重要線索，然過去研究卻未能全面從李贄文本，及更高哲學角度思索，當然無法深入於李贄音樂美學思維。且「童心說」在中國思想中繼往開來的定位為何？李贄音樂美學和童心說的呼應何在？又如何能在儒釋道傳統音樂精神之外獨樹一幟，走出其個人在中國音樂美學的價值？而其獨特的音樂美學思想，對後世究竟造成了什麼樣的影響？

再者，研究李贄的音樂美學，對理解他的整體思想，可以有何新的貢獻？又，樂學乃中國思想中的重要維度之一，也是儒、道天人合一境界的重要工夫，不僅包含形而下的律學、樂器學，同時可隸屬形而上的中國哲學體系，故對李贄音樂美學的梳理，不僅是對李贄整體思想的再探討，也是對中國儒釋道研究的另一種反芻，本論文即希望能藉由李贄音樂美學觀的探查，俾對晚明思想提出另一番新的見解。

最後，在傳統雅樂觀念下，音樂往往代表一種生命的完成，同時也有重視「雅」、「正聲」之特色，但李贄向來被視為狂者，又是晚明狂禪代表，他從「童

〔註26〕據張建業說法，〈童心說〉、〈讀律膚說〉及〈雜說〉三文約完成於萬曆二十年（1592 年），李贄時年 66 歲。詳見氏編：《李贄全集注（第 1 冊：焚書注一）》（北京：社會科學文獻出版社，2010 年），頁 272、276、364。

〔註27〕據張建業說法，此文約完成於萬曆廿三年（1595 年），李贄 69 歲。已屬晚年之作。李贄當時被驅逐出麻城。

〔註28〕據張建業說法，本文寫作時間不詳。

〔註29〕此四篇約完成於萬曆二十年（1592 年），李贄 66 歲。許建平則認為四篇皆非李贄之作，理由是錢希言認為此皆贗籍，且李贄與友朋往來書信從未提及批點過此四種書。但筆者認為理由過於薄弱，且顧大韶校訂本《李溫陵集》將四篇完整收錄，應是有審慎評估過其真偽，故本論文仍將其納入重要文本進行分析。詳見《李贄文集注》。

心說」所提出的音樂美學觀，展現的是一種主情音樂美學，和傳統雅樂相較來看，是否真如前人所言，乃背道而馳？而其音樂美學觀，和表面為狂者，實際上又有嚴謹自律性格、高潔之思的李贄「心」之理路，是否有所扣合？李贄的音樂觀和過去《荀子‧樂論》、《禮記‧樂記》、《淮南子‧卷二十‧泰族訓》、阮籍〈樂論〉、嵇康〈聲無哀樂論〉等代表作，又有何相承接、轉變的關係？而其樂學、文學、思想三者又是如何彼此相輔相成，相互融攝？同時，他的音樂美學觀在明代又彰顯何種意義？尤其與徐上瀛《溪山琴況》可以有何相對照或相反之處？

　　李贄為中晚明重要思想家，在史學、哲學、軍事、美學、文學等諸多面向，皆有舉足應重之地位，其藉由傾聽自己的「良知」（conscience），「決斷」（resoluation）的行動，拓展出儒釋道傳統音樂精神之外的獨特性，對一生追求生命本質與生死問題的李贄，是否也透過音樂美，彰顯了個人「存有」的超越實踐？基於種種問題，本文企圖重探李贄以「童心」出發的音樂美學觀，梳理其音樂美學在中國文化中特殊之轉折，以理解其藉此實踐生命「存有」之超越。

## 第二節　材料文獻之釐訂

　　本文材料文獻之釐訂，乃先全面閱讀梳理李贄文本後，再挑出和李贄美學、音樂觀有關之篇什，進行分門別類整理，再進一步梳理出足以佐證音樂美學基礎的論述，進行文本解讀，以重新思考李贄音樂美學觀點，期盼能以更全面完整的角度看待李贄音樂美學的立體面向。

　　由於以李贄為名之作多有偽託，為求審慎，故參考王冠文於 2011 年出版之《李贄著作研究》，許建平《李贄思想演變史》等諸說，及 2010 年，由張建業主編、北京社會科學文獻出版社所出版之《李贄全集注》〔註30〕之論點，並旁及零星他說，確認真作偽作後，再進行文本校對。

　　李贄著作真偽，前人曾提出多樣看法。早期有明代顧大韶校訂之《李溫陵

---

〔註30〕張建業在 2010 年主編的《李贄全集注》是目前較為全面收錄李贄著作之影印本，其編輯方式乃掀列出原文，再加以注釋。該書乃根據經、史、子、集、方志、筆記、雜著等等，加以考訂，並對其著作的思想、術語、事件、人物、典章制度、地理沿革、歷史傳說等等進行詳註。為盡客觀考察，糾正版本之失，故融合參考萬曆四十年（1612 年）陳大來《李卓吾先生遺書》、明末顧大韶校刊本《李溫陵集》、和李贄密切往來之士人文集、詩集及明、清其他士人之相關說法。皆可見張氏校勘之用心，更可為後續研究提供豐富之資料。

集》，此被視為早期較精確之版本〔註31〕，顧氏於序文中曾說：

> 《藏書》百卷止憑應德左編恣加刪述，顛倒非是，縱橫去留，以出
> 宋人之否，則有餘以折衆言之淆，則未足《世說》、《初潭》義例踳
> 雜，《中庸》、《道古》旨趣無奇，自此以還，益寥寥矣。若夫氣挾風
> 霜，志光日月，攄賢聖之腎腸，寒儒學之心膽，其在《焚書》乎？
> 子靜伯安未審優劣，求之近世，絕罕其儔。雖吾師登之，胸羅三教，
> 目營千載，亦似不及也。《說書》數十篇，放於體而弱於辭，放於體
> 而戾今，弱於辭而乖古，雖云理勝，未覩成章。光《莊》二解可謂
> 清通，已採焦氏翼，不復入集。《孫武參同》寡所發明，《易因》一
> 編，率多傅會，甚至俗說、院本，概傳標評，悉屬贗書，無可寓目。
> 茲之所撰，盡已削諸集，凡二十卷，本之《焚書》者十六，取之《藏
> 書》及雜著者十四。〔註32〕

顧大韶論及李贄幾本著作，包含《藏書》、《世說新語補》、《初潭集》、解讀《中
庸》和《大學》的《明燈道古錄》、《焚書》、《說書》、《莊子解》、《孫子參同》
和《九正易因》，並以《焚書》、《藏書》為主，旁涉雜注考訂後，編入《李溫
陵集》，故可肯定的是，《李溫陵集》之內容應皆為李贄所作。

　　《四庫全書總目提要》中，曾針對李贄作品《九正易因》〔註33〕、《藏書》〔註

---

〔註31〕 許建平：〈《焚書》刊刻過程、版本及真偽〉，《復旦學報（社會科學版）》2008
年第 5 期，頁 104～114。

〔註32〕 〔明〕顧大韶：《炳燭齋稿》，收入《四庫禁燬書叢刊・集部》第 104 冊，（北
京：北京出版社，2000 年），頁 546。

〔註33〕 按《四庫全書總目提要》曰：「是書每卦先列《經》文，次以己意總論卦象，
又附錄諸儒之說於每卦之後。書止六十四卦。其《文言》、《繫辭》等傳，皆未
之及。《經》文移《大象》於《小象》之後，則贄臆改也。朱彝尊《經義考》
載其原《序》述馬經綸之言曰：『樂必九奏而後備，丹必九轉而後成，《易》必
九正而後定。』故有是名。贄所著述，大抵皆非聖無法。惟此書尚不敢誣詆孔
子，較他書為謹守繩墨云。」詳見〔清〕紀昀總纂：《四庫全書總目提要》，（石
家莊：河北人民出版社，2000 年），頁 208。

〔註34〕 按《四庫全書總目提要》曰：「是編上起戰國，下迄於元，各采摭事蹟，編為
紀傳。紀傳之中，又各立名目。前有《自序》曰：『前三代吾無論矣。後三代
漢、唐、宋是也。中間千百餘年，而獨無是非者，豈其人無是非哉？咸以孔子
之是非為是非，固未嘗有是非耳。然則予之是非人也，又安能已。』又曰：『《藏
書》者何？言此書但可自怡，不可示人，故名曰《藏書》也。而無奈一二好事
朋友，索覽不已，予又安能以已耶。但戒曰：覽則一任諸君覽，但無以孔夫子
之定本行賞罰也則善矣』云云。贄書皆狂悖乖謬，非聖無法。惟此書排擊孔
子，別立褒貶，凡千古相傳之善惡，無不顛倒易位，尤為罪不容誅。其書可毀，

34）、《續藏書》〔註35〕、《初潭集》〔註36〕、《讀升庵集》〔註37〕、《李溫陵集》〔註38〕及《三異人集》〔註39〕進行評價。懷疑《讀升庵集》、《三異人

其名亦不足以汙簡牘。特以贊大言欺世，同時若焦竑諸人，幾推之以為聖人。至今鄉曲陋儒，震其虛名，猶有尊信不疑者。如置之不論，恐好異者轉矜創獲，貽害人心。故特存其目，以深暴其罪焉。」詳見〔清〕紀昀總纂：《四庫全書總目提要》，（石家莊：河北人民出版社，2000年），頁1387。

〔註35〕按《四庫全書總目提要》曰：「贊所著《藏書》，為小人無忌憚之尤。是編又輯明初以來事業較著者若干人，以續前書之未備。其書分《開國名臣》、《開國功臣》、《遜國名臣》、《靖難功臣》、《內閣輔臣》、《勳封名臣》、《經濟名臣》、《理學名臣》、《忠節名臣》、《孝義名臣》、《文學名臣》、《郡縣名臣》諸目。因自記其本朝之事，故議論背誕之處比《藏書》為略少。然冗雜顛倒，不可勝舉。如一劉基也，既列之《開國名臣》，又列之《開國功臣》。一方孝孺也，既列之《遜國名臣》，又列之《文學名臣》。經濟本無大小，安見守令設施不足以當經濟，乃於《經濟名臣》外別立《郡縣名臣》。又王禕殉節滇南，不入之《忠義傳》中，而列之《開國名臣》內。種種踳駁，毫無義例，總無一長之可取也。」詳見〔清〕紀昀總纂：《四庫全書總目提要》，（石家莊：河北人民出版社，2000年），頁1384。

〔註36〕按《四庫全書總目提要》曰：「此乃所集說部，分類凡五：曰夫婦，曰父子，曰兄弟，曰君臣，曰朋友。每類之中又各有子目，皆雜采古人事蹟，加以評語。其名曰初潭者，言落髮龍潭時即纂此書，故以為名。大抵主儒、釋合一之說。狂誕謬戾，雖粗識字義者皆知其妄，而明季乃盛行其書，當時人心風俗之敗壞，亦大概可睹矣。」詳見〔清〕紀昀總纂：《四庫全書總目提要》，（石家莊：河北人民出版社，2000年），頁3364。

〔註37〕《四庫全書總目提要》曰：「是編裒集楊慎諸書，分類編次。凡採錄詩文三卷，節錄十七卷，去取毫無義例。且贊為狂縱之禪徒，慎則博洽之文士，道不相同，亦未必為之編輯。序文淺陋，尤不類贊筆。殆萬曆間贊名正盛之時，坊人假以射利者耳。」可見《四庫全書》將本書列為李贊偽作。詳見〔清〕紀昀總纂：《四庫全書總目提要》，（石家莊：河北人民出版社，2000年），頁3364。

〔註38〕按《四庫全書總目提要》曰：「是集一卷至十三卷，為答書、雜述，即《焚書》也。十四卷至十七卷為《讀史》，即摘錄《藏書》史論也。十八、十九二卷，為《道原錄》，即《說書》也。第二十卷則以所為之詩終焉。前有《自序》，蓋因刻《說書》而並摘《焚書》、《藏書》，合為此集也。贊非聖無法，敢為異論，雖以妖言逮治，懼而自剄。而焦竑等盛相推重，頗熒眾聽，遂使鄉塾陋儒，翕然尊信，至今為人心風俗之害。故其人可誅，其書可毀，而仍存其目，以明正其為名教之罪人，誣民之邪說，庶無識之士，不至怵於虛名，而受其簧鼓，是亦彰癉之義也。」詳見〔清〕紀昀總纂：《四庫全書總目提要》，（石家莊：河北人民出版社，2000年），頁4780。

〔註39〕按《四庫全書總目提要》曰：「是書凡方孝孺詩文十卷；于謙奏疏四卷，文一卷，詩三卷；楊繼盛奏疏、詩文各一卷，附錄一卷。贊各為之評。贊狂悖自恣，而是集所評乃皆在情理中，與所作他書不類。卷首題吳山俞允諧汝欽正，或允諧所為，托之於贊歟？三人皆自有集，皆自足千古，初不假贊之表章。況以贊

—9—

集》為偽作，其餘則多加詆毀。

黃文樹認為確實為李贄真作者有：《焚書》六卷、《續焚書》五卷、《藏書》六十八卷、《續藏書》二十七卷、《初潭集》十二卷、《史綱評要》三十三卷、《李溫陵集》二十卷、《老子解》一卷、《明燈道古錄》二卷、《墨子批選》二卷、《九正易因》二卷、《陽明先生道學抄》八卷、《四書評》十九卷〔註40〕。

除了上列著作，吳澤認為李贄還有《四書評眼》十三卷、《三教妙述》四集、《枕中十書》、《孫子參同》、《易因》等著作〔註41〕。

許蘇民認為李贄著作還有：《莊子解》上下二篇、《因果錄》上中下三卷、《闇然錄最》四卷、《永慶答問》、《祚林記譚》、《淨土訣》、《三教品》、《般若心經提綱》、《觀音問》、《山中一夕話》、《歷朝藏書》、《皇明藏書》、《叢書匯》、《說書》、《龍溪王先生文錄鈔》、《陽明先生年譜》、《李卓吾先生讀升庵集》、《世說新語補》、《坡仙集》、《李卓吾先生批評忠義水滸傳》、《李卓吾先生批點西廂記真本》、《李卓吾批評琵琶記》、《李卓吾批評玉合記》、《李卓吾先生批評幽閨記》、《李卓吾先生批評浣紗記》、《李卓吾先生批評三國志》、《湖上語錄》（已佚）、《姑妄編》、《禪談》、《龍湖閑語》、《文字禪》、《古德機緣》、《業報案》、《批選大慧集》。〔註42〕

許建平認為，《焚書》、《續焚書》皆為李贄著作，而《續藏書》真偽則有疑慮，但凡收入《續藏書》卷三《讀史匯》中的文字應為李贄之作。至於李贄批評的小說、戲曲、文集，如：《李卓吾先生批評西廂記》、《李卓吾先生批評忠義水滸傳》、《李卓吾先生批評琵琶記》，採顧大韶〈李溫陵集序〉所言：「甚至俗說、院本鬃傳標評，悉屬贗書，無可寓目」〔註43〕，應視為偽作，但其中若有收入《焚書》、《續焚書》的小段文字，則視為李贄之作。〔註44〕

---

之得罪名教，流毒後學，而選錄三人之文，不足以為三人榮，反足以為三人辱矣。」詳見〔清〕紀昀總纂：《四庫全書總目提要》，（石家莊：河北人民出版社，2000年），頁5267。

〔註40〕黃文樹：〈李贄的教育思想及其時代意義（上）〉，《鵝湖月刊》第238期，1995年4月，頁22～28。

〔註41〕吳澤：《儒教叛徒李卓吾》，（北京：仲信出版社，1949年），頁5。

〔註42〕許蘇民：〈李贄一生的著述〉，《李贄評傳》，（南京：南京大學出版社，2009年），頁186～198。

〔註43〕〔明〕顧大韶：《炳燭齋稿》，收入《四庫禁燬書叢刊‧集部》第104冊，（北京：北京出版社，2000年），頁546。

〔註44〕許建平：《李贄思想演變史》，（北京：人民出版社，2005），頁11。許建平該書主要採取對李贄思想做歷史性描述，探討李贄生平中各個階段時期所接受

　　王冠文則認為，目前李贄著作最完備的排印本是張建業的《李贄文集》七卷，收錄了《焚書》、《續焚書》、《藏書》、《續藏書》、《初潭集》、《四書評》、《史綱評要》、《老子解》、《莊子解》、《九正易因》、《因果錄》、《永慶答問》、《祚林記譚》、《道古錄》、《闇然錄最》、《孫子參同》等李贄著作，然而其中欠缺了李贄佛教思想之作，包含：《卓吾老子三教妙述》、《三教品》、《釋子須知》、《般若心經提綱》、《淨土訣》、《華嚴經合論簡要》，且張氏校勘主要是參閱中華書局排印本，雖然中華書局排印本品質水準精良，但並非古籍善本，實為其缺憾。〔註45〕

　　另外，由於 2010 年 5 月張建業編的 26 冊《李贄全集注》為當前李贄作品注最完整者，其在原來《李贄文集》的篇章外，又補收《讀升庵集注》、《雅笑注》、《陽明先生年譜注》、《小說評語批語摘編》，將李贄重要作品盡可能蒐羅完整，且考訂《李卓吾先生遺書》、《李溫陵集》、同時期相關文人著作與其他士人論述等多種刊本，資料甚為詳實。捨棄《疑耀》等偽作，至於尚無法確認真偽之《史綱評要》、《四書評》及部分戲曲小說評點等，則先採保留態度，編者實有其用心之處。惟佛學方面作品仍有所缺漏，例如：《淨土訣》、《般若心經提綱》和《華嚴經合論簡要》就未收入《李贄全集注》中。

　　故本論文參考眾說，去除疑為偽作書目，凡引用李贄著作者，皆據張建業主編之《李贄全集注》，不再另外標示出處。另為求精簡，凡第一次出現之篇名，將其著作出處與名稱列出，第二次以後之徵引，則僅列篇名。

## 第三節　前人研究之檢討

　　前人關於李贄研究資料眾多，包含古籍文獻、當今國內外專書、期刊論文、碩博士論文。期刊研究者眾，專書內以單篇論文或章節論述者亦多。針對李贄

---

的不同思想與改變，該書刻意將李贄作品的書寫時間與地點詳加說明，以期呈現伊斯蘭教、儒學、心學、佛教與老莊思想如何逐步影響李贄，目的在梳理出其思想來源與生成流動。其次，許建平認為要研究一個人的思想演變，必須從作家生平經歷事實、傳主的著述事實切入，針對前者，他寫出了近 30 萬言的《李卓吾傳》，已由東方出版社於 2004 年出版，詳見氏著：《李卓吾傳》，（北京：東方出版社，2004 年）；關於後者，則考辨李贄著述年代，弄清每篇（部）論著的繫年，寫出《李贄著述編年考》（尚未出版），許氏以此為基礎，爬梳出李贄思想演變的六大時期、十二個階段。

〔註45〕王冠文：《李贄著作研究》，（臺北：花木蘭文化出版社，2011 年），頁 418。

之相關研究，可參閱張建業主編之《李贄全集注》第 26 冊，分成「李贄資料研究匯編」、「近百年李贄研究論文、著作目錄索引」、「李贄年譜簡編」、「集外集」四個部份，其中「李贄資料研究匯編」先以明、清、近代三個部份依照時代先後順序編排，再加之碑刻與海外著作，井井有條。專書部份，張建業收錄到 2007 年出版者，約八十本。期刊論文方面，張建業針對大陸期刊收錄到 2009 年 5 月，數量有七百多篇，在大陸相關文獻整理上，可謂精細。惟欠缺博碩士論文，且有關台灣之李贄研究論文，多所疏漏。其次，張建業的研究資料匯編，是依照年代先後資料的蒐集整理，至於研究內容的分門別類，以及不同主題的探討，則端賴後續研究之處理。因此筆者在張氏研究匯編的資料基礎上，專書補上 2007 年以後出版者，期刊論文則補上 2009 年 5 月之後較為重要之文獻，台灣相關文獻疏漏較多，故重新梳理，另外，再加上兩岸三地與本論文較為相關之博碩士論文之研究，以求資料更完備。

在國內與大陸，李贄的研究專書就有數十本，除了針對李贄本人著作外，大多在探討李氏生平〔註46〕、哲學與思想、文藝觀與評點〔註47〕、著作考訂。相關資料的蒐集與分析，可謂鉅細靡遺，唯獨欠缺李贄在音樂美學方面的成就，是甚為可惜之事。專書中有專門針對個人研究者，也有李贄和他人比較者，至於博碩士論文中，若有已出版者，則歸類在專書。〔註48〕

當前國內博碩士論文以李贄為研究對象者計 41 種，卻沒有任何一篇和其音樂美學思想有關係的學位論文。國內期刊論文方面，多著重在李贄「童心說」與文論思想闡述，同樣缺乏音樂美學之研究。

為了清楚前人研究的脈絡，故本節依各文獻內容的核心書寫重點，分成以下幾個面向進行文獻探討：生平事蹟探究與繫年、哲學思想、文學與評點、音樂觀與音樂美學等幾個部份整理。另外，也有少部分關於李贄教育觀的研究，如：李秋田《李贄真情體道思想及其美育意義》碩士論文、黃文樹《李贄的教育思想》〔註49〕、〈李贄的教育思想及其時代意義〉上中下三篇期刊論文，

---

〔註46〕例如：潘曾紘編《李溫陵外紀》、張建業撰《李贄評傳》、張建業、許在全主編《李贄研究》、陳清輝著《李卓吾生平及其思想研究》等等。

〔註47〕包含陳錦釗：《李贄之文論》、吳澤：《儒教叛徒李卓吾》、福建省晉江地區文物管理委員會編：《李卓吾思想評介》、林其賢：《李卓吾的佛學與世學》等書。

〔註48〕如：王冠文《李贄著作研究》原為其學位論文，後由花木蘭出版社出版為專書。

〔註49〕黃文樹：《李贄的教育思想》，（高雄：復文圖書出版社，1999 年）。

黃文樹整理了 1995 年以前李贄教育思想的相關研究，概述慶思〔註50〕、毛禮銳、邱漢生、侯外廬等人的觀點，進而提出李贄五個教育重要理念：批判儒家統制文化、廣泛涉獵開拓視野、倡導男女平等觀念、童心即真心的德育、師生關係如同朋友。在讀書目的方面追求自我理想、保持童心、窮究生死，重視敏於學、自得、存疑求真的態度、強調因材並育、原情論勢、問答法、與友討論、分段施教、注重習移等方法，以博覽各家、重視小說戲曲術數工技等教育價值，反對教條，主張務實的道德實踐，以邇言、誠真、人本自治為善，倡導師友平等、共進共學〔註51〕。由於教育類數量較為零星稀少，故不單獨列點陳述。

　　此外，李贄著述自明朝以降，數次被禁毀，民間盜印、假託其文者不絕，門人汪本鈳說：「（卓吾）一死而書益傳，名益重……漸至今日，坊間一切戲劇淫謔刻本批點，動曰卓吾先生。」〔註52〕雖然對卓吾著作真偽考訂論文篇章不少，但純粹專門論述李贄著作者僅有陳學霖（Chan, Hok-lam），以李贄著作版本真偽、20 世紀研究論文著作兩方面編定書目翻檢，卓有貢獻〔註53〕。至於王冠文《李贄著作研究》，其依照李贄生前、死後、存疑偽託、當代選集等四部分呈顯李贄著作之龐雜，並加以分析比對，供後續研究者在文本之選擇。〔註54〕單篇論文為許建平之期刊論文，許氏認為《焚書》最可信的版本，當屬顧大韶（仲恭，1576～？）〔註55〕校訂本《李溫陵集》二十卷最為可靠，而單行

---

〔註50〕慶思視李贄為「進步教育思想家」。詳見慶思：〈李贄的進步教育思想〉，《北京師大學報》第 5 期，1974 年，頁 37～40。

〔註51〕黃文樹：〈李贄的教育思想及其時代意義（上）〉，《鵝湖月刊》第 238 期，1995年 4 月，頁 22～28。

〔註52〕〈續刻李氏書序〉，《續焚書》卷首。轉引自張建業主編：《李贄全集注（第 26冊：附錄）》，（北京：社會科學文獻出版社，2010 年），頁 207。

〔註53〕Hok-lam Chan, Li Chih in Contemporacy Chinese Historigraghy. (New York: M.E.Mote Sharpe. 1980), pp.183-208.轉引自黃文樹：〈李贄的教育思想及其時代意義（上）〉，《鵝湖月刊》第 238 期，1995 年 4 月，頁 22～28。

〔註54〕王冠文：《李贄著作研究》，（臺北：花木蘭文化，2011 年）。

〔註55〕關於顧大韶其人，《明史‧列傳》記載：「老於諸生。通經史百家及內典，於詩、禮、儀禮、周官多所發明，他辨駁者復數萬言。嘗以為宋、元以來述者之事備，學者但當誦而不述。將死，始繕所箋詩、禮、莊子，曰炳燭齋隨筆云。」詳見〔清〕張廷玉等撰；楊家駱主編：《新校本明史并附編六種》，（臺北：鼎文書局，1991 年），頁 6342。又《昭文縣志》（清‧雍正九年刊本）卷 7，頁 20～21：「與兄大章學生。學識淹洽，尤鑽極詩經、三禮，其論詩以為鄭箋時與毛異，唐宋諸儒多與毛鄭異，朱子盡掃毛鄭，概以鄭衛為淫風，世儒皆知其繆，

本《李氏焚書》除了錯誤極多，後兩卷「讀史」、「詩匯」也非李贄親訂，且許氏懷疑此本為刪節《李溫陵集》而成。至於中華書局 1961、1974 年本，則是揉合《李溫陵集》、《李氏焚書》而來，其論文中將《焚書》四次刊刻的篇目與寫作年代加以考證羅列，值得參考。〔註 56〕其餘則是散見於書籍中的單篇論文，敘述較為簡略，故不特別介紹。

　　準此，本節將前人主要研究概分為生平事蹟探究與繫年、哲學思想、文學與評點、音樂觀與音樂美學四個部分梳理。

## （一）生平事蹟之探究與繫年

　　有近代學者朱維之《李卓吾論》〔註 57〕、朱謙之《李贄——十六世紀中國反封建思想先驅者》〔註 58〕、容肇祖《李卓吾評傳》〔註 59〕等作，朱維之為最早的李贄專書，對李贄的生平思想進行簡略概述。而後容肇祖《明李卓吾先生贄年譜》〔註 60〕則將《李卓吾評傳》一書中〈李贄年譜〉的章節摘出，即生平大事梗概介紹，佐以相關原典，因和《李卓吾評傳》內容多有疊合，並無增補，

---

其尤蹐駁者，則不取義之興也。既不取義矣，又何興乎？又有全不會小序之意，妄自刪改者，伐木、鴛鴦二詩是也。今欲刊定一書，當用毛傳為主，毛必不可通，然後用鄭，毛鄭必不可通，然後用朱；毛鄭朱皆不可通，然後網羅群說，而以己意衷之。其論禮記，謂：自宋以前，為禮經之學者，惟知有鄭注、孔疏，康成以耆德，雄辯壓折千載。穎達依阿其旨，無所是正。自宣和有好古之主，於是三代器物，閒出於墟墓伏匿之中，學者援以證漢人之多謬，而陳氏之集說出焉。未有集說以前，學者之患在於疑而不能明，既有集說以後，學者之患又在於明而不能疑。其論周禮，則地官之原隰贏物，小司徒之上中下，地鄉師鄉老州長之名秩，春官大宗伯之天產地產，春官之世婦，夏官馬質之旬，內外司爟之出火內火，冬官之量豆鐮案，以及匠人營國，皆精思博考訂補注疏之疏闕。其辨五帝世繫，謂康成絀史記本紀而取春秋序曆最為有見，王肅據家語五帝德以闢之，斯為謬矣。康成信緯書，莫失於六天之說，而後世乃千載遵用，莫得於帝王世數之說，而後世絕無信從，以此知人心不同，眾言淆亂而好學深思者，寡也。大韶他制作議論，偏奇指歸，亦不盡要於正竹籤傳後虱賦等篇，近於束皙漫戲，而才實超拔不群，有《刻集》及《炳燭齋隨筆》行世，弟大武跪地能文。」

〔註 56〕許建平：〈《焚書》刊刻過程、版本及真偽〉，《復旦學報（社會科學版）》第 5 期，2008 年，頁 104～114。

〔註 57〕朱維之：《李卓吾論》，（北京：協和大學書店，1935 年）。

〔註 58〕朱謙之：《李贄——十六世紀中國反封建思想先驅者》，（武漢：湖北人民出版社，1957 年 2 月）。

〔註 59〕容肇祖：《李卓吾評傳》，（臺北：台灣商務印書館，1973 年）。

〔註 60〕容肇祖：《明李卓吾先生贄年譜》，（臺北：台灣商務印書館，1982 年）。

故兩書可視為同一本書。而朱謙之相較兩者而言，則較為詳賅，從李贄生平、思想背景、世界觀、社會觀、歷史觀、反封建專制思想、反道學與主張思想解放、思想的侷限性及其影響幾個層面論述。朱謙之認為李贄一方面接受了東方思想如道家的自然，禪宗的空觀，與《易》之變化哲學，一方面又接觸西洋初期科學。〔註61〕

　　至於吳澤〔註62〕、李哲良〔註63〕、李輝良〔註64〕、鄢烈山、朱建國〔註65〕、石鵬飛〔註66〕、陳洪〔註67〕、禹克坤〔註68〕、王國鈞〔註69〕、陳金土〔註70〕、高志忠〔註71〕、陳清輝〔註72〕、吳文浩、蘇珊〔註73〕皆以李贄生平為書寫對象，敏澤《李贄》就李贄的生平、政治社會思想、文學思想、小說評點、影響力幾個部分陳述，認為李贄的思想龐雜，包含儒家、道家、禪宗，並將李贄列

---

〔註61〕 朱謙之：《李贄——十六世紀中國反封建思想先驅者》，（武漢：湖北人民出版社，1957年），頁31。

〔註62〕 吳澤：《儒教叛徒李卓吾》，（北京：仲信出版社，1949年）。屬於早期著作，有闡述過於簡略之失。根據張建業主編《李贄全集注（第26冊：附錄）》記載，吳澤有兩本的李卓吾著作，分別為《名教的叛徒李卓吾》（不詳：中華論壇，1946年9月），以及《儒教的叛徒李卓吾》（上海：華夏出版社，1949年4月再版）。兩書乃同一本書分初版、再版，筆者就三書對照，判斷仲信出版社之版本，乃吳澤該書之正體字版本。參見張建業主編：《李贄全集注（第26冊：附錄）》，（北京：社會科學文獻出版社，2010年），頁390。

〔註63〕 李哲良：《人欲：奇人李卓吾》，（重慶：重慶出版社，2001年）。以故事性的書寫手法呈現李贄生平。

〔註64〕 李輝良搜集整理：《李贄的傳說》，（福州：海峽文藝出版社，1987年）。

〔註65〕 鄢烈山、朱建國：《李贄傳——中國第一思想犯》，（北京：中國工人出版社，1993年）。鄢烈山：《李贄：告別中庸》，（遼寧：遼寧人民出版社，2015年）。鄢烈山：《威風悲歌：狂人李贄傳》，（廣東：廣東人民出版社，2012年）。三書內容多所雷同，偏向敘事性的生平書寫。

〔註66〕 石鵬飛：《思想怪傑李贄》，（雲南：雲南人民出版社，2013年）。

〔註67〕 陳洪：《李贄》，（瀋陽：春風文藝出版社，1999年）。僅簡略交代李贄生平事蹟與代表作品。

〔註68〕 禹克坤：《李贄》，（寧夏：寧夏人民出版社，1983年）。偏生平發抒，依事蹟順序敘寫。

〔註69〕 王國鈞：《李贄》，（福建：海峽文藝出版社，2018年）。

〔註70〕 陳金土：《李贄——特立獨行的晚明思想家》，（福建：福建人民出版社，2020年）。

〔註71〕 高志忠：《殉道勇士李贄傳》，（北京：作家出版社，2018年）。

〔註72〕 宋志明、王熙元、陳清輝：《陳獻章·王守仁·李贄》，（臺北縣：臺灣商務印書館，1999年）。

〔註73〕 吳文浩、蘇珊總主編：《奇才李贄》，（山西：山西教育出版社，2016年）。

為左派王學，稱讚他勇於批判突破，文學方面則著重在李贄的童心說，較特別的是，敏澤首度提出李贄「順其性」，即順乎人的本性自然發展之說。〔註74〕張再林《車過麻城・再晤李贄》則以文學筆法取代學術用詞，從「行為藝術家」、「情聖」、「解構大師」、「後後儒者」、「名叫信徒」等五個面向，概述李贄的學術觀點。〔註75〕張建業《李贄論》探討李贄的思想、著作、行跡、文學、晚近研究資料等等，是作者從事李贄研究的成果彙編。〔註76〕

　　詳盡且具批判性者則有陳清輝《李卓吾生平及其思想研究》，從李贄時代背景、家世生平、儒道佛法四家思想、三教合一思想、文論及人物品鑑觀、對後代思想、文學、史學之影響等幾個層面論述，可謂鉅細靡遺，然其中諸多論述是否已蓋棺認定，仍有討論空間〔註77〕。

　　林其賢的《李卓吾事蹟繫年》乃針對李贄生平事蹟依照年代先後順序彙整，並寓地為節，說明其師友相交始末，再分經、史、子、集、叢書五類，探討其著述概況。〔註78〕其餘中、日、韓、美、德、新加坡等國也有不少之相關專書。〔註79〕許蘇民《李贄評傳》則鉅細靡遺地針對其生平與學術思想作深入探討。〔註80〕許建平《李卓吾傳》在生平維度下，穿插略述李贄思想，乃許氏研究李贄思想的背景知識，故敘事多融入對話手法呈現。〔註81〕邱漢生《李贄》從泰州學派說起，認為李贄戰鬥的一生與反道學思想，使他與何心隱一樣，皆落入被迫害而死的結局。〔註82〕林海權《李贄年譜考略》按照年代、歲數、

---

〔註74〕敏澤：《李贄》，（上海：上海古籍出版社，1984 年）。本書也有萬卷樓出版社於 1993 年出版的繁體字版本，兩者內容一致。

〔註75〕張再林：《車過麻城・再晤李贄》，（北京：燕京出版社，2018 年）。本書內容和 2009 年中國社會科學出版社出版之《車過麻城・再晤李贄》相同。

〔註76〕張建業：《李贄論》，（北京：社會科學文獻出版社，2020 年）。本書內容是作者擴充 2010 年社會科學文獻出版社出版的《李贄論》，並增添 2010 年後的研究文獻。

〔註77〕陳清輝：《李卓吾生平及其思想研究》，（臺北：文津出版社，1993 年）。

〔註78〕林其賢：《李卓吾事蹟繫年》，（新北：花木蘭文化出版社，2011 年）。本書舊版在 1988 年 12 月由文津出版社出版，兩書內容修訂不多，故以花木蘭文化出版社的教新版本為本論文參考依據。

〔註79〕相關著作，可參見張建業主編：《李贄全集注（第 26 冊：附錄）》，（北京：社會科學文獻出版社，2010 年）。

〔註80〕許蘇民：《李贄評傳》，（南京：南京大學出版社，2009 年）。

〔註81〕許建平：《李卓吾傳》，（北京：東方出版社，2004 年）。

〔註82〕邱漢生：《李贄》，（北京：人民出版社，1980 年）。本書作者早在 1980 年便委由北京中華書局出版同名著作，兩書內容大抵雷同，敘述較為簡略，其將李贄

主要活動、作品引證、註解、時事來寫，附錄中有他的世系簡表、家世考、著作評點、幫別人寫的序跋目錄、還有近十幾年發現的李贄逸詩逸文，具有較為珍貴的資料。〔註83〕這種寫法，在張建業所編的《李贄全集注》第26冊年譜，頗有雷同之處。張建業主編《李贄全集注》第26冊附錄三，也有李贄年譜簡編，編者乃根據明清、近人、碑誌、方志資料，將李贄生平事蹟再做說明，可謂詳眎。〔註84〕司馬朔《一個異端思想家的心靈史：李贄評傳》則以李贄生平為經、心靈發展為緯，建構李贄精神心理的演變歷程。〔註85〕淩禮潮、李敏的《李贄與龍湖》則以李贄在龍湖時期的相關詩文為內容，分為風物、友人、書序、書函、詩選、記事等幾個部分進行蒐集彙整〔註86〕。廈門大學歷史系主編的《李贄研究參考資料》共三輯，就李贄生前事蹟相關資料文獻，分門別類整理。〔註87〕張獻忠從哲學社會、政治經濟、文學史學等層面，爬梳李贄思想在明代以降的傳播與影響。〔註88〕

　　許多明代思想史專書皆有論李贄者，往往專列一章節討論，如：蔡尚思《中國歷史新研究法》，將李贄與司馬遷視為中國兩大模範史家，認為他的《藏書》是推翻了「舊眼光」、「舊標準」〔註89〕；容肇祖的《明代思想史》則從王學之後論述其思想概要，是從王守仁一派解放的革命思想而來，同時也是自然主義、適性主義的思想家。〔註90〕黃卓越《明中後期文學思想研究》先論述明中

---

　　　　列為泰州學派門人的立場並無改變。

〔註83〕林海權：《李贄年譜考略》，（福州：福建人民出版，1992年）。

〔註84〕此部分由李瑞良編著，張建業修訂。詳見張建業主編：《李贄全集注（第26冊：附錄）》，（北京：社會科學文獻出版社，2010年），頁415～487。

〔註85〕司馬朔：《一個異端思想家的心靈史：李贄評傳》，（桂林：廣西師範大學出版社，2010年）。本書論述較為淺顯，在學術學理上的論見則較不深刻。

〔註86〕淩禮潮、李敏：《李贄與龍湖》，（武漢：湖北音像藝術出版社，2002年）。

〔註87〕廈門大學歷史系：《李贄研究參考資料（第一輯）》，福建人民出版社，1975年3月。廈門大學歷史系：《李贄研究參考資料（第二輯）》，福建人民出版社，1976年5月。廈門大學歷史系：《李贄研究參考資料（第三輯）》，福建人民出版社，1976年6月。第一輯內容包含李贄自述的傳記，以及明、清、近代對李贄書寫的傳記與事蹟輯錄，縣志、府志、通志之〈李贄傳〉，《林李宗譜》摘抄，以上在張建業主編的《李贄全集注（第26冊：附錄）》均有收錄，惟鈴木虎雄作、朱維之譯的《李卓吾年譜》未見於《李贄全集注》。第二輯主要有李贄師友論學的書信答問，與耿李論爭往來書信，並有明清、國外人論李贄之文章。第三輯主要收錄李贄和《水滸傳》批點的相關研材料。

〔註88〕張獻忠：《李贄》，（西安：陝西師範大學出版社，2017年）。

〔註89〕蔡尚思：《中國歷史新研究法》，（北京：中華書局，1939年），頁79。

〔註90〕容肇祖：《明代思想史》，（濟南：齊魯書社，1992年），頁231～255。本書第

期復古運動與文必秦漢說、前七子樂府詩製作與明中期民間化運動、吳中派文學與詩文體統觀、唐宋派與前七子之爭、晚明情感與性靈的內在矛盾，後收有〈李贽之死：重評思想史上的一段公案〉，提出李贽自殺具有多重的動機。〔註91〕左東嶺在〈耿、李之爭與李贽晚年的人格心態巨變〉中，提出耿李論爭對李贽人生思想產生了莫大影響。〔註92〕學位論文則有孫叡徹的《李卓吾成學過程之研究》〔註93〕探討李贽的成學歷程與思想轉變，與陳韻如的《李贽人生抉擇研究》〔註94〕探究李贽生命史中特出言行生成原因與實況。

## （二）哲學思想

　　由於探討李贽思想之著作浩繁，故僅擇要者論述之。明代思想史學者容肇祖之《李卓吾評傳》分就李贽年譜、思想、文學三方面論述，著重在李贽的思想發展脈絡，將李氏視為明末思想解放者〔註95〕。林其賢《李卓吾的佛學與世學》，從李卓吾的成學經過、思想傳承、人格特質、基本思想與佛學思想實踐進行說明，認為李卓吾最關心的是生命解脫，因為關心三世個體的輪轉，故雖談論三教，卻是以佛教為基準，收攝其他。〔註96〕劉季倫《李卓吾》則著重在李贽思想的交代，認為其思想起點是來自於佛教的生死觀以及對自身生命的緊張與焦慮。延續王學的「個體性」，藉助佛道的「存在主體」，以三教體悟生死。〔註97〕任冠文《李贽史學思想研究》先對李贽主要著作真偽進行辨析，繼而從明中後期的社會、思潮、家世經歷研究其史學思想形成的歷史條件，再從李贽的歷史觀、治史的目的態度、史論、史學價值與影響等各面向，進行梳理。〔註98〕許建平《李贽思想演

　　　　七章〈王門的再傳及其流派〉第三節為〈李贽〉。
〔註91〕黃卓越：《明中後期文學思想研究》，（北京：北京大學出版社，2005 年 11 月）。
〔註92〕左東嶺：〈耿、李之爭與李贽晚年的人格心態巨變〉，收入氏著：《明代心學與詩學》，（北京：學苑出版社，2002 年），頁 149～161。
〔註93〕孫叡徹：《李卓吾成學過程之研究》，（臺北：國立台灣大學中國文學研究所博士學位論文，1986 年）。此作屬於早期之作，將李贽學分為三個階段：出生到 54 歲的傳統儒生，著重在師友交往經過；致仕後隱居湖北的著述時期，完成大部分的著作；最後六年的晚年生活，以遊歷流寓為主軸。氏者認為李贽根本上是以儒家為主，加入佛、道色彩，其學說屬於唯心主義。
〔註94〕陳韻如：《李贽人生抉擇研究》，（臺北：臺北市立教育大學中國語文學系碩士學位論文，2006 年）。
〔註95〕容肇祖：《李卓吾評傳》（臺北：台灣商務印書館，1973 年）。
〔註96〕林其賢：《李卓吾的佛學與世學》，（臺北：文津出版社，1992 年），頁 156。
〔註97〕劉季倫：《李卓吾》，（臺北：東大出版社，1999 年）。
〔註98〕任冠文：《李贽史學思想研究》，（桂林：廣西師範大學出版社，1999 年）。

變史》則將李贄作品進行繫年，在描述每一時段李贄的生活、思想之後，依李贄作品的前後脈絡，梳理其思想的先後開展。〔註99〕秦學智《李贄大學明德精神論》從「明德」的角度，思索李贄的學術品格、明德思想特徵、成因、現代價值及侷限性。〔註100〕王均江《衝突與和諧：李贄思想研究》認為，李贄對人生的追求，是和「道」連結在一起的，同時，他也沒有放棄對現實的關切，反而是因為他的矛盾、衝突，造就了思想的深刻與超前。〔註101〕「他對人生的追求，就是一種對美的追求……他的人生是高度審美化的人生。」〔註102〕傅小凡《李贄哲學思想研究》則從道、心、性、情、理等角度，切入探索李贄的哲學思想。〔註103〕溝口雄三《李卓吾・兩種陽明學》先論述吉田松陰受李贄的影響，再論述李贄其人與思想，並提出其雖然被稱為異端，卻是正統的異端，終其一生追求對人的社會性本質。〔註104〕以上都是研究李贄思想的翹楚之作，各有精闢之說。

而張建業為大陸地區研究李贄之知名學者，《李贄評傳》一書以李贄生卒為經，著作為緯，架構貫其一生的重要文本，再敘及李贄在思想史上的地位與影響，其論代表大陸當代學者之見，同時也是目前李贄研究之里程碑。〔註105〕袁光儀《李卓吾新論》則從聖人之學的角度，探討李贄在儒學的承繼，認為他是以「真」作為最高價值。〔註106〕其另一著作《異端的儒學：李贄《九正易因》闡論》以《九正易因》為始，拓展儒學的研究進路。〔註107〕在《彼我同為聖賢：耿定向與李卓吾之學術論爭新探》一書中，袁光儀從翻案角度，反對傳統視耿定向「偽道學」及李贄「反道學」觀點，提出兩人乃基於「同為聖賢」的「問學」之爭。〔註108〕許蘇民《李贄的真與奇》則從肯定李贄對

〔註99〕　許建平：《李贄思想演變史》，（北京：人民出版社，2005 年）。

〔註100〕秦學智：《李贄大學明德精神論》，（北京：中國傳媒大學出版社，2007 年）。

〔註101〕王均江：《衝突與和諧：李贄思想研究》，（武昌：華中科技大學出版社，2007 年），頁 153～154。

〔註102〕王均江：《衝突與和諧：李贄思想研究》，（武昌：華中科技大學出版社，2007 年），頁 150。

〔註103〕傅小凡：《李贄哲學思想研究》，（福州：福建人民出版社，2007 年）。

〔註104〕溝口雄三著、李曉東譯：《李卓吾・兩種陽明學》，（北京：生活・讀書・新知三聯書店，2014 年）。

〔註105〕張建業：《李贄評傳》，（北京：首都師範大學出版社，2018 年）。內容以張氏1992 年由福建人民出版社出版的《李贄評傳》為底本，再增列新研究文獻。

〔註106〕袁光儀：《李卓吾新論》，（臺北：國立臺北大學出版社，2008 年）。

〔註107〕袁光儀：《異端的儒學：李贄《九正易因》闡論》，（高雄：復文圖書出版社，2012 年）。

〔註108〕袁光儀：《彼我同為聖賢：耿定向與李卓吾之學術論爭新探》，（臺北：文津出

晚明文學的影響，並認為他的「人必有私論」是黃宗羲、顧炎武等人「公天下」社會政治哲學的起點，且其提倡的「人欲」說，也是清初王夫之等人的「公欲」說之前提，且其說多為清初學者繼承與發展。〔註109〕王寶峰《李贄儒學思想研究》則從儒學角度探查李贄生活的社會背景、學校及科舉生涯、從王學入道、學術淵源、政治事業、安身立命與儒道儒教之辯、禮教下的婦女思想、以經史為核心的儒學思想等面向，有深闢見解。〔註110〕吳根友《中國現代價值觀的初生歷程——從李贄到戴震》提出李贄以童心說理論，展現了明清時代的求真、向善的價值，並以「私心」、「童心」為其倫理學與美學的基礎，以「自然之理」代替理學之「天理」，以「真」規定「善」，改變傳統倫理學的方向，具有創見。〔註111〕李桂生等人撰寫的《多元文化視閾中的李贄軍事思想》則先探討李贄軍事思想的儒釋道文化要素，並以《孫子參同》為主，論述其軍事思想體系、辯證思維、時代特徵、社會影響，並評析其中的多元文化要素，認為李贄軍事思想是融合儒釋道，又超越儒釋道。〔註112〕孫官生的《姚安知府李贄思想研究》則以「原情論勢」為思想主線，探討李贄在姚安知府任上的思想與理論。〔註113〕劉亞平認為傳統佛教的「無明」與儒家的「情慾」，在李贄而言皆屬自然而然的真本性，故應推崇此種「最初一念」的「童心」，加之適性抒發。〔註114〕朱永嘉《論李贄》釋讀《史綱評要》，藉此剖析李贄歷史思維，惟內容多以毛澤東摘錄李贄的《史綱評要》為主題，就哲學思想來說，較欠缺創造性。〔註115〕屠凱《輿圖換稿：明清之際的中國法哲學》運用法國新古典主義方法，從「規範性的有無」、「行動中的規範」、「政治秩序」、「性別的規範性」等四面向論陳李贄的法哲學面貌。〔註116〕泉

版社，2015年），頁8。

〔註109〕許蘇民：《李贄的真與奇》，（南京：南京出版社，1998年），頁272～278。

〔註110〕王寶峰：《李贄儒學思想研究》，（北京：人民出版社，2012年11月）。

〔註111〕吳根友：《中國現代價值觀的初生歷程——從李贄到戴震》，（武漢：武漢大學出版社，2004年）。

〔註112〕李桂生、郭偉、方向紅：《多元文化視閾中的李贄軍事思想：從湖北麻城到山西大同》，（南昌：江西人民出版社，2013年）。

〔註113〕孫官生：《姚安知府李贄思想研究》，（雲南：雲南大學出版社，1991年）。

〔註114〕劉亞平：《真性情的體悟與窮究——李贄思想中私利觀點的探討》，（新北：花木蘭文化出版社，2011年）。

〔註115〕朱永嘉：《論李贄》，（北京：中國長安出版社，2018年）。

〔註116〕屠凱：〈李贄〉，《輿圖換稿：明清之際的中國法哲學》，（北京：法律出版社，2020年）。

州市李贄學術研究會將 2014 年舉辦的「李贄與東亞文化研討會」篇章集結成冊，探討李贄生平、思想、社會價值及其在東亞國家的傳播與影響，頗具時代意義。〔註117〕

　　書籍中單一篇章具代表性者，有王煜針對李贄儒道佛法四家思想分別討論，將其視為泰州學派思想最複雜者〔註118〕。島田虔次《中國近代思維的挫折》則將李贄視為「中國近代思維的一個頂點」，並將其「童心」視為「良知的成年」。〔註119〕溝口雄三在《中國前近代思想的演變》則分章論述李贄的評價、「形而下的理」之導出、童心說的下落，敘述精闢且深入。〔註120〕另在《中國思想史：宋代至近代》中，溝口雄三從儒教角度梳理北宋王安石至明代李贄、戴震等人，由天理轉向公理之儒家觀念發展。〔註121〕張立文《心》一書是以哲學範疇選出較常見者，從先秦到近代各種「心」的探討可窺其整體架構，但因為是總論之書，故深度稍嫌不足，其中有論述李贄「童心」之說，認為童心就是真心，並區別「心相」與「真心」，認為「諸相總是吾真心中一點物」，在道德論上，肯定李贄認為人必有私乃自然之理。〔註122〕周明初《晚明士人心態及文學個案》，認為李贄本質上是儒家學者，卻又不滿儒家傳統。表面上不合禮法，但他又棄絕當時普遍的納妾、狎妓、戀童等等社會風氣。〔註123〕黃仁宇《萬曆十五年》對李贄立單一章節，認為他是「自相衝突的哲學家」〔註124〕。吳承學、李光摩在《晚明文學思潮研究》中收有〈李卓吾與左派王學〉提出卓吾思想狂放，敢發驚人之論，愛好自由，沖抉世網，最可表現左派王學

〔註117〕泉州市李贄學術研究會編：《李贄與東亞文化》，（廈門：廈門大學出版社，2016 年）。

〔註118〕王煜：〈李卓吾雜揉儒道法佛四家思想〉，收入於氏編：《明清思想家論集》，（臺北：聯經出版公司，1981 年），頁 1～60。

〔註119〕島田虔次著、甘萬萍譯：《中國近代思維的挫折》，（南京：江蘇人民出版社，2005 年）。

〔註120〕溝口雄三著，林右崇譯：《中國前近代思想的演變》，（臺北：國立編譯館，1994 年），頁 17～24、62～74、88～144。

〔註121〕溝口雄三：〈明末的異端──李卓吾〉，《中國思想史：宋代至近代》，（香港：生活・讀書・新知三聯書店，2014 年）。

〔註122〕張立文主編：《中國哲學範疇精粹叢書（一）心》，（臺北：七略出版社，1996 年），頁 280～285。

〔註123〕周明初：《晚明士人心態及文學個案》，（北京：東方出版社，1997 年），頁 223～237。

〔註124〕黃仁宇：《萬曆十五年》，（臺北縣：臺灣食貨，1998 年 5 月 15 日增訂二版），頁 257～304。

之特色。〔註 125〕宋克夫、韓曉在《心學與文學論稿》中收有〈童心的呼喚〉一文，認為「童心說」就是一種主張自然人性學說，其在文學主張上，就是要求「創作主體保持初始狀態的真實自然的情感。」〔註 126〕李書增等人的《中國明代哲學》第十七章〈李贄反道學的異端思想〉肯定李贄「顛倒千萬世之非」的批判懷疑及其主體意識的覺醒，並認為他傾向於「心即是境，境即是心」的唯心論。〔註 127〕岡田武彥在《王陽明與明末儒學》將李贄歸類為王門三派的現成派，也因其晚年讀《易》而意識到三教歸儒之道。〔註 128〕曲小強的《自然與自我——從老莊到李贄》中列有〈激進自然主義的最後聖鬥士〉，專談李贄，透過自由意識為主線，梳理由老、莊，中經魏晉唐宋至晚明李贄的自我意識精神。〔註 129〕蔡方鹿在《宋明理學心性論》中則論述了李贄的童心說及其對理學的批判。〔註 130〕楊國榮的《王學通論——從王陽明到熊十力》收有〈從良知說到童心說〉，從「童心說：天理的剔除與個體性原則的提出」、「天生一人，自有一人之用」、「性情不可以一律求」三方面，分析從良知到童心之間的發展脈絡。〔註 131〕從佛教角度切入，且較具有代表性者有：江燦騰〈李卓吾與晚明佛教思想以及對其狂禪的批評〉一文探討李贄藉由三教以思索「自家性命下落」，並凸顯了對「生死」議題的有了更深入的追問。江氏區辨李贄為如來藏系的禪學思想，並論李贄應屬於自力解脫的唯心淨土。〔註 132〕楊國平的

〔註 125〕吳承學、李光摩編：《晚明文學思潮研究》，（武漢：湖北教育出版社，2001），頁 74～83。

〔註 126〕宋克夫、韓曉：《心學與文學論稿》，（北京：中國社會科學出版社，2002 年），頁 157～184。

〔註 127〕李書增等著：《中國明代哲學》，（鄭州：河南人民出版社，2002 年），頁 603～661。

〔註 128〕岡田武彥：《王陽明與明末儒學》，（上海：上海古籍出版社，2000 年），頁 210～225。

〔註 129〕曲小強：〈激進自然主義的最後聖鬥士〉，收入氏著：《自然與自我——從老莊到李贄》，（濟南：濟南出版社，2007 年），頁 157～173。本文偏重生平的敘寫，其中穿插的李贄思維，基本上多承襲舊說。

〔註 130〕蔡方鹿：《宋明理學心性論》，（成都：巴蜀書社，2009 年）。

〔註 131〕楊國榮，〈從良知說到童心說〉，出自氏著：《王學通論——從王陽明到熊十力》，（上海：華東師範大學出版社，2009 年）。

〔註 132〕江燦騰：〈李卓吾與晚明佛教思想以及對其狂禪的批評〉，收入氏著：《中國近代佛教思想的諍辯與發展》，（臺北：南天出版社，1998 年），頁 323～400。本文內容同於江氏另一篇〈李卓吾的生平與佛教思想〉，收入氏著：《明清民國佛教思想史論》，（北京：中國社會科學出版社，1996 年）。故筆者採取 1998 年較新版本作為本文之引注。

〈李贄與儒佛〉則分從儒學與佛學兩條進路探討李贄思想，認為其思想乃以儒家心學為主，以佛為附庸，應綜合分析兩者，方能恰當定位李贄。〔註 133〕宋珂君的〈李贄的童心・道家的真人・佛家的真如〉則論述了李贄的文學觀與佛道美學思想的關係。〔註 134〕

期刊論文篇章甚多，由張建業主編的《李贄全集注》第 26 冊已整理了 2010 年之前大陸學者發表之作，其中大陸之論文、著作、研討會整理相當詳實。福建省晉江地區文物管理委員會主編之《李贄思想評價》資料選輯，則將李贄相關思想研究零星文獻，加以蒐集後，集結出版。〔註 135〕泉州市李贄學術研究會編的《李贄與東亞文化》則蒐集近四十篇李贄思想研究論文，闡述其內涵與意義。〔註 136〕

而臺灣較具代表性者，有戴景賢從思想史角度，闡析李贄會通儒、釋，將其判歸為「躋佛於儒」。〔註 137〕毛文芳視李贄為晚明游俠生命情調的典型，乃狂禪的焦點人物。〔註 138〕許明珠認為李贄以儒入門、以道應世、以佛依歸，最終超越死亡，實現了田立克描繪的西方精神焦慮的超越。〔註 139〕康珮視李贄為多義性符號，透過消解權威，對世界進行批評式的建構。〔註 140〕袁光儀視李贄「為下下人說法」乃繼王陽明「成色分兩」說後，儒者聖人之學的進一步實踐。〔註 141〕袁氏從儒學視角切入，認為李贄因為能正視現實生命中才性

〔註 133〕 楊國平：〈李贄與儒佛〉，收入佛光山文教基金會主編：《中國佛教學術論典》第 37 冊，（高雄：佛光山文教基金會，2001 年），頁 351～402。

〔註 134〕 宋珂君：〈李贄的童心・道家的真人・佛家的真如〉，收入佛光山文教基金會主編：《中國佛教學術論典》第 59 冊，（高雄：佛光山文教基金會，2002 年），頁 409～443。

〔註 135〕 福建省晉江地區文物管理委員會編：《李贄思想評價》，（福建：福建人民出版社，1975 年）。

〔註 136〕 泉州市李贄學術研究會編：《李贄與東亞文化》，（廈門：廈門大學出版社，2016 年）。

〔註 137〕 戴景賢：〈李贄與佛教——論李贄思想之基本立場與其會通儒、釋之取徑〉，《清華學報》新 46 卷第 3 期，2016 年 9 月，頁 525～559。

〔註 138〕 毛文芳：〈晚明「狂禪」探論〉，《漢學研究》第 19 卷 2 期，2001 年，頁 171～200。

〔註 139〕 許明珠：〈存在的勇氣——李贄學思予現代精神的啟發〉，《逢甲人文社會學報》第 35 期，2017 年，頁 21～43。

〔註 140〕 康珮：〈李卓吾的文化身分與話語權力的關係〉，《清華學報》第 47 卷 1 期，2017 年，頁 85～116。

〔註 141〕 袁光儀：〈「為下下人說法」的儒學——李贄對陽明心學之繼承、擴展及其疑難〉，《臺北大學中文學報》第 3 期，2007 年 9 月，頁 129～163。

的局限、欲望的雜染、生死的憂懼，故能將「聖人之學」具體落實。〔註142〕
並重探耿、李之爭，思索李贄的反道學本質與意義。〔註143〕且從《九正易因》
再探李贄的儒學思想新進路。〔註144〕

　　又有針對李贄「童心說」再解讀的篇章，如周志文在〈「童心」、「初心」
與「赤子之心」〉一文中，梳理了「童心」與陽明的良知、羅汝芳的「赤子之
心」的關聯性，但是反對過去視「童心說」為純粹佛教的思考方式。〔註145〕
蕭義玲則從李贄的義理性格推展童心說並非追求個人自由解放，而是將真性
情放入禮義架構，此即順著陽明學派「心即理」所開展的思索方向。〔註146〕
戴文和在〈良知、童心與性靈初論〉文中，提出良知、童心、性靈是王守仁、
李贄和袁宏道判斷外界的最高標準，可分別定義為善心、真心、慧心，各自展
現善、真、美。〔註147〕黃卓越在〈佛教與晚明文學思潮〉一文中，有列「童
心說」一章，提出「童心說」的理論奠基者為王陽明「良知」、王畿「初心」
和羅汝芳「赤子之心」，彼此之間具有相承關係，且具深層結構之一致性。〔註
148〕溫愛玲從王龍溪、羅近溪脈絡下，對李贄童心說的再發揮。〔註149〕袁光

---

〔註142〕袁光儀：〈李卓吾的「真道學」──以生命實踐為主體的儒學反思〉，《成大宗
　　　　　教與文化學報》第 8 期，2007 年，頁 17～41。
〔註143〕相關期刊論文有袁光儀：〈上上人與下下人──耿定向、李卓吾論爭所反映之
　　　　　學術疑難與實踐困境〉，《成大中文學報》第 23 期，2008 年，頁 61～88。袁
　　　　　光儀：〈名教與真機──耿定向、李卓吾學術論爭之本質及其意義〉，《中國學
　　　　　術年刊》第 31 期，2009 年，頁 89～114。
〔註144〕相關文章有袁光儀：〈仁者以天地萬物為一體──李贄儒學闡微〉，《成大宗教
　　　　　與文化學報》第 15 期，2010 年，頁 1～32。袁光儀：〈李贄《九正易因》初
　　　　　論──一條擴展李贄與儒學研究的新路徑〉，《臺北大學中文學報》第 8 期，
　　　　　2010 年，頁 73～105。袁光儀：〈從李贄對蘇軾學術之評價考察其思想之建樹
　　　　　──以《九正易因》對《東坡易傳》之徵引討論為核心〉，《成大中文學報》
　　　　　第 43 期，2013 年，頁 51～85。
〔註145〕周志文：〈「童心」、「初心」與「赤子之心」〉，《古典文學》第 15 期，2000 年，
　　　　　頁 75～97。
〔註146〕蕭義玲：〈李贄「童心說」的再詮釋及其在美學史上的意義〉，《東華人文學報》
　　　　　第 2 期，2000 年，頁 169～187。
〔註147〕戴文和：〈良知、童心與性靈初論〉，《僑光學報》第 20 期，2002 年，頁 29～
　　　　　51。
〔註148〕黃卓越：〈佛教與晚明文學思潮〉，收入佛光山文教基金會：《中國佛教學術論
　　　　　典》第 57 冊，（高雄：佛光山文教基金會，2002 年）。
〔註149〕溫愛玲，〈從雙溪經典觀看李卓吾之「童心說」──析論「童心說」對於王學
　　　　　之繼承與發展〉，《東方人文學誌》第 2 卷 4 期，2003 年，頁 161～181。

儀在〈道德或反道德？——李贄及其「童心說」的再詮釋〉一文中則重新考察李贄「童心說」，分析其包涵「生命本懷」、「生命實況」與「最高價值」三層次的「真」，再以「理欲觀」與「義利觀」申述「童心」與「道德」之辯證關係，並認為李贄之童心乃一「存人欲之天理」，並以「真」為唯一最高價值之精神。〔註150〕又其於〈蒙以養正——李贄《九正易因》之〈蒙卦〉解與「童心說」〉文中，透過李贄對〈蒙卦〉的詮解，與童心說對照，提出兩者有「互文足義」之效。〔註151〕白崝勇在〈談「良知」到「童心」的演化——兼論李贄在明季思想史上的地位〉著重在李贄上承王學之理路。〔註152〕至於陳水德則從道家思想看李贄童心說，認為「童心說」、李贄的任性自然、平等觀、對封建的批判、大無畏的生死觀都直接受老莊影響。〔註153〕左東嶺則從佛道的思想看李贄「童心說」，認為此論與其文學思想、人生價值密不可分。〔註154〕

　　博碩士論文方面，大陸有楊梅的《真心、真性、真文——論李贄之「真」的心學淵源及文論》〔註155〕、盛晶的《道家思想對李贄哲學思想的影響》〔註156〕。台灣地區有羅燕媚的《民國建構的李卓吾》〔註157〕、王喬慈的《李贄的倫理思想研究——以其論儒釋道三教為考察對象〔註158〕、陳子欽的《李卓吾道家思想研究——以《老子解》為例》〔註159〕、邱建榮的《李贄道家思想之

〔註150〕袁光儀，〈道德或反道德？——李贄及其「童心說」的再詮釋〉，《臺北大學中文學報》第 2 期，2007 年，頁 155～185。

〔註151〕袁光儀，〈蒙以養正——李贄《九正易因》之〈蒙卦〉解與「童心說」〉，《成大中文學報》第 29 期，2010 年，頁 51～82。

〔註152〕白崝勇：〈談「良知」到「童心」的演化——兼論李贄在明季思想史上的地位〉，《人文研究學報》42 卷 2 期，2008 年，頁 33～52。

〔註153〕陳水德：〈論李贄思想的道家內藏〉，《黎明職業大學學報》第 4 期，2013 年12 月，頁 5～10。

〔註154〕左東嶺：〈童心說與李贄的人生價值觀〉，收入氏著：《明代心學與詩學》，（北京：學苑出版社，2002 年），頁 162～173。

〔註155〕楊梅：《真心、真性、真文——論李贄之「真」的心學淵源及文論》，（四川：四川大學碩士學位論文，2005 年 4 月 8 日）。

〔註156〕盛晶：《道家思想對李贄哲學思想的影響》，（湖南：湖南師範大學中國哲學碩士學位論文，2012 年）。

〔註157〕羅燕媚：《民國建構的李卓吾》，（新竹：國立清華大學中國文學系碩士學位論文，2018 年）

〔註158〕王喬慈：《李贄的倫理思想研究——以其論儒釋道三教為考察對象》，（台北：國立臺灣大學中國文學研究所碩士學位論文，2015 年）。

〔註159〕陳子欽：《李卓吾道家思想研究——以《老子解》為例》，（台南：國立成功大學中國文學系碩士學位論文，2015 年）。

研究——以《老子解》、《莊子解》為研究對象》〔註160〕、周盈均的《李贄《藏書》及其史觀》〔註161〕、玄柄勳的《李贄與許筠比較研究——以文化解放為中心》〔註162〕、蘇彥叡的《關於李贄「人的哲學」之建立的初步探究》〔註163〕、劉亞平的《真性情的體悟與窮究——李贄思想中私利觀點的探討》〔註164〕、林怡君的《明代新思潮下文人的婦女觀——以歸有光、李贄、馮夢龍為例》〔註165〕、孫永龍的《李贄及其〈童心說〉研究》〔註166〕、簡攸芳的《李贄心學思想之研究》〔註167〕、李英嬌的《李贄《初潭集》研究》〔註168〕、李秋田的《李贄真情體道思想及其美育意義》〔註169〕、王憶萱的《李贄的政治哲學》〔註170〕、魏妙如的《李贄的思想和史學》〔註171〕、梁芷君的《從穿衣吃飯到超越生死：李卓吾思想的多層次性》〔註172〕、郭增德的《李卓吾儒學思想之研究》

〔註160〕邱建榮：《李贄道家思想之研究——以《老子解》、《莊子解》為研究對象》，（嘉義：國立嘉義大學中國文學系研究所碩士學位論文，2014 年）。

〔註161〕周盈均：《李贄《藏書》及其史觀》，（臺北：銘傳大學應用中國文學系碩士學位論文，2012 年）。

〔註162〕玄柄勳：《李贄與許筠比較研究——以文化解放為中心》，（臺北：臺灣大學中國文學研究所博士學位論文，2012 年）。

〔註163〕蘇彥叡：《關於李贄「人的哲學」之建立的初步探究》，（臺北：臺灣大學中國文學研究所碩士學位論文，2010 年）。氏者提出李贄的自然人性論當中，為了維持生存的慾望，是一種正向趨力，其人欲就是「天理」的一部分。人類先天原欲乃「本自易足」，因此無窮的慾望是社會價值渲染的結果，並非人性的原始樣貌。

〔註164〕劉亞平：《真性情的體悟與窮究——李贄思想中私利觀點的探討》，（臺北：東吳大學歷史學系碩士學位論文，2009 年）。2011 年由花木蘭出版社出版。

〔註165〕林怡君：《明代新思潮下文人的婦女觀——以歸有光、李贄、馮夢龍為例》，（台南：國立成功大學歷史學系碩士學位論文，2009 年）。

〔註166〕孫永龍：《李贄及其〈童心說〉研究》，（屏東：國立屏東教育大學中國語文學系碩士學位論文，1997 年）。

〔註167〕簡攸芳：《李贄心學思想之研究》，（臺北：輔仁大學哲學研究所碩士學位論文，2007 年）。

〔註168〕李英嬌：《李贄《初潭集》研究》，（嘉義：南華大學文學研究所碩士學位論文，2002 年）。

〔註169〕李秋田：《李贄真情體道思想及其美育意義》，（花蓮：國立東華大學教育研究所碩士學位論文，2001 年）。

〔註170〕王憶萱：《李贄的政治哲學》，（臺北：國立台灣大學政治學研究所碩士學位論文，1996 年）。

〔註171〕魏妙如：《李贄的思想和史學》，（台中：東海大學歷史研究所碩士學位論文，1991 年）。

〔註172〕梁芷君：《從穿衣吃飯到超越生死：李卓吾思想的多層次性》，（南投：國立暨

〔註173〕、唐春生的《李卓吾及其淨土》〔註174〕、袁光儀的《晚明極端個人主義的「聖人之學」——「異端」李卓吾新論》〔註175〕、游心怡的《李卓吾異端形象之探討——以其反假道學為討論核心》〔註176〕、鄭淑娟的《李卓吾儒學思想之研究》〔註177〕、丁樹琴的《李卓吾真我觀之研究》〔註178〕、陳孟君的《李卓吾《四書評》與晚明新四書學》〔註179〕、羅美玉的《李卓吾的佛學思想與文學理論》〔註180〕潘台雄的《李贄的政治思想》〔註181〕等篇章述及李贄哲學思維，並可以觀察到前人對李贄思想的研究，基本上是著墨於儒、釋、道三家體系之中。大陸研究較偏向單一面向看待李贄思想，而臺灣方面則兼顧整體脈絡發展。

### （三）文學與評點

專書最重要者有左東嶺《李贄與晚明文學思想》，左東嶺深入於李贄的心理層面，以及他的人格特質，重新端看李贄在晚明文學思想的定位、價值，並提出晚明政治社會亂象、士人心態劇變的背景下，李贄如何突破現實桎梏，拓展生命的另一番光景。〔註182〕左氏另有《明代文學思想研究》，從明代本色論到童心說之轉變，推敲李贄人生觀與文學觀的中介本色。〔註183〕

---

南國際大學中國語文學系碩士學位論文，2012年）。

〔註173〕郭增德：《李卓吾儒學思想之研究》，（臺北：中國文化大學哲學研究所碩士學位論文，2008年）。

〔註174〕唐春生：《李卓吾及其淨土思想》，（台南：國立臺南大學國語文學系國語文教學碩士班碩士學位論文，2008年）。

〔註175〕袁光儀：《晚明極端個人主義的「聖人之學」——「異端」李卓吾新論》，（臺北：國立臺灣師範大學國文學系博士學位論文，2006年）。

〔註176〕游心怡：《李卓吾異端形象之探討——以其反假道學為討論核心》，（臺北：國立臺灣師範大學國文系在職進修碩士學位班碩士學位論文，2005年）。

〔註177〕鄭淑娟：《李卓吾儒學思想之研究》，（台中：逢甲大學中國文學所碩士學位論文，2003年）。

〔註178〕丁樹琴：《李卓吾真我觀之研究》，（桃園：國立中央大學中國文學研究所碩士學位論文，1996年）。

〔註179〕陳孟君：《李卓吾《四書評》與晚明新四書學》，（南投：國立暨南國際大學中國語文學系碩士學位論文，2004年）。

〔註180〕羅美玉：《李卓吾的佛學思想與文學理論》，（臺北：輔仁大學中國文學研究所碩士學位論文，1988年）。

〔註181〕潘台雄：《李贄的政治思想》，（臺北：國立台灣政治大學政治研究所碩士學位論文，1987年）。潘台雄以人性論的角度，探查李贄為政之原則、君臣應然實然之角色與對道學之批判。

〔註182〕左東嶺：《李贄與晚明文學思想》，（天津：天津人民出版社，1997年）。

〔註183〕左東嶺：《明代文學思想研究》，（台北：臺灣商務印書館，2013年）。

　　收入專書的單篇論文則有周群《儒釋道與晚明文學思潮》，提出李贄乃「出入三教，高張個性」，儒學方面汲取陽明的「良知」、王畿的求「真」及羅汝芳的「赤子良心」，佛學方面則以《心經》證「童心」。詩文是其「可喜可愕之談」之實錄，與自然情性的直接發抒，是「有感於童心者之自文」。〔註184〕周明初《晚明士人心態及文學個案》肯定李贄在文藝、思想的建樹。〔註185〕陳萬益《晚明小品與明季文人生活》則以「小品」文體為脈絡，探究其在晚明流行之背景、意義，並於該書〈論李卓吾與陳眉公——晚明小品作家的兩種類型〉一文，以「聖人」和「山人」兩種觀點，總結李贄為叛徒式的異端，陳眉公為隱士型的逸民，皆對晚明小品有深刻影響。〔註186〕吳承學、李光摩在《晚明文學思潮研究》中收有〈李卓吾與新文學〉一文，認為「自然說」是卓吾的主要思想，「自然說」主張不剽襲古人，追求「內含以章美」、「篤實生輝光」的真實內容。〔註187〕張美娟則從羅近溪的「一陽之氣」的思想，匯通到李贄的古典文論。〔註188〕李聖華在〈勇士不忘喪其元——異端思想家李贄的詩心〉中，提出李贄的詩歌是在「求真」之中，對浩蕩、雄邁、奇絕等風格進行統一。〔註189〕

　　學位論文方面，楊梅碩士學位論文《真心、真性、真文——論李贄之「真」的心學淵源及文論》從心學角度出發，認為李贄深受王陽明、王畿、王艮和羅汝芳影響，高揚出生命「真」的主體情感，並表現為「自然」、「真實」的文學風氣。〔註190〕國內另有廖芃培的《明清文人的兩難——以李贄、李漁、袁枚為例》〔註191〕、陳韻妃的《李贄戲曲評點研究》〔註192〕張水堂的《李贄「童

〔註184〕周群：《儒釋道與晚明文學思潮》，（上海：上海書店出版社，2000年），頁117～120。

〔註185〕周明初：《晚明士人心態及文學個案》，（北京：東方出版社，1997年），頁223～237。

〔註186〕陳萬益：《晚明小品與明季文人生活》，（臺北：大安出版社，1988年），頁85～115。

〔註187〕吳承學、李光摩編：《晚明文學思潮研究》，（武漢：湖北教育出版社，2001年），頁142～160。

〔註188〕張美娟：《從羅近溪「一陽之氣」到李贄、湯顯祖文藝思想——以中國氣論研究進路看古典文論》，（臺北：臺灣學生書局，2011年）。

〔註189〕李聖華：《晚明詩歌研究》，（北京：人民文學出版社，2019年）。

〔註190〕楊梅：《真心、真性、真文——論李贄之「真」的心學淵源及文論》，（四川：四川大學碩士學位論文，2005年4月8日），頁1～2。

〔註191〕廖芃培：《明清文人的兩難——以李贄、李漁、袁枚為例》，（高雄：高雄師範大學國文教學碩士班碩士學位論文，2012年）。

〔註192〕陳韻妃：《李贄戲曲評點研究》，（桃園：國立中央大學中國文學研究所碩士學

心說」與袁宏道「性靈說」文學觀之比較研究》〔註193〕、陳一誠的《李贄「童心說」對國中國文教材編選的啟示》〔註194〕、楊秀華的《李卓吾詩歌研究》〔註195〕、黃玲貴的《《李卓吾先生批評西遊記》評點研究》〔註196〕、何佳懿的《補益世教：《李卓吾開卷一笑》研究》〔註197〕、吳淑慧的《李卓吾批評容與堂本《琵琶記》研究》〔註198〕、張配君的《《李卓吾先生批評西遊記》研究》〔註199〕、楊秀華的《李卓吾散文研究》〔註200〕、彭錦華的《《西遊記》人物的文字與繡像造形——李卓吾批評《西遊記》為主》〔註201〕、金惠經的《李卓吾及其文學理論》〔註202〕、王頌梅的《李卓吾的文學理論及其實踐》〔註203〕、吳俊霖的《李贄詩學理論研究》〔註204〕諸篇。由此可見，國內學位論文研究大多聚焦在李贄的文學評點方面。

　　期刊論文則有周彥文從李贄的童心說提出聖賢之經典可尊，惟須尊之以方，不可迷信等論見。〔註205〕石美玲則對童心說延伸出相關文學理論特徵，

位論文，2009 年）。

〔註193〕張水堂：《李贄「童心說」與袁宏道「性靈說」文學觀之比較研究》，（新竹：玄奘大學中國語文學系碩士在職專班碩士學位論文，2008 年）。

〔註194〕陳一誠：《李贄「童心說」對國中國文教材編選的啟示》，（彰化：國立彰化師範大學國文學系碩士學位論文，2004 年）。

〔註195〕楊秀華：《李卓吾詩歌研究》，（新竹：玄奘大學中國語文學系碩士學位論文，2013 年）。

〔註196〕黃玲貴：《《李卓吾先生批評西遊記》評點研究》，（臺北：國立臺灣師範大學國文學系在職進修碩士班碩士學位論文，2011 年）。

〔註197〕何佳懿：《補益世教：《李卓吾開卷一笑》研究》，（台中：中興大學中國文學系所碩士學位論文，2011 年）。

〔註198〕吳淑慧：《李卓吾批評容與堂本《琵琶記》研究》，（臺北：輔仁大學中文系博士學位論文，2011 年）。

〔註199〕張配君：《《李卓吾先生批評西遊記》研究》，（嘉義：南華大學文學系碩士學位論文，2009 年）。

〔註200〕楊秀華：《李卓吾散文研究》，（新竹：玄奘人文社會學院中國語文研究所碩士學位論文，2004 年）。

〔註201〕彭錦華：《《西遊記》人物的文字與繡像造形——李卓吾批評《西遊記》為主》，（臺北：輔仁大學中國文學研究所碩士學位論文，1992 年）。

〔註202〕金惠經：《李卓吾及其文學理論》，（臺北：國立臺灣師範大學中國文學研究所碩士學位論文，1988 年）。

〔註203〕王頌梅：《李卓吾的文學理論及其實踐》，（臺北：東吳大學中國文學研究所碩士學位論文，1983 年）。

〔註204〕吳俊霖：《李贄詩學理論研究》，（新竹：國立新竹教育大學中國語文學系碩士學位論文，2015 年）。

〔註205〕周彥文，〈李贄及其〈童心說〉所表現的文學觀〉，《東海文藝季刊》第 3 期，

包含：文學之進化觀，具有童心則可無時不文、無人不文，以童心為至文至論的準則，文貴感時而發、有為而作，重視小說戲曲之價值。〔註206〕蔡穎訓在〈試談李贄「童心說」的文學觀與美學思想〉中提出李贄是以「童心」為內容、「自文」為形式，構成其文藝美學思想，其精神主旨乃在恢復人性「真」的本質，故文學也必然要以「真」為最高準則。〔註207〕劉鐔靖從「無味」、「大無味」為論述核心，提出李贄「以味評點」的範式，是藉由「味」喚醒閱讀受眾的詮釋自主能力。〔註208〕王璦玲點出李贄對《琵琶記》主題與人物的批評，建構了「批評者與批評者對話」的空間，具有引導讀者建立批評策略與理論視野的效用。〔註209〕鄧克銘從李贄對四書的評解，發現其格物說的「無物」、「無己」觀念，趨近於王龍溪的思想繼承發揮。〔註210〕

## （四）美學與音樂美學

目前關於李贄的各項研究多著重在歷史觀點、文藝理論與哲學思想，鮮少有對音樂美學觀念之考察。當前對其音樂美學思想較有體系陳述之書，乃蔡仲德《中國音樂美學史》第三十七章〈李贄的音樂美學思想〉，蔡氏認為：

> 李贄克服了嵇康音樂美學思想中的偏頗，發展了「越名教而任自然」的精、神，使道家音樂美學思想進一步完善。因此，道家音樂美學思想經歷了《老》《莊》、嵇康、李贄三個發展階段，而嵇康是其中承前啟後的重要一環。〔註211〕

> 李贄等強調自然、反對一律的反「淡和」主情思潮。〔註212〕

> 道家音樂美學思想則至李贄而發展到第三階段，即更為合理的階段。

1982 年，頁23～34。

〔註206〕石美玲，〈李贄及其「童心說」之文學理論〉，《興大中文學報》第3期，1990年，頁305～317。本論文在論述過程較於簡略。

〔註207〕蔡穎訓，〈試談李贄「童心說」的文學觀與美學思想〉，《閩南文化》第9期，2004年，頁76～79。

〔註208〕劉鐔靖：〈論《世說新語補》李贄評點意義及詮釋——以「無味」、「大無味」為論述核心〉，《靜宜中文學報》第15期，2019年，頁95～117。

〔註209〕王璦玲：〈曲盡真情，由乎自然——論李贄《琵琶記》評點之哲學視野與批評意識〉，《中國文哲研究集刊》第27期，2001年，頁45～89。

〔註210〕鄧克銘：〈李卓吾四書評解之特色：以「無物」、「無己」為中心〉，《文與哲》第13期，2008年，頁91～119。

〔註211〕蔡仲德：《中國音樂美學史》，（北京：人民音樂出版社，2003年），頁554。

〔註212〕蔡仲德：《中國音樂美學史》，（北京：人民音樂出版社，2003年），頁636。

　　這一時期最重要的音樂美學論著是李贄《焚書》之〈讀律膚說〉、〈琴
　　賦〉等篇〔註213〕

並從「以自然之為美」、「訴心中之不平」、「聲音之道可與禪通」、「貶『畫工』
褒『化工』」、「琴者，心也……所以吟其心也」幾個層面論述，其研究偏重於
架構式陳述，在文字的梳理詮釋上，難以深入。〔註214〕蔡氏另有〈從李贄說
到音樂的主體性〉一文，其說仍以主情思潮言敘李贄音樂美學觀，並認為李贄
一方面繼承儒家音樂表情說，否定道家「無情說」，同時又發揚道家「法天貴
真」、「越名教而任自然」之精神，展現「發於情性，由乎自然」、「任性而發」
等概念。〔註215〕至於蔡氏〈李贄的音樂美學思想〉〔註216〕一文，則和《中國
音樂美學史》一書第三十七章〈李贄的音樂美學思想〉完全一樣，故本文引用
時採專書之說。另外，在其他音樂美學專著中，列出一章節討論者有修海林、
羅小平《音樂美學通論》與張前《音樂美學教程》，可惜兩者敘述內容都比蔡
仲德簡略許多。另外，吉聯抗著作《宋明音樂史料》涉及儒道樂論，但由於吉
氏是從宋史、明史切入，故並未收入李贄文獻，較為可惜。

　　而大陸學界期刊論文中，直接探討李贄音樂美學思想的篇章，有數十篇，然
多遵循蔡氏寫法，或運用相同架構，或僅從同一角度切入，其中較重要有價值者
屈指可數〔註217〕。張映蘭、王維、王志成等人皆從李贄生平，談其受儒道釋思
想影響，形成以童心說為核心的音樂美學觀點。〔註218〕陶恒、杜洪泉、孫楊、

〔註213〕蔡仲德：《中國音樂美學史》，（北京：人民音樂出版社，2003 年），頁 636。
〔註214〕和本文相同的內容也曾經發表於期刊《中國音樂學》中，蔡仲德：〈李贄的音
　　　　樂美學思想〉，《中國音樂學》第 2 期，1993 年，頁 23～33。為避免參考資料
　　　　之冗贅，本論文皆引註自《中國音樂美學史》。
〔註215〕蔡仲德：〈從李贄說到音樂的主體性〉，收入氏著：《音樂與文化的人本主義思
　　　　考》，（廣東：廣東人民出版社，1999 年），頁 98～99。此文對於李贄的音樂
　　　　美學觀僅是蜻蜓點水式書寫，泰半篇幅著重在西方音樂主體的發抒，較難呈
　　　　現李贄音樂美學觀之堂奧。
〔註216〕蔡仲德：〈李贄的音樂美學思想〉，《中國音樂學》，1993 年，頁 23～33。
〔註217〕由於當前學界就李贄音樂美學研究內容重複性甚高，故僅列出較具有代表性
　　　　之篇章。
〔註218〕張映蘭：〈李贄音樂美學思想的現代意義〉，《藝海》第 12 期，2010 年，頁 33
　　　　～34。其簡述李贄「以自然為美」的音樂觀、「聲音之道可與禪通」的境界、
　　　　「琴者，心也」對儒家功能音樂論的反對。王維：〈對李贄「琴者心也」音樂
　　　　美學思想的探究〉，《中央音樂學院學報》第 4 期，2006 年，頁 92～97。文中
　　　　倡議「琴者，心也」是儒家禮樂教化的自然發展，也是對人的價值的尊重。
　　　　王維：〈李贄的音樂美學思想初探〉，《藝術研究》第 4 期，2005 年，頁 58～

吳靜等人則以童心情性角度討論李贄音樂美學思想。〔註219〕張群、胡健、張國花則從《琴論》探索李贄音樂美學觀。〔註220〕程乾則著重在禪宗對李贄音樂美學思想的啟發與影響。〔註221〕劉莉認為李贄的音樂美學思想價值，乃出自對儒家文藝觀點的批判。〔註222〕綜合以上各篇的理論框架仍不離蔡仲德之軌轍。

國內外學位論文方面，王維在博士論文中，從陽明心學出發，思索〈琴賦〉中的主體性，強調聲是本體之心的呈現，並說明心與聲是主客對立的關係。〔註223〕而徐海東在碩士論文《李贄的音樂美學思想及其基礎》認為前人研究可概

62。該文認為「琴者，心也」是對傳統「琴者，禁也」的承繼。王志成：〈李贄的音樂美學思想〉，《藝術百家》第 5 期，2005 年，頁 136～139。王氏就「以自然之為美」、「琴者，心也」論述李贄音樂美學思想是以人、以心為本。

〔註219〕 陶恒：〈李贄從「情性自然說」出發的音樂認識論〉，《當代教育理論與實踐》第 7 期，2011 年，頁 130～131。提出李贄音樂美學思想中，「以自然之為美」是對儒家的「禮」與道家的「天」之駁斥，主張音樂主體在人的「童心」。杜洪泉：〈論李贄「童心」說與音樂主體性原則〉，《惠州學院學報》第 1 期，2006 年，頁 119～122。本文強調李贄音樂美學思想是對《莊子》、〈聲無哀樂論〉的繼承與發揚，展現童心說以人為本的主體性原則，音樂表現情感特徵的屬性。孫楊：〈淺談以李贄為代表的反「淡和」主情思潮的音樂美學思想〉，《青島職業技術學院學報》第 2 期，2005 年，頁 56～58。明確指陳李贄以「童心」為本的音樂美學思想，是對周敦頤「淡和」說的反對。至於「吟其心」的琴論則主張琴為人的感情服務，是對中國傳統琴論的反撲。吳靜：〈從李贄的「童心」說論其音樂美學思想〉，《華中師範大學學報（人文社會科學版）》第 S2 期，1998 年，頁 104～106。敘明李贄「童心必自文」的音樂美學思想，打破傳統封建禮樂與中和美學觀，以「至文」為目的。

〔註220〕 張群：〈李贄的琴道觀〉，《荊楚理工學院學報》，2014 年，第 29 卷第 5 期，頁 26～30。文中指出李贄的將琴獨立為單獨樂器，而學琴就是學道。胡健、張國花：〈從《琴論》看李贄的音樂美學思想〉，《求索》第 5 期，2007 年，頁 168～170。認為李贄「琴者，心也」是童心說在音樂美學的具體化，也是對儒家音樂美學的質疑，而「聲音之道可與禪通」是中國古琴「從聲多韻少向聲少韻多」的美學理論轉變。

〔註221〕 程乾：〈「聲音之道可與禪通」──李贄音樂美學思想中的禪宗精神探幽〉，《音樂研究》第 6 期，2009 年，頁 75～85。

〔註222〕 劉莉：〈論李贄對儒家音樂美學思想的批判〉，《新疆藝術學院學報》第 13 卷 2 期，2015 年，頁 90～93。

〔註223〕 王維：《「心」與「聲」的解讀──從李贄等四位士人論樂看晚明音樂美學觀念中著主體性特徵》，（北京：中央音樂學院博士學位論文，2010 年 6 月）。本文關於李贄的內容，王氏另以〈從陽明心學角度看李贄《琴賦》一文中的音樂美學觀〉一文改投期刊，詳見王維：〈從陽明心學角度看李贄《琴賦》一文中的音樂美學觀〉，《人民音樂》第 2 期，2015 年 2 月，頁 83～85。筆者本文引用其著作時，皆依據王氏學位論文內容。

分為儒表道裡說、儒學分裂說、情欲說、禪道合流說，並提出李贄音樂美學基礎為童心說，並可分為三個命題：第一，「聲色之來，發乎情性，由乎自然」是得自孔子的「發乎情，止乎禮」，是對孔子儒學思想的新闡釋；第二，「聲音之道可與禪通」並非禪宗思想；第三，「琴者心也」與「琴者禁也」並非對立觀點，李贄只是引用《白虎通》的論述，「琴者心也」是與心學思想相通，更與先秦儒家思想呼應。〔註224〕楊雪提出「流行」乃「傳統」的延續，李贄音樂美學思想表現的「流行」因素包含：追求個人獨特性的「童心」、自由抒發情性的「自然」美、「訴心中之不平」的發憤之情、發抒情感的「吟其心」、音樂感悟「可與禪通」等等。〔註225〕三篇論文各有論見，惟筆者認為，在李贄遠承先秦儒家美學體系，以及近攝明代三教會通之處，則還有再論述之可能。誠援西方音樂美學理論來剖析，雖各有孤詣，然在中國音樂美學傳統，猶未盡肯綮，故本文企圖以「童心」說再行研究李贄音樂美學思想之意涵。

## 第四節　論述脈絡之擬立

在卷帙浩繁的李贄研究中，如何從新的角度重新思索李贄學說，使其宏觀、微觀視野能更臻健全，是本文所尋繹之方向。從前人的研究成果中，如何再以不同的角度，審視李贄其人其說，也是本文所希望研究的重點。因此，本論文各章節架構之推衍，其論述脈絡擬立如下：

首先，先就李贄之生命史加以探問，其所處之明代背景則僅做簡略說明，理由是明代史之研究已相當豐碩，為免模糊焦點，故本文不花過多篇幅論述中、晚明特徵，而是從音樂美學角度出發，著重探討李贄的生命與成學過程。由於李贄成長的泉州，具有多元宗教信仰的氛圍，且他自幼深受庭訓、泉州閩

〔註224〕徐海東：《李贄的音樂美學思想及其基礎》，（南京：南京藝術學院碩士學位論文，2011 年 5 月 24 日）。由於徐氏將學位論文改投為〈「發乎情性，由乎自然」的思想屬性——「李贄音樂美學的思想基礎」研究（之一）〉、〈「聲音之道可與禪通」的儒學本體——「李贄音樂美學的思想基礎」研究之二〉、〈「琴者心也」與「琴者禁也」辨析——「李贄音樂美學的思想基礎」研究之三〉、〈李贄音樂美學思想的「童心說」基礎解析——「李贄音樂美學的思想基礎」研究之四〉等四篇期刊文章，且內容一致，故本文引用其著作，皆依據徐氏學位論文內容。不再贅列其餘篇什。

〔註225〕楊雪：〈淺論李贄音樂美學思想中的「流行」因素〉，（四川：四川師範大學科學碩士論文，2011 年 3 月）。

學盛行的影響，使他陷入多元自由及儒家傳統思想的矛盾中，之後又因友人推薦，開始接觸陽明心學，由此轉而反對程朱理學。又為探求生死性命下落，接觸佛經，出家為僧，然又不守戒律。同時，治學《老》、《莊》，為政以無為，卻提出不同於前人的《老》、《莊》解讀。最後，因其著作，被捕入獄，自戕而死。因此，筆者本於知人論世，企圖從多元文化之洗禮、傳統儒學之浸淫、晚明狂禪之執傲、方外道家之隱遯、向死而生之頓悟等面向梳理李贄之生命史。

其次，再針對李贄童心說的豐富概念進行解讀，由於「童心」是李贄的藝術核心，然李贄論及音樂時，卻是以「心」的角度出發，故有必要將他的「心」與「童心」觀念進行分析區辨。由於李贄深受儒釋道三家影響，因此，筆者於此章節，將以儒釋道三家的「心」之概念，加以釐析李贄的「心」與「童心」之意涵。道家部份分為自然心、虛靜心、天真心；佛教部份則為真空；心學部份分為宇宙心、主體心、廓落心。希望能藉由這諸多角度，思索李贄的「心」意涵。以上兩章屬於李贄音樂美學的宏觀視野。

其次，是以微觀視野觀察李贄的音樂美學觀，分別從其著作內容，分列為：音樂的本體、層次、形式、風格、樂器、演奏手法、審美過程、價值與教化功能，探查李贄音樂美學思維。就音樂的本質，則分成主體與起源兩節，李贄的音樂主體是「心」，故從其樂由「心」生、琴者「心」也、聲音之道原與心通三個部分加以論述。而其音樂的起源則來自於「情性」，「情性」的發抒，則是由乎「自然」，不可牽強，最後則止乎「禮義」，此為「心」與「自然情性」勾連之關要。

第五章則從音樂的層次、形式與風格，辨析李贄在傳統的聲、音、樂區分之外，又提出其結構論，即「不可拘於一律」；以及風格論，即「有是格，便有是調」，此論乃呼應其「心」的獨特，和「情性」之「自然」而來，同時也是李贄之創發。

第六章就樂器與演奏來看，李贄的樂器論主要在文人常見的琴，以及佛教音樂的鐘鼓，而且反對陶淵明所提出的「絲不如竹，竹不如肉」的概念。另外，其演奏手法可概分為弦樂、聲樂、打擊樂，而最高境界為忘技成道、技道合一，故筆者在此分就樂器說、身體工夫、本體工夫三節探討其樂器與演奏觀。

第七章則是其音樂審美過程，李贄因受佛教禪宗影響，因此在音樂鑑賞的部分強調頓悟；又因重視朋友，與個性寡交影響，故提出「善聽者獨得其心而知其深」的知音論。且其又提出重要的美學觀點化工說，影響其「至樂無聲、

達乎中庸」；「經聲昭徹、佛力隨施」；「入神妙化、成己成物」；「得手應心、淡乎有味」等意境論，故本章分就鑑賞、知音、意境等三方面陳述。

　　第八章是李贄的音樂教化價值論，因其肯定戲曲價值，繼承興觀群怨之傳統，提出即使是飲食宴樂，也可起義動慨，並以今樂為古樂之延續，而非對立，凸顯了今樂的價值，故本章從其對音樂的教化價值之肯定出發，探討他的音樂功能論。

　　此外，本文的論述方式，是從前人研究成果中，抉其微，糾其謬，建構新理路，提出新解。並以歷時性角度，思索李贄從前人延續的音樂美學脈絡，再從共時性觀點，思索他在明代所展現的音樂美學地位，凡所申論，冀其言而有徵，在理論與實踐技術相互輝映中，會而共成一天，使李贄之學得以張揚。

# 第二章　知人論世：從狂飆性格
　　　　　探問李贄之生命史

　　為免斷章取義造成誤解，有必要對李贄之生平、性格、心理、思想、文藝、美學追本溯源，方能對其音樂美學思想進行「合理偏見」之闡釋。雖前人對李贄的生平已進行完整研究，看似無需贅述，但於探討其音樂美學觀之同時，除前人之述已備之家世、生平、思想外，尚欠缺美學視域下，對李贄所處時代的音樂美學宏觀梳理，及形塑其音樂美學之成學過程。故本章特意由美學向度觀看李贄生命史之脈絡。

　　在探究李贄生命史之前，宜先就李贄所處的時代背景、思想氛圍進行外緣簡介。美國學者彼得‧布勞《社會生活中的交換與權力》說：「談論社會生活，就是談論人與人之間的交往。」〔註1〕明代貪污狀況極為嚴重，此時《四書》為考試教材的意義，已由「治人」轉向「修己」，反造成「科舉害道」之現象〔註2〕。且中晚明歷經酷虐政治〔註3〕、律令箝制〔註4〕、取締左道異端，以宋儒註解之四書五經為科舉考試範本，以孔孟程朱義理為依歸，皇帝大興

〔註1〕彼得‧布勞（Peter Blau）：《社會生活中的交換與權力》，（北京：華夏出版社，1988年），頁13。

〔註2〕余英時：《中國知識分子論》，（河南：河南人民出版社，1997年），頁157。

〔註3〕趙翼引舊史云：「京官每旦入朝，必與妻子訣，及暮無事，則相慶以為又活一日。」轉引自黃晃堂：《明史管見》，（濟南：齊魯書社，1985年），頁141～143。明代洪武年間的極度君權所造成的嚴刑、暴刑、濫殺等草菅人命之狀，使朝野上下戰戰兢兢，擔心無端召禍，可見一斑。

〔註4〕〔明〕劉惟謙：《大明律》，卷二，〈吏律職制〉。（合肥：黃山書社，2009年）。

文字獄〔註5〕，禁錮士人思想。局勢荒亂，社會經濟變動，階級矛盾對立，資本主義萌芽，人民抗爭頻繁，因之孕育出反傳統、不因襲、求新求變的李贄思想。〔註6〕

　　李贄身處中晚明時期，屬於「天崩地解獨具魅力的變革時代」，江南經濟發達、財富豐厚，士人「精英薈萃獨領風騷」。〔註7〕十六世紀下半到十七世紀手工業興盛、經濟繁榮、絲織品發達、貿易盛行，農村商業化、手工業發達等等現象帶動社會流動與經濟發展。〔註8〕此外，明代商人地位提升，士農工商地位趨於平等〔註9〕，「士」與「商」的關係有了極大翻轉，開始呈現「棄儒就賈」之趨勢。而在 1600～1800 年之間，科舉考試競爭更形激烈，造成「士而成功也十之一，賈兒成功也十之九。」由士轉商者有之，商轉士者亦有之，李夢陽、王艮、顧憲成皆出身商人家庭，王陽明更稱許商人與文人同「道」。〔註10〕由於社會經濟和思想意識的巨大轉變，引發士人群體的特殊社交行為和心態，文化意識和創作隨之轉向多元，且因受制於追名逐利的價值觀，產生對獨特個性的張揚與放浪行徑。〔註11〕整體勢利觀念之流漫，促成士農工商階級間

〔註 5〕趙翼說朱元璋「通文義，固屬天縱，然其初學問未深，往往以文字疑誤殺人，亦已不少。」〔清〕趙翼著；王樹民校證：《廿二史箚記校證》，（北京：中華書局，2001 年），頁 740。

〔註 6〕陳清輝：《李卓吾生平及其思想研究》，（臺北：文津出版社，1993 年），頁 1。

〔註 7〕趙毅：〈序言〉，收入徐林：《明代中晚期江南士人社會交往研究》，（上海：上海古籍出版社，2006 年），頁 1。

〔註 8〕明代經濟貿易研究已有相當豐富的研究成果，諸如：傅衣凌：《明清時代商人及商業資本》，（北京：人民出版社，1956 年），頁 18、20～23；傅衣凌：《明清社經濟史論文集》，（北京：人民出版社，1982 年），頁 3～46、179～240；張維華：〈明代海外貿易簡論〉，《晚學齋論文集》，（濟南：齊魯書社，1986 年），頁 327～451。

〔註 9〕余英時：〈中國近世宗教倫理與商人精神〉，收入氏著《士與中國文化》，（上海：上海人民出版社，1987 年），頁 525～527。余英時提出新四民論，認為明清儒者提出「治生」、「人欲」、「私」等觀點，肯定士農工商在「道」面前地位平等，提升了商人地位。

〔註 10〕余英時：〈明清變遷時期社會與文化的轉變〉，《中國歷史轉型時期的知識分子》，（臺北：聯經出版事業公司，1996 年），頁 35～42。

〔註 11〕趙毅：〈序言〉，收入徐林：《明代中晚期江南士人社會交往研究》，（上海：上海古籍出版社，2006 年），頁 3、6～7。趙毅認為中晚明時期社會經濟領域和思想意識層面變遷巨大，引發了士人群體心態、價值觀念的變化，進而構建出此時的特殊社會交往行為和心態。士人有其獨特思想，功名意識雖淡化，但文化意識卻轉向儒學之外，參禪悟道，創作也走向多元，藉追求頻繁的社會交往，以期彌合與傳統社會之裂痕。但又同時受制於金錢拜物，絕意仕途或兼營

之轉向流通。

　　其時士人交往活躍，各種會社形成殊異的群體意識〔註12〕，講學活動盛行，從初期王陽明及門人重視「口口相傳，庶幾不墜」之面授說，再到嘉靖年間王門後學，諸如王畿、錢德洪等人在地域的大型講會，即便張居正曾推行禁講令，也無法消解士人對講學的熱情。〔註13〕在政治、哲學、士心嬗變的背景下，文人心態呈現自在、自娛、自新、自懺等新格局〔註14〕。名士、狂士、隱士、山人大量湧現，李贄就是其中卓有貢獻者。〔註15〕文學具有尊情、貴真、尚今、崇俗等特色〔註16〕，小品表現出明代士人的生活型態特徵〔註17〕。天真自然、不事雕琢的主體創作與詩意、寧靜、智慧的藝術表現是晚明文學亮點〔註18〕。

　　思想方面，晚明是儒釋道會通的時代〔註19〕，張廷玉在《明史》列傳第

　　　　工商卻不放棄士子身分，透過個性的張揚，甚至放浪怪誕的行徑，縱適游討，追名逐利。

〔註12〕陳寶良：《中國的社與會（增訂版）》，（北京：中國人民大學出版社，2011年）。從明代士人組成的政治型會社、經濟型會社、軍事型會社、文化生活型會社、社與會的組織結構等面向，分析此時期的群體意識。

〔註13〕陳時龍：《明代中晚期講學運動1522～1626》，（上海：復旦大學出版社，2005年），頁34～35、72～75、92、122～144。張居正曾受佛學影響，及其「信心」、「虛寂」與「性本簡淡」的性格使然，以致在政治上曾經反對口耳相授的講學。

〔註14〕吳調公、王愷：《自在、自娛、自新、自懺——晚明文人心態》，（蘇州：蘇州大學出版社，1998年）。作者從晚明時代背景、文藝啟蒙、商業精神、審美情趣的角度，提出晚明文人自在的生活理想新格局，各種自娛心態，西學東漸的自新心態，生存文化危機的自懺心態。

〔註15〕周明初：《晚明士人心態及文學個案》，（北京：東方出版社，1997年）。周氏從政治腐壞、時代、哲學突破、士心嬗變的背景下，批判了明代大多數士人放棄個人社會職責，肯定小部分堅持道義卻付出沉重代價的士人，提出此時大量湧現的名士、狂士、隱士、山人，以徐渭、李贄、湯顯祖、袁宏道等人為代表，讚賞其在文藝、思想的建樹。

〔註16〕夏咸淳，《晚明士風與文學》，（北京：中國社會科學出版社，1994年）。夏咸淳從市井、生活、心態、學術看晚明士風，從尊情、貴真、尚今、崇俗談論晚明文學特徵。

〔註17〕陳萬益：《晚明小品與明季文人生活》，（臺北：大安出版社，1988年）。陳萬益透過晚明小品的發展，理解明代士人生活型態。

〔註18〕王曉光：《喧鬧與閒適——休閒視野下的晚明文學研究》，（北京：高等教育出版社，2012年）。王氏著意於晚明休閒文學對物質、文化壓力的擺脫，展現出天真自然、不事雕琢的主體創作特徵，與詩意、寧靜、智慧的藝術特徵，並凸顯了從經世到休閒、由啟蒙到消費、由避世到適世的功能特徵。

〔註19〕徐聖心認為，此期三教關係不得逕以「三教合一」簡括而混同，諸家除公安袁

一百八十六〈隱逸〉提及傳統儒家已有「楊、墨、釋、老，聖道之賊；管、商、申、韓，治道之賊；稗官野乘，正始之賊；支詞艷說，文章之賊」〔註20〕諸說，在明代中晚期佛道思想盛行，士人成狂禪或道士者所在多有。且明初對三教思想已大力弘揚，不僅尊孔子為萬世帝王之師〔註21〕，也弘道揚佛，授漢末道教首領張道陵四十二世孫張正常為「正一嗣教真人」〔註22〕，又授西藏喇嘛教首領達賴等以「帝師」、「佛寶國師」、「灌頂國師」〔註23〕。因晚明已是一個儒釋道會通的年代，且由於經濟社會的變化，造成儒學與文化的轉向相當鮮明，知識分子主動參與通俗文化，使儒學宗教化〔註24〕。士人也開始有了背棄儒家思想的行為，或遊賞山水，或狂放不馴，李贄甚至公開表達：「我以自私自利之心，為自私自利之學，直取自己快當，不願他人非刺。」（《焚書・增補一・寄答留都》）甚至視王艮為儒家狂者之典型、李贄為陽明心學轉折之標誌。〔註25〕

　　在中晚明自利風氣及儒釋道會通的思想氛圍中，循之可對李贄進行美學

　　　　氏之外，均未以「三教」之綜合為務，因此應以「會通」，而非「合一」言之，畢竟「合一」說非此期所有人士之關注處，結果也未必足以安立三方。且徐氏不認為三教勢同水火，也不假定有高下之分，而是站在彼此相互了解、補充、融會、增益的角度，力求三教概念間之對話，同時親近他者，又能回歸自身學說之省思，如此相互迂迴往返，方成其會通。以上內容出自徐聖心：《青天無處不同霞：明末清初三教會通管窺》，（臺北：臺灣大學出版中心，2010年），頁14～15。本論文談論到相關概念時，皆以「儒釋道會通」、「三教會通」一詞概括。

〔註20〕〔清〕張廷玉等撰；楊家駱主編：《新校本明史并附編六種》，（臺北：鼎文書局，1991年），頁7627。

〔註21〕《明史・禮制》：「仲尼之道，廣大悠久，與天地並，有天下者莫不虔修祀事。朕為天下主，期大名教化，以行先聖之道。」語見〔清〕張廷玉等撰；楊家駱主編：《新校本明史并附編六種》，（臺北：鼎文書局，1991年），頁1296。

〔註22〕〔清〕張廷玉等撰；楊家駱主編：《新校本明史并附編六種》，（臺北：鼎文書局，1991年），頁7654。

〔註23〕按「永樂時，諸衛僧戒行精勤者，多授剌麻、禪師、灌頂國師之號。」詳見〔清〕張廷玉等撰；楊家駱主編：《新校本明史并附編六種》，（臺北：鼎文書局，1991年），頁8542。

〔註24〕晚明三教合流的相關論述，可參見荒木見悟：《明末宗教思想研究》，（東京：創文社，1979年）。陳寶良：〈明代儒佛道的合流及其世俗化〉，《浙江學刊》第2期，2002年。

〔註25〕左東嶺：《王學與中晚明士人心態》，（北京：人民文學出版社，2000年），頁336、545。左氏以心學為主軸，探討明代歷史的變遷與士人心態的轉變，視王艮為儒家狂者之典型、李贄為陽明心學轉折之標誌。

角度的生命省察，從其美學思想的內緣成因，重探李贄生命史中的狂飆與激烈，這種狂人性格對其音樂美學思維的構成，有不可或缺之影響力。其性格的形塑，和其自幼家庭成長背景、異族文化、儒釋道三家美學、人生理想、師徒關係等息息相關。故本章從美學視域切入，著重在造成其美學觀點的幾個層面：多元文化之洗禮、傳統儒學之浸淫、晚明狂禪之簡傲、方外道家之隱遯、向死而生之頓悟等面向論述。

# 第一節　多元文化之霑溉

　　想論析李贄美學觀點的形成，必須先思索其生命的諸多經驗中，有哪些要素促成其生命美學。李贄自述生平之文主要有三：《焚書・卷三・雜述・卓吾論略》、《焚書・卷三・雜述・自贊》、《焚書・卷四・雜述・豫約・感慨平生》。張建業認為〈卓吾論略〉作於萬曆六年（1578），李贄 52 歲，時任姚安知府，是其前半生之自傳，和〈感慨平生〉皆為研究李贄生平思想之重要資料〔註26〕。但筆者認為，〈自贊〉一文更可見到李贄對自身狂妄孤高之評價，包含其個性、容貌、言詞、心理、行為、交友等諸多面向。

　　李贄生平事蹟，除了從其著作可窺見一二外，在明、清、近代學者各項事蹟記載〔註27〕，及海外學人〔註28〕與方志碑刻〔註29〕中，也有不少紀錄。而《四庫全書》論及古人著作時，順便提及李贄者亦頗繁多〔註30〕。眾家對李贄

---

〔註26〕張建業主編：《李贄全集注（第 1 冊：焚書注一）》，（北京：社會科學文獻出版社，2010 年），頁 235。

〔註27〕其他代表作可參閱張建業主編：《李贄全集注（第 26 冊：附錄）》，（北京：社會科學文獻出版社，2010 年），頁 1～412。

〔註28〕海外學人如吉田松陰、福蘭閣（Otto Franke）、利瑪竇等人皆有著。張建業主編：《李贄全集注（第 26 冊：附錄）》，（北京：社會科學文獻出版社，2010 年），頁 348～355。吉田松陰言行曾深受李贄影響，可另行參閱溝口雄三著、李曉東譯：《李卓吾・兩種陽明學》，（北京：生活・讀書・新知三聯書店，2014 年）。

〔註29〕此類包含李贄出生、仕宦之地等縣志、通志、府志，如：《福建通志》、《雲南通志》、《泉州府志》、《姚州志》、《麻城縣志》、《黃安縣志》等等。詳見張建業主編：《李贄全集注（第 26 冊：附錄）》，（北京：社會科學文獻出版社，2010 年），頁 326～347。

〔註30〕如明代焦弱侯在《易筌・附論》云：「史稱竑講學以羅汝芳為宗，而善耿定向、耿定理及李贄，時頗以禪學譏之，蓋不誣云。」《四書測》：「其尤誕者，如『原壤夷俟』乃取其母死而歌為喜死者之得所，而非放乎禮法之外。蓋姚江末流，

的評價，多定位為放乎禮教之外〔註31〕，性格獨立〔註32〕，憤世嫉俗〔註33〕，狂悖不羈〔註34〕。特別的是，傅繼鱗（1608～1667）《明書》將李贄歸類在「異教傳」，認為他「名賢皆在譏貶中，而大旨在翻孔子之是非……後士風大都由其染化，亦孔子之道一大厄也。」〔註35〕由此可見，傳統儒士多將李贄視為異端，但同時也肯定其「卓識」。

沈瓚《近事叢殘》認為李贄之論驚世駭俗，以致當時高曠豪舉之士皆仰慕之，追隨者眾多，以致後學亦有狂風，並影響儒、釋思想。〔註36〕《四庫全書

其弊每至於此，不但李贄諸人彰彰耳目者然也。」《鴻苞》：「謂周公、孔子大而化之之謂聖，老子、釋迦不可知之謂神。儒者言道之當然，佛氏言道之所以然。蓋李贄之流亞也。」《西臺漫記》：「其紀李贄之荒悖不經，卒以臺臣會許下獄，前後端末頗詳，而不詳其所終。」《尋樂編》：「讀李卓吾書則怫然不悅，非有意愛憎，乃氣味自有同異。」

〔註31〕如《熙朝名臣實錄》云：「所附李贄《評語》，尤多妄誕，不足據為定論也。」《史纂左編》云：「殆與李贄之《藏書》狂誕相等。乃贄《書》世猶多相詬病，而是編獨未有糾其失者，殆震於順之之名，不敢議歟。」

〔註32〕如《春寒閒記》云：「其書多錄前人佳事雋語，然頗推重李贄。」《嶺西雜錄》云：「其中如評李贄、屠隆、祝允明皆極確當，其論徐炯注《李商隱文集》，程嬰、公孫杵臼事未詳左氏記趙武事，與《史記》全殊，失之不考。」《瞿同卿集》云：「前有葉向高所作《墓誌銘》，稱汝稷最不喜溫陵李贄，以為得罪名教，其識實出明季士大夫上，其詩文則未能凌跨流輩也。」

〔註33〕如《讀書雜記》云：「惟其生於明末，漸染李贄、屠隆之習，掉弄筆舌，多傷佻薄；憤嫉世俗，每乖忠厚。」《環翠堂坐隱集選》云：「集中酬唱，皆陳繼儒、方於魯之流，又與李贄贈答，至稱其『著書皆了義，評古善誅心。』旨趣如此，其漸於當時氣習者深矣。」

〔註34〕如《史折》云：「至於陳繼儒之淺陋，李贄之狂謬，復為之反復辨論，更徒增詞費矣。」《冬遊記》云：「李贄諸人，沿流不返，遂至累及守仁，為儒者詬厲。其所從來者漸矣。」《畫禪室隨筆》云：「四卷亦分子部四，一曰雜言上，一曰雜言下，皆小品閒文，然多可采，一曰楚中隨筆，其冊封楚王時所作，一曰禪悅大旨，乃以李贄為宗。明季士大夫所見，往往如是，不足深詰，視為蜩螗之過耳可矣。」《祝子罪知》云：「王宏撰《山志》曰：祝枝山，狂士也。著《祝子罪知錄》。其舉刺予奪，言人之所不敢言。刻而戾，僻而肆，蓋學禪之弊。乃知屠隆、李贄之徒，其議論亦有所自，非一日矣。」《焦氏筆乘》云：「蓋竑生平喜與李贄遊，故耳濡目染，流弊至於如此也。」《焦弱侯問答》云：「竑師耿定向而友李贄。於贄之習氣沾染尤深，二人相率而為狂禪。贄至於詆孔子，而竑亦至尊崇楊、墨，與孟子為難。雖天地之大無所不有，然不應妄誕至此也。曾紘乃綴拾刻之，以教新鄭之士子，可以見明季風氣矣。」

〔註35〕傅繼鱗：《明書》卷一百六十，（上海：商務印書館，1938 年 1 月再版），頁3159。

〔註36〕沈瓚《近事叢殘》云：「生平博學，深於內典，好為驚世駭俗之論，務反宋儒

總目提要》更直接批評李贄狂悖乖謬，顛倒是非，罪可誅之，欺世盜名，故刻
意留其著作之目錄，以伐其罪。〔註37〕而時人對李贄諸多行為也頗有論述，如
萬曆廿六年（1598），李贄七十二歲寓居南京永慶寺時，楊起元於南京講學，
曾對李贄大加稱讚〔註38〕，相關內容記錄於《永慶答問》〔註39〕，該年余永
寧、吳世徵同遊南京，向楊起元問學，當時李贄寓居永慶寺，余、吳咸對李贄
仰慕已久，囿於李贄個性「不肯與人說話」以及「常要罵人」，而未能得見，
由此可見李贄性格之狂妄直率，即便從未實際與其交往之人，亦聞風心怯。

　　由於李贄「狂」之性格，是屬於時代整體氛圍的反映，也是屬於個性的特
立獨行。因此，本章重新梳理李贄作品、前人對其事蹟記載、其交遊對象對他
的論述、《四庫全書》中提及李氏之處，並從李贄審美人格特徵之形成出發，
重新思索其生命史的「狂美」形象。然而，此等狂者氣息是如何形塑？又如何
影響李贄之音樂美學觀？這可從李贄自幼成長的泉州，及期間所接觸的外來
文化得知。

---

道學之說。致仕後，遂祝髮住楚黃州府龍潭山中，儒釋從之者幾千萬人。其學
以解脫直截為宗，少年高曠豪舉之士多樂慕之，後學如狂。不但儒教潰防，而
釋氏繩檢，亦多所屑棄。自謂具千古隻眼，標震世奇蹤，而以此為訓。末流之
弊，不知所終矣！又刊刻《藏書》、《焚書》等。如以秦始皇、武則天為聖君，
馮道為救時賢相，以張巡死節時厲鬼殺賊等語為放屁，識者恨之。鄞縣沈相公
當國時，有科道論列，逮至錦衣衛獄死焉，是亦好奇之禍歟？」語見氏著：《近
事叢殘》，（北平：廣業書社，1928 年 1 月），頁 132。

〔註37〕《四庫全書總目提要・別史類存目・藏書六十八卷》曰：「贄書皆狂悖乖謬，
　　　　非聖無法，惟此書抨擊孔子，另立褒貶，凡千古相傳之善惡，無不顛倒易位，
　　　　尤為罪不容誅。其書可毀，其名亦不足以污簡牘，特以贄大言欺世，同時若焦
　　　　竑諸人，幾推之以為聖人。至今鄉曲陋儒，震其虛名，猶有尊信不疑者。如置
　　　　之不論，恐好異者轉矜創獲，貽害人心，故特存其目，以深曝其罪焉。」語見
　　　　〔清〕紀昀總纂：《四庫全書總目提要》，（石家莊：河北人民出版社，2000 年），
　　　　頁 1386。
〔註38〕容肇祖：《李卓吾評傳》，（臺北：台灣商務印書館，1973 年），頁 39。
〔註39〕《李溫陵外紀・卷二・永慶答問》云：「萬曆戊寅仲夏，古歙余永寧，吳世
　　　　微同游白下，問學於楊復所先生。先生謂曰：『溫陵李卓老，今之善知識也，
　　　　現寓永慶寺中，曾相見否？』曰：『久從書冊想見，卻未請見。』曰：『何不
　　　　亟請見？』一友從傍曰：『聞其不肯與人說話。』先生曰：『就是不說話，見
　　　　見也好。』又一友曰：『聞其常要罵人』。先生曰：『他豈輕易罵人？受得他
　　　　罵方好。』徵因問師：『見卓老有何印證？』先生曰：『有甚麼印證？』徵又
　　　　問：『師學與卓老同異？』先生曰：『有甚麼同異？就是有不同處，也莫管
　　　　他。』」語見〔明〕潘曾紘編：《李溫陵外紀》，（臺北：偉文圖書公司，1977
　　　　年）。

## 一、泉州的孵化

　　李贄於明世宗嘉靖六年（1527）生於福建泉州〔註40〕，在明神宗萬曆三十年（1602）自戕囹圄，得年七十六。其向來被視為「異端」，人生前三十年可謂順遂得志，廿九歲（1552）後，進入以宦遊為主的生活，五十五歲（1581）後則開始著述階段。根據〈卓吾論略〉云：

> 居士別號非一，卓吾特其一號耳。卓又不一，居士自稱曰卓，載在仕籍者曰篤，雖其鄉之人，亦或言篤，或言卓，不一也。居士曰：「卓與篤，吾土音一也，故鄉人不辯〔註41〕而兩稱之。」予曰：「此易矣，但得五千絲付鐵匠衕衕梓人，改正矣。」居士笑曰：「有是乎？子欲吾以有用易無用乎？且夫卓固我也，篤亦我也；稱我以『卓』，我未能也；稱我以『篤』，亦未能也。予安在以未能易未能乎？」故至于今並稱卓、篤焉。

可知其初名載贄，號卓吾，原本姓林，後入泮學改姓李〔註42〕，因方言「卓」、「篤」同音，故號篤吾。〈卓吾論略〉曰：「居士五載春官，潛心道妙，憾不得起白齋公於九原，故其思白齋公也益甚，又自號思齋居士。」因思父白齋公，故號思齋。其出生地泉州，泉州為溫陵禪師福地，又自號溫陵居士。以官共城，共城有邵雍安樂窩於蘇門山百泉上，故號百泉居士。此可見於〈卓吾論略〉云：

> 雖然，共城，宋李之才宦遊地也，有邵堯夫安樂窩在焉。「安樂窩在蘇門山百泉之上。居士生於泉，泉為溫陵禪師福地。居士謂：「吾溫陵人，當號溫陵居士。」至是日遊邀百泉之上，曰：「吾泉而生，又

---

〔註40〕關於李贄確切生年記載不一，有嘉靖五年和六年說法，《清源林李宗譜》載：「卓吾公生嘉靖五年丙戌十月二十六日戌時。」《鳳池林李宗譜》也說李贄生於嘉靖五年。但馬經綸《與洪園道長》、《與王泰宇金吾》等書札和錢謙益《列朝詩集小傳》閏集《卓吾先生李贄》以及劉侗、于奕正《帝京景物略》卷八《畿輔名跡‧李卓吾墓》等都說李贄享年七十六，據此李贄當出生於嘉靖六年，與《卓吾論略》相符。以上轉引自張建業主編：《李贄全集注（第26冊：附錄）》，（北京：社會科學文獻出版社，2010年），頁419。本文採李贄的〈卓吾論略滇中作〉所云：「居士生大明嘉靖丁亥之歲，時維陽月，得全數焉」之說，以嘉靖六年為其出生年。

〔註41〕張建業主編：《李贄全集注（第1冊：焚書注一）》，（北京：社會科學文獻出版社，2010年），頁233。作「辨」，故《李溫陵集》中應屬訛字。

〔註42〕明永樂廿年，《李氏族譜》有載，老二房三世祖叔林廣齋因「下馬碑」事件得罪當道，避禍南安，因此改姓李，後子嗣衍為胭脂巷李派。天順六年，三世祖叔林允誠弟林廷贊改姓李，後子嗣衍為庵前李派。《鳳池林李宗譜》有言：「老長房李諱贄，原姓林，入泮學係林載贄，旋改姓李。」

泉而官，泉於吾有夙緣哉！」故自謂百泉人，又號百泉居士云。
又自認性窄，而號宏父。〈卓吾論略〉可為證：

人曰：「子性太窄，常自見過，亦時時見他人過，苟聞道，當自宏闊。」

居士曰：「然，予實窄。」遂以宏父自命，故又為宏父居士焉。

晚年居龍湖，又號龍湖叟。落髮出家時，並號禿翁。〔註43〕

　　李贄生於泉州〔註44〕，赴河南擔任共城教諭的廿九歲以前，泉州生活對李贄有深刻影響。明代的泉州屬外商聚集港口，造船業發達，進而促使海外貿易發展，李贄家族先祖多人以經商為主，甚至到遠洋當過翻譯，也有不少人與外國人通婚〔註45〕。明中葉以後商業繁榮，影響當時思想、風俗與習慣，李贄在其著作中，往往反映了「日入商賈之肆，時充貪墨之囊」（《藏書‧司馬光傳》）等鮮明市民思想，此乃與其自幼在泉州生長之環境息息相關。唐宋時期，閩南人便開始向阿拉伯商人習得航海與貿易，而泉州閩商早在宋哲宗開始設置市舶司之前，便已主動尋找販海機會，閩商不僅在廣州，甚至在高麗、日本、東南亞地區，皆有貿易活動。〔註46〕又加上福建造船業發達，更促成海外貿易牟利的興盛。〔註47〕也因為泉州地理位置位於東南沿海中段，有兼顧南北、東西航線的優勢，提高泉州的貿易機會，且能將南海貨物運銷到高麗、日本，舶貨多元，如：香藥、書籍、織物、文具、茶碗等等〔註48〕。外商在泉州的聚集，也為文化帶來另一番刺激，珍奇物玩為泉州帶來了利益上的收入外，也促成泉州多元美感意識之勃發。

　　經濟貿易的繁榮，促進自由文化發展，同時也造成泉州戲劇多元發展，自唐代以來，泉州就有相當多的樂舞雜技，且官府宴會多有音樂歌舞、樂舞，促成了後代泉州戲劇之發展，南宋時代的泉州，已有各種雅樂器、村樂俗曲、吳

---

〔註43〕　《李溫陵集‧卷之十‧雜述四‧附梅衡湘序》曰：「禿翁者，李贄，號卓吾子。」
〔註44〕　〈卓吾論略〉：「居士生於泉……吾溫陵人。」「吾泉而生，又泉而官，泉於吾有夙緣哉！」《焚書‧卷一‧書答‧與焦弱侯》：「予家泉海。」《焚書‧增補一‧答何克齋尚書》：「某生于閩，長于海。」
〔註45〕　李贄第二十世祖林駑為泉州巨商，洪武丙辰九年（1376年），奉命發舶西洋，娶色目人，遂習其俗。詳見張建業主編：《李贄全集注（第26冊：附錄）》，（北京：社會科學文獻出版社，2010年），頁340。
〔註46〕　廖大珂：《福建海外交通史》，（福州：福建人民出版社，2002年），頁96。
〔註47〕　詳參泉州港與古代海外交通編寫組撰：《泉州港與古代海外交通》，（北京：文物出版社，1982年），頁42～45。
〔註48〕　木宮泰彥著、陳捷譯：《中日交通史》，（臺北：九思出版社，1978年）。

楚歌謠、雜劇、戲曲等等百花競放〔註49〕。凡此種種，皆為李贄美學的形成提供自由開放多元的思維基礎。

此外，嘉靖年間，倭寇騷擾浙江沿海，大肆焚略〔註50〕，泉州又經歷旱災，百姓多餓死〔註51〕。泉州從原本的貿易天堂，頓時成為人間煉獄。李贄出生前五年到離開泉州的後五年的四十年內，泉州地區因災變造成農民起義不斷，耳濡目染下，李贄也一再為農民起義鬥爭表達同情，《焚書·卷四·雜述·因記往事》曰：

> 唯舉世顛倒，故使豪傑抱不平之恨，英雄懷罔措之戚，直驅之使為盜也。余方以為痛恨，而大頭巾乃以為戲；予方以為慚愧，而大頭巾乃以為識：天下何時太平乎？故因論及才識膽，遂復記憶前十餘年之語。吁！必如林道乾，乃可謂有二十分才，二十分膽者也。

李贄認為農民起義實由統治階級所逼，貪官污吏不過是公開合法之大盜，由泉州所見所聞，他深刻體悟階級之間的鬥爭與對立，亦從中省思「才」與「大用」等諸問題，故在日後多次省思「才」應有「大用」、尚實等美學觀，同時泉州紛擾的天災人禍也促成其對現實社會的批判意識，與不受傳統論點拘束，以狂為美之性格特徵。

## 二、宗教的洗禮

泉州是一個信仰繁雜之地，各種思想應有盡有，在在衝擊儒家一尊之地位。李贄先祖就包含有佛教、回教、儒者、道門中人〔註52〕，其並非自幼接受儒釋道思想，此特殊背景反而促使李贄充滿反骨的批判精神。

儒學方面，福建泉州向來是閩學重鎮，朱熹理學在泉州有深厚基礎，「二朱過化」為泉州奠定學術根基，泉州建院最早之「石井書院」即朱熹之子——朱在所主持營建，而朱熹之後，泉州習《易》風氣熾盛，形成「天下言易，皆推晉江」之風，泉州學者對朱子學之開展厥功甚大，明清時期便有蔡清、陳紫峰、張岳、林希元、李光地等人。〔註53〕在明中後期，陽明心學大盛，閩學根

---

〔註49〕曾永義：《戲曲源流新論（增訂本）》，（北京：中華書局，2008年），頁364。

〔註50〕《明通鑑·卷五四》曰：「各處災傷。」

〔註51〕《明通鑑·卷五五》曰：「畿府旱災，流民皆入京師求食，道殣相望。」

〔註52〕傅小凡：〈導論〉，出自氏著：《李贄哲學思想研究》，（福州：福建人民出版社，2007年），頁4。

〔註53〕林振禮：〈朱熹泉州事跡考〉，《鵝湖月刊》第22卷第5期，1996年11月，頁15～17。

據地已移轉至泉州，故當時閩學學者大家主要為泉州人，如：陳琛、林希元、張岳、史于光，故有「吾閩人士終明世無為王氏學者」〔註54〕之說。明代泉州地區的思想界，也呈現封建官僚和地主階級宣揚儒教，鼓吹孔孟之道的獨具特色。生活在閩學重鎮的泉州，李贄自幼濡染之儒家思想即是閩學。此外，泉州在嘉靖、萬曆年間已有回、漢融合現象，天主教亦相當盛行，李贄曾三次在南京會見義大利傳教士利瑪竇，並賦詩相贈。〔註55〕他在《續焚書・卷一・與友人書》中評價利瑪竇，並提出對利瑪竇至中國宣揚天主教的看法：

> 承公問及利西泰，西泰大西域人也。到中國十萬餘里，初航海至南
> 天竺，始知有佛，已走四萬餘里矣。及抵廣州南海，然後知我大明
> 國士先有堯、舜，後有周、孔。住南海肇慶幾二十載，凡我國書籍
> 無不讀，請先輩與訂音釋，請明於《四書》性理者解其大義，又請
> 明於《六經》疏義者通其解說。今盡能言我此間之言，作此間之文
> 字，行此間之儀禮，是一極標致人也。中極玲瓏，外極樸實，數十
> 人群聚喧雜，雜對各得，傍不得以其間鬥之使亂。我所見人未有其
> 比，非過亢則過諂，非露聰明則太悶悶者，皆讓之矣。
>
> 但不知到此何為，我已經三度相會，畢竟不知到此何干也。意其欲
> 以所學易吾周、孔之學，則又太愚，恐非是爾。

利瑪竇至中國宣揚天主教，深入中國典籍，並與李贄相互發詰，李贄對其人品學問以「中極玲瓏，外極樸實」的「標致之人」譽之。兩人三度相會，雖李贄認為利瑪竇欲以天主教取代儒家，是不可能之事，但也看出李贄對多元宗教並非一味排拒，而是以開放態度對待。但開放並不代表隨便相信，在《陽明先生年譜後語》說：「余自幼倔強難化，不信學，不信道，不信仙釋。故見道人則惡，見僧則惡，見道學先生則尤惡。」〔註56〕李贄提出自幼個性倔強，對儒釋

---

〔註54〕陳科捷：〈紫峰文集序〉，出自陳敦履、陳敦豫編：《紫峰陳先生文集》，收於《四庫全書存目叢書》，集部別集類，第73冊，頁478。

〔註55〕詳見張建業主編：《李贄全集注（第26冊：附錄）》，（北京：社會科學文獻出版社，2010年），頁354。李儼：《中算史論叢》第一冊，（上海：商務印書館，1935年），頁155。其「明清之際西算輸入中國年表」認為萬曆二十五年徐光啟至南京遇利瑪竇，至萬曆二十八年利瑪竇至北京。萬曆廿六年，李贄72歲時，正在南京寓居永慶寺。

〔註56〕張建業主編：《李贄全集注（第18冊：因果錄注、闇然錄最注、雅笑注、柞林紀譚注、永慶答問注、陽明先生年譜注）》，（北京：社會科學文獻出版社，2010年），頁482。

道最初報以質疑姿態，尤其對迂腐虛偽的道學家更厭惡，可見李贄不隨意與人起舞的反骨精神。

　　然在泉州多元宗教的洗禮下，面對身處的異質文化，李贄並非照單全收，而是展現鮮明之個人觀點與批判意識，人的性格往往在矛盾衝突中得以展現，而李贄的「狂」之性格，就在國際貿易泉州港口、多元宗教文化融合，和違背傳統士農工商以士為尊的多元文化價值衝突中逐步彰顯，同時也埋下日後對傳統美學重新定位的省思。

## 第二節　傳統儒學之浸淫

　　除了泉州的多元氛圍之外，要釐清李贄學術思想應以儒釋道何者為歸屬前，不能不先從其成學過程中，三家各自對其影響之脈絡加以探究。古代門風家教往往重視儒家經教，以奠定立身處世之良規，加上深受擔任塾師的父親影響，帶給李贄的也是傳統儒學思維，故其自是以儒學奠定其學風之根柢。以下分就趨庭之教與治《易》《禮》《尚書》；人倫束縛與親友之死；耿李論爭與反假道學；仕宦過程與心學之路四面向分析李贄的儒學基礎。

### 一、趨庭之教與治《易》《禮》《尚書》

　　前人對李贄父親的記載並不多，林奇材《墓誌銘》談到李父時有段文字：「父諱某，字鐘秀，號白齋，郡諸生，塾師。」[註57]可知李父僅為一介秀才，以塾師為業。但秀才父親對李贄的影響不容小覷，這可從〈卓吾論略〉窺知：「居士五載春官，潛心道妙，憾不得起白齋公於九原，故其思白齋公也益甚，又自號思齋居士。」可見李贄對亡父孺慕之濃厚，甚至因號思齋。對父親的描述，〈卓吾論略〉也約略提及：

> 吾大人何如人哉？身長七尺，目不苟視，雖至貧，輒時時脫吾董母
> 太宜人簪珥以急朋友之婚，吾董母不禁也。此豈可以世俗胸腹窺測
> 而預賀之哉？

李贄眼中的父親，身材高大，莊重嚴肅。即使至貧，仍急公好義。明代塾師有經師、蒙師之分，收入有所差異，薪資較低的塾師生活更為困窘，由「至貧」可推敲李父恐為蒙師，且當時因受生活所迫，不適意於安貧樂道，轉而重財慕

---

〔註57〕林奇材：《墓誌銘》。轉引自張建業主編：《李贄全集注（第 26 冊：附錄）》，（北京：社會科學文獻出版社，2010 年），頁 419。

利之風已漸成為社會常態。〔註58〕然李贄家有弟妹多人，在明代以五口之家的消費，一年約需白銀五、六十兩，蒙師的束脩是難以支付的。在如此赤貧環境厄之下，李父仍助人於危難之間，以李贄繼母董氏簪珥救他人急，可見白齋公多有義舉風範，不受時代自利風氣影響，標舉「義」行的形象深刻烙印在李贄心中，故而李贄在 52 歲撰寫此文時，對父親形象有如此典型之敘述，庭訓的耳濡目染，對其有潛移默化之效。

　　李贄自七歲隨父讀書，〈卓吾論略〉曰：「長七歲，隨父白齋公讀書歌詩習禮文。」十二歲試作〈老農老圃論〉，眾人讀後皆稱許之，咸認「白齋公有子矣。」李贄對此頗不以為然，在〈卓吾論略〉說：

> 年十二，試《老農老圃論》，居士曰：「吾時已知樊遲之問，在荷蕢丈人間。然而上大人丘乙己不忍也，故曰『小人哉，樊須也。』則可知矣。」論成，遂為同學所稱。眾謂「白齋公有子矣」。居士曰：「吾時雖幼，早已知如此臆說未足為吾大人有子賀，且彼賀意亦太鄙淺，不合於理。彼謂吾利口能言，至長大或能作文詞，博奪人間富若貴，以救賤貧耳，不知吾大人不為也。

此段文字涉及《論語・子路》中樊遲請學稼之事，孔子對樊遲之問，不僅未正面回答，反而說：「小人哉，樊須也！上好禮，則民莫敢不敬；上好義，則民莫敢不服；上好信，則民莫敢不用情。夫如是，則四方之民襁負其子而至矣，焉用稼？」〔註59〕雖然〈老農老圃論〉全文已不可考，但李贄認為樊遲之問，實際上在於四體之動、五穀之分之志，而孔子之所以指責樊遲「小人哉」，應出自對樊遲更高的期許，希望他從事更高階職務，而非斗升小民之事。對此，時人咸認李贄「利口能言」，或可為日後謀得富貴，而祝賀白齋公得子。李贄不屑於此，因為藉由讀書擺脫貧賤，追求功名，並非白齋公本意，從「吾大人不為」可知，李父並不以讀書治學為科考手段，故終生僅為一介生員，未再仕進。加諸李贄觀察時下讀書人，往往「取時文尖新可愛玩者，日誦數篇，臨場得五百。題旨下，但作繕寫眷錄生，即高中矣。」（〈卓吾論略〉）並非真才實學。他雖曾學程朱之學，卻反對以正統自居的程朱理學，更否定儒生以此作為

---

〔註58〕關於明代的塾師生計狀況，劉曉東對當時塾師、經師的束脩以及社會基本消費敘述相當詳實，此處不加贅述。可參閱劉曉東：《明代的塾師與基層社會》，（北京：商務印書館，2010 年），頁 115～129。

〔註59〕〔宋〕朱熹撰、徐德明校點：《四書章句集注》，（上海：上海古籍出版社，2001年），頁 168。

考取功名富貴的手段。李父不慕榮利之脾性，對李贄日後出家求道、懸車致仕有深刻影響，在《焚書·卷六·五七言長篇·朔風謠》有道：

> 南來北去何時了？為利為名無了時。為利為名滿世間，南來北去正相
> 宜。朔風三月衣裳單，塞上行人忍凍難。好笑山中觀靜者，無端絕塞
> 受風寒。謂余為利不知余，謂渠為名豈識渠。非名非利一事無，奔走
> 道路胡為乎？試問長者真良圖，我願與世名利徒，同歌帝力樂康衢。

因追求利益功名是無法滿足的慾望，凡身陷其中，卻指責李贄求名求利，皆是不了解李贄為人者。由於儒學是李贄為學伊始，故對功名富貴的追求，李贄亦曾有義利之辨，《焚書·卷四·雜述·寒燈小話·第三段》曰：

> 大人曰：「若如子言，則輕財之名不美乎？彼固慕輕財之名而後為之
> 者也。」某曰：「嗟哉！是何言歟！夫古之言輕財者必曰重義，未有
> 無故而輕財者也。故重義者必輕財，而輕財者以重義故，是以有輕
> 財重義之說，有散財結客之說。是故范純佑麥舟之予，以石曼卿故；
> 非石曼卿，則一麥不肯妄費矣。魯子敬有一囷三千米之予，以周公
> 瑾故；非公瑾則一粒不肯妄費矣。為公瑾是以結客故散財，為石曼
> 卿是以重義故輕財。今得人錢財，視同糞土，豈為謀王圖伯，用之
> 以結客乎？抑救災恤患，而激於義之不能以已也？要不過縱酒色之
> 欲，滋豪奴之貪，亂而不理，懦而不敢明耳，何曾有一文施及於大
> 賢之待朝餔者。此為浪費縱欲，而借口輕財，是天下之浪子皆輕財
> 之夫也，反不如太儉者之為得，故曰『與其奢也寧儉』。」

李贄從奢、儉之辨，引發輕財重義、散財結客之說，認為重義者必定輕財，散財者則欲結交賓客，他藉石曼卿與周瑜，批判世人追求功名富貴，皆與古聖先賢重義結客的目的殊異，世人只為個人私慾，以輕財之舉行浪費之實，反而不如節儉者，李贄藉此表達以儉立德之價值觀。這種對道德義行的追慕，在《續焚書·卷一·書匯·與周貴卿》中亦有述及：

> 新刻一冊奉覽。久不聞問，知公不以我為慢也。僕與先公正所謂道
> 義之交者：非以勢交，非以利友。彼我相聚，無非相期至意；朝夕
> 激言，無非肝鬲要語。所恨僕賦性太窄，發性太急，以致乖迕難堪，
> 則誠有之；然自念此心，實無他也。雖友朋亦咸諒我之無他，不特
> 先公然也。此則僕所自知，凡僕平生故舊亦無不以此知我者，豈有
> 令先公而不知我乎！世未有以正道與人交，以正言與友朋相告，而

反以為罪者，恐公未諒耳。

由於李贄個性直率，朋友交往皆以「正道」、「正言」為念，故難免導致友人難堪，本信寫於萬曆十八年（1590）周思久病故，李贄致信與其子周貴卿〔註60〕。此直陳其交友乃以道義交，而非勢利交，除展現李贄個性本質多元、自由、狂妄、隱逸、道義外，還有堅持本性、不假辭色的一面。李贄在《焚書・卷四・雜述・題關公小像》也曾提出對桃園三結義「唯義不朽，故天地同久」之嘆，可見追求道義是他深受儒家經典與父親庭訓的結果。其道義觀不僅在交友方面，也在聖人形象的塑造上，《焚書・卷四・雜述・八物》中云：

> 至于人之有德于我者，則志在必報，雖以聖人為有心，為私厚，不計矣。何也？聖人義重者也。義重故可以託孤，而況託知己之孤乎？
> 義重故可以寄命，而況寄有德之命乎？故曰「以德報德」。

孔子培養君子，以道德知識才幹為先，可托六尺之孤，可臨危受命，面對生死不屈服，節操不可被奪，據《禮記・表記》云：

> 子言之：「仁者，天下之表也；義者，天下之制也；報者，天下之利也。」〔註61〕
> 子曰：「以德報德，則民有所勸；以怨報怨，則民有所懲。《詩》曰：「無言不讎，無德不報。」《太甲》曰：「民非後無能胥以寧；後非民無以辟四方。」〔註62〕

仁乃天下行為之表徵，義為天下行為之準則，報答乃天下互惠互利之方法，若能以德回他人恩惠，人們將會樂於行善。然報答須以仁義為根基，為政者應對人民心存感激，追求百姓利益。而聖人往往心存道義，以高尚品德回應他人恩惠。

此外，李贄也有強烈自律性格。《續焚書・卷二・序匯・書小修手卷後》曰：「我一生病潔，凡世間酒色財，半點污染我不得。」由明代社會氛圍來看，自武宗放縱，道德盡失後，荒唐舉措屢屢助長風俗奢侈，甚至動搖倫理道德。之後世宗獨裁荒淫，更使士風不變，轉為媚上欺下、自私自利〔註63〕，李贄在

---

〔註60〕張建業主編：《李贄全集注（第3冊：續焚書注）》，（北京：社會科學文獻出版社，2010年），頁99。

〔註61〕〔清〕孫希旦撰：《禮記集解》，（臺北：文史哲出版社，1976年），頁1189。

〔註62〕〔清〕孫希旦撰：《禮記集解》，（臺北：文史哲出版社，1976年），頁1189。

〔註63〕左東嶺：《李贄與晚明文學思想》，（天津：天津人民出版社，1997年），頁1～8。

此昏頹環境中，若非律己甚嚴，實難以堅持其高潔行誼。

另李贄廣泛閱讀群書，《續焚書·卷一·書匯·與袁石浦》曾曰：

> 《坡仙集》我有批削旁注在內，每開看便自歡喜，是我一件快心卻
> 疾之書。大凡我書，皆是求以快樂自己，非為人也。

可見李贄一生皓首窮經，求學目的在求內心之快樂自適。

至於李贄音樂美學之萌發，蓋無法脫離儒家經典的思索。明代私塾教育，教材受科舉制度影響，主為四書、五經，故李贄自幼研讀書籍應不脫儒家經典，其熟稔儒家五經，在儒家經典的涵泳甚深，除治《禮》，尚有《易》，而中國美學往往不出於《易》。

從〈易因小序〉即可見其探求儒學經籍之脈絡，〈易因小序〉曰：

> 余自幼治《易》，復改治《禮》，以少《禮經》決科之利也。至年十
> 四，又改治《尚書》，竟以《尚書》竊祿。

《易》、《禮》、《尚書》皆述及儒家音樂美學思想，如：《易》中的〈象上〉、〈繫辭上〉；《尚書》中有〈堯典〉、〈皋陶謨〉論及音樂；《禮》中的〈鄉飲酒禮〉、〈鄉射禮〉、〈燕禮〉、〈大射〉諸篇則記載用樂過程，《禮記·樂記》是先秦儒家音樂美學的總結。既然李贄曾深研諸書，那麼其美學言論到底是對經典思想的挑戰，抑或有批判、有承繼？此皆探討李贄音樂美學時不可忽略的背景，前人研究卻從未述及彼此之相連性。〔註64〕

萬曆廿六年（1598），李贄七十二歲，受焦竑之邀到南京，汪本鈳〈哭李卓吾先師告文〉說：

> 明年春，弱侯焦先生迎師抵白下，為精舍以居。時方先生伯雨挈家
> 往就學焉。師因與讀易其間，每至夜分始徹，鈳不過從旁作記載人，
> 而易因梓矣。

萬曆廿八年冬，李贄讀《易》於黃蘗山中，「又將《易因》對讀一遍，宜改者即與改正」（《續焚書·卷一·書匯·與汪鼎甫》），撰寫《九正易因》，他治《易》、讀《易》三年，才有六十四卦《易因》刊行，《九正易因》為其絕筆之作〔註65〕。李贄認為讀《易》對窮究生死有極大幫助，曰：「且再讀一遍亦自諷誦了一遍，自亦大有益也。」（〈與汪鼎甫〉）沉潛於易學中，足以「開闊胸中鬱結」，且肯

---

〔註64〕當前對李贄音樂美學的研究，主要有儒、釋、道三個方向，相關內容筆者於後文「前人研究之檢討」將進行說明，此不贅述。

〔註65〕詳參容肇祖：《李卓吾評傳》，（臺北：台灣商務印書館，1973年），頁45。

認讀《易》者，皆「精切漢子，甚用心，甚有趣，真極樂道場。」(《續焚書‧卷一‧書匯‧復劉肖川》)由其讀《易》可解內心鬱結之塊壘，如進極樂道場之快意，皆可見《易》學在李贄成學過程的重要性。

除了治《易》不遺餘力外，李贄探討夫妻關係，也以《易》學切入，《初潭集‧夫婦篇總論》曰：

> 天地一夫婦也，是故有天地然後有萬物。然則天下萬物皆生于兩，
> 不生於一，明矣。而又謂一能生二，理能生氣，太極能生兩儀，何
> 歟？夫厥初生人，惟是陰陽二氣，男女二命，初無所謂一與理也，
> 而何太極之有。

《易》作為其學問根基，行事準則，李贄反對傳統太極、至一之理，認為天地創生來自陰陽、夫婦之二元，並肯定《易》與《中庸》皆為「可行之言。」(《焚書‧卷三‧雜述‧先行錄序代作》)甚至還為《張橫渠易說》作序，提出「至簡故易，不易故深，變易故神。雖曰三言，其實一理」之見，認為變動方為萬事萬物之常理。同時又經常讚揚《易》之精神內涵，認為文王作《易》，乃是「一人之心通乎天下古今人之心。」(《續焚書‧卷一‧書匯‧與友人》)也因《易》是孔子「逐字逐句訓解得出」，之後文王之《易》得以「燦然大明於世」。

李贄進而「研窮《學》、《庸》要旨，知其宗實，集為《道古》一錄」(〈聖教小引〉)可見李贄不僅在《易》學有其專精之處，在《大學》、《中庸》的鑽研也相當深厚。由其對《易》、《大學》、《中庸》之涵養可驗證，李贄基本學術涵養，仍不脫離儒家思維。

在《禮》的部份，禮樂不分是中國傳統觀念，尤其儒家談論到音樂，往往牽涉到禮教，李贄晚年潛心於《禮》，在《續焚書‧卷一‧書匯‧答沈王》說：「老朽久處龍湖，曠焉索居，無由長進，聞晉川居廬讀《禮》，謝絕塵緣，故不遠一千五百里往就之。蓋獨學難成，唯友為益也。」李贄即使在晚年仍孜孜矻矻，努力不輟於儒家典籍，可見求道問學之決心。

然李贄雖受父親影響，又熟讀儒家經典，展現在思想方面，並非以傳統儒家經典為唯一，而是在在展現其創發性思維與強烈反骨精神。認為在接觸心學之前，不知孔子為何可尊，自己不過是「矮子觀場，隨人說研，和聲而已」(《續焚書‧卷二‧序匯‧聖教小引》)，又嘗言：「經、史一物也。史而不經，則為穢史矣，何以垂戒鑒乎？經而不史，則為說白話矣，何以彰事實乎？」(《焚書‧卷五‧讀史‧經史相為表裏》)經、史本為一物，史書應有經書之內容，經書

也應有史書之精要筆法，形式與內容缺一不可，可見其具「不可以一定執」的變動眼光，此種不偏執於一之思維，同樣也反映在其音樂美學觀中，此將於後文說明。此外，李贄的經史觀，也可於《初潭集‧卷之十二‧師友二‧六經子史》評點中得見：

> 劉尹與桓宣武共聽講《禮記》，桓云：「時有入心處，便覺咫尺玄門。」劉曰：「此未關至極，自是金華殿之語。」按，班伯受《詩》于師丹，大將軍王鳳薦伯，成帝拜為中常傳。時上方向學，鄭寬中、張禹朝夕入說《尚書》、《論語》于金華殿，詔伯受之。
>
> 〔批語〕以上皆經。〔註66〕

針對劉尹與桓宣武共聽講《禮記》一事，他僅於批語中扼要點出《禮記》、《詩》、《尚書》、《論語》皆經，反映其對儒家經典之推崇，骨子裡仍流有儒家血統，此種對儒家義理之參玄，實為其美學觀之基礎。

此外，在其他論著中亦流露他對《大學》的體悟。《大學》是《禮記》之一，專談內聖外王之道，以修身為本，又是《四書》之首，開篇為：「大學之道，在明明德，在親民，在止於至善。」李贄在《焚書‧卷一‧書答‧答周若莊》對此進行解說：

> 明德本也，親民末也，故曰「物有本末」。又曰「自天子以至于庶人，壹是皆以修身為本」苟不明德以修其身，是本亂而求末之治，胡可得也？人之至厚者莫如身，苟不能明德以修，則所厚者薄。無所不薄，而謂所薄者厚，無是理也。故曰「未之有也」。

李贄認為美好德行是人之根本，教化民眾則為末之理，君、臣、民皆須自我要求修身之次第。李贄律己甚嚴，深受儒家修己治人的影響，提出修身為讀書人之根本，面對明代假道學充斥，讀書人多失卻明德核心價值，本末倒置，造成「所厚者薄」、「所薄者厚」，李贄對此自是感慨萬千。另據〈答周若莊〉言：

> 今之談者，乃舍明德而直言親民，何哉？不幾于舍本而圖末，薄所厚而欲厚所薄乎！意者親民即明德事邪？吾之德既明，然後推其所有者以明明德于天下，此大人成己、成物之道所當如是，非謂親民然後可以明吾之明德之謂也！

讀書人捨本逐末，捨棄德行基礎，一味要求外在教化，希冀民眾藉此提升道德

---

〔註66〕張建業主編：《李贄全集注（第12冊：初潭集注一）》，（北京：社會科學文獻出版社，2010年），頁360。

修養，此皆非李贄所謂的發揚良善德行。他認為應先自我要求一己之道德修養，再將人人之德性推展發揚於天下，才是所謂的成己、成物。不能一味以為教化百姓，就是在發揚自身道德，因為這只是由外而內的以禮教約束行為，而非使民眾自發由內而外的成德過程，故李贄表達的是儒家思想的內在道德觀，可見其濃厚的儒家色彩，與源自儒家的道德意識。

其次，李贄在〈答周若莊〉提出幾點和當時道學家不同之觀點：

> 且明德者吾之所本有，明明德于天下者，亦非強人之所本無。故又示之曰「在止於至善」而已。無善無惡，是謂至善，於此而知所止，則明明德之能事畢矣。由是而推其餘者以及于人，於以親民，不亦易易乎！

美好德行是人人皆有之天賦道德，若能將此與生俱有之光明美德發揚光大，最終即可達到「至善」，即人的完美境界。而李贄認為所謂的「至善」就是「無善無惡」，是一種自然而然順其心即可達到的自然本性，也是未因外在道理聞見影響而萌發的對善惡的道德判斷，因此人人皆具的自然本性具有天賦之至善，此即「惟志于仁者，然後無惡之可名」（《焚書・又答京友》），只要把「生之理」的「仁」外發，讓人心中本存有之仁善自然推展，則親民即可水到渠成。然要達至善，是有其依循步驟的，〈答周若莊〉又說：

> 故終篇更不言民如何親，而但曰明德；更不言德如何明，而但曰止至善；不曰善如何止，而但曰知止；不曰止如何知，而直曰格物以致其知而已。所格者何物？所致者何知？蓋格物則自無物，無物則自無知。故既知所止，則所知亦止；苟所知未止，亦未為知止也。故知止其所不知，斯致矣。

最初的步驟就是要格物，朱熹曾經強調格物致知，要推究事物之原理，才能致知。但所推究的是事物與知識是甚麼？對於不能深契朱子之心的李贄，自然無法回答。故他在此提出的格物，是指排除外加於自然本性上的道理聞見，要以人自身秉持的內在德行，去自然而然地達到至善。既然知止於不可不止之處，即是達到該知道的目的，若尚未掌握要知道的目的，那就不能算是知止。然「德未易明，止未易知。」（〈答周若莊〉）要如何知道已達該止之處而止呢？李贄提出心所應達到的境界，他說：「人能知止，則常寂而常定也，至靜而無欲也，安安而不遷也，百慮而一致也。」（〈答周若莊〉）所謂知止就是要達到「寂」、「定」、「靜」、「無欲」、「安」、「一致」的自得之境，若「心」能達到此境界，

就是掌握了知止所在，也因當時讀書人皆未達「至善」境界，故李贄批判時人皆未臻定、靜、安、慮、得之一致，自然更不可能達到「內向超越」。

〈答周若莊〉又曰：

> 今之談者，切己自反，果能常寂而常定乎？至靜而無欲乎？安固而不搖乎？百慮而致之一乎？是未可知耳。奈之何遽以知止自許、明德自任，而欲上同於大人親民之學也！然則顏子終身以好學稱，曾子終身以守約名，而竟不敢言及親民事者，果皆非邪，果皆偏而不全之學邪！世固有終其身覓師友、親近善知識，而卒不得收寧止之功者，亦多有之，況未嘗一日親近善知識而遂以善知識自任，可乎？

李贄藉由顏回好學、曾子守約，皆不敢言及教化百姓，都是因他們自認尚未達到至善的最高境界，在盡力追求親近良師益友、通達道德之餘，尚有無法達到寂靜安定無慾的可能，更何況是本身從未追尋良師益友，卻自認為通達道德者呢？相對於道學家的不求本，只求末，李贄此文諷刺意味濃厚，也可見李贄自幼深受儒家教育薰陶，使其有極高道德自律。這在他晚年著作中，也可得到應證，〈初潭集序〉曰：

> 初潭者何？言初落髮龍潭時即纂此，故曰《初潭》也。夫卓吾子之落髮也有故，故雖落髮為僧，而實儒也。是以首纂儒書焉，首纂儒書，而復以德行冠其首，然則善讀儒書而善言德行者，實莫過於卓吾子也。序曰：有德行而後有言語，非德行則言語不成矣；有德行而後有政事、文學，非德行則政事、文學亦不成矣。

此序即萬曆十六年（1588 年）李贄取材《世說新語》和焦竑《焦氏類林》兩書編纂而成的《初潭集》序文[註67]。他強調自己雖落髮出家，實乃儒者，即使該書批點、評論時有反傳統思維，但從「以德行冠其首」的編排方式，可見其晚年仍嚴守儒家道德意識，窮研儒家典籍。一如《焚書·卷一·書答·答焦漪園》所謂：「如得數年未死，將《語》、《孟》逐節發明，亦快人也。」李贄將德行置於首要，曰：「孔門別四科而首德行，言其該括於此也。故言德行，則三者在其中，非三者，則德行將何所見乎？」（〈初潭集序〉）他將孔門四科「德行」、「言語」、「政事」、「文學」區分層次，說明讀儒書，特重德行，德行統攝言語、政事、文學，後三者須由德行而來，若無「言語」、「政事」、「文學」，

---

[註67] 張建業主編：《李贄全集注（第 12 冊：初潭集注一）》，（北京：社會科學文獻出版社，2010），頁 1。

德行亦無法呈顯，故德行與言語、政事、文學的關係，如同「無」和「有」。由此可證，李贄源自儒家的道德精神相當深厚，這在世風敗壞的明代後期，實屬不易。他並未隨當時放蕩風氣起舞，反而律己甚嚴。故在論述其音樂美學思想時，實不可忽略此一背景。

## 二、人倫束縛與親友之死

儒家傳統文化重視人倫關係，「人」既是群體的，是天地自然中不可分割的一部分，同時個體的價值，也必須在社會人倫關係中存在與確認。李贄深受儒家人倫觀的影響，放不下對親情的責任，加諸陸續失去至親所造成的悲痛，及歷經摯友的過世，皆對其生命美學之形塑造成影響。

### 1. 人倫束縛

儒家人倫束縛往往植基於禮教，而禮、樂關係在儒家音樂美學中，是無法割離的。嘉靖二十六年（1547）李贄21歲，娶妻黃宜人，家庭責任使其不得不為生計餬口四方。嘉靖三十一年（1552），李贄26歲，中福建鄉試舉人，自幼熟讀儒家經典且具儒家精神的李贄，也深刻體悟「孔夫子道德之重自然足以庇蔭後人。」「孔子教澤之遠自然遍及三千七十。」（《焚書・與焦弱侯》）對孔子道德學問提出肯定。後婚嫁弟妹，加上長女出生，種種家庭責任，在〈卓吾論略〉中李贄亦提及其心境，云：

> 居士曰：「吾此倅不可再僥也。且吾父老，弟妹婚嫁各及時。」遂就祿，迎養其父，婚嫁弟妹各畢。

可見李贄求仕赴任的原因來自父老及弟妹實際經濟壓力，是基於對家人的責任，並非為一己功名利祿之想。《焚書・卷一・書答・復鄧石陽》也有類似言論，曰：

> 年來每深嘆憾，光陰去矣，而一官三十餘年，未嘗分毫為國出力，徒竊其俸餘以自潤。既幸雙親歸土，弟妹七人婚嫁各畢。各幸而不缺衣食，各生兒孫。獨予連生四男三女，惟留一女在耳。而年逼耳順，體素羸弱，以為弟任已滿目，可以無憾矣，遂自安慰焉。蓋所謂欲之而不能，非能之而自不欲也，惟此一件人生大事未能明了，心下時時煩懣；故遂棄官入楚，事善知識，以求少得。蓋皆陷溺之久，老而始覺，絕未曾自棄于人倫之外者。

李贄提出做官三十多年，並未真正盡到為國效命的責任，實際上僅為糊口，為

求盡人倫之道罷了。他不得已出仕，只是為了對家人無所愧歉，也因心中時時掛念探求生命意義的人生大事，所以最後掛官求去。

為盡家庭人倫責任，李贄多次歷經為官之無奈，在〈卓吾論略〉時有所發，曰：

> 時倭夷竊肆，海上所在兵燹。居士間關夜行晝伏，餘六月方抵家。
> 抵家又不暇試孝子事，墨衰率其弟若姪，晝夜登陴擊柝為城守備。
> 城下矢石交，米斗斛十千無糴處。居士家口零三十，幾無以自活。
> 三年服闋，盡室入京，蓋庶幾欲以免難云。

時值倭寇攻城，李贄帶領弟侄輩登城擊柝，與全城父老兵民同仇敵愾，也因此無暇守制，致使家人糧食短缺，待三年服喪後，舉家入京，卻候補十個月不得缺，阮囊羞澀下，只得假館授徒為塾師，經十餘月後乃得缺，任舊職國子監博士。不料祖父訃聞至，又經歷次子在京病死，使李贄更有了仕宦未必快樂之嘆，〈卓吾論略〉說：

> 居京邸十閱月，不得缺，囊垂盡，乃假館受徒。館復十餘月，乃得缺，稱國子先生，如舊官。未幾，竹軒大父訃又至。是日也，居士次男亦以病卒於京邸。予聞之，嘆曰：「嗟嗟！人生豈不苦，誰謂仕宦樂。仕宦若居士，不乃更苦邪？」

此論感慨任官可能比不任官更苦的領悟，且此想法一直盤桓在李贄腦海中，也為他日後為求性命下落，不顧一切，剃髮出家，進入佛理世界之舉埋下種子。然而回鄉處理祖父後事，又得面臨盤纏不足之窘境，李贄只得與妻子商量，希望能克盡孝道，並對妻子提出不合理之要求，〈卓吾論略〉云：

> 吾有一言，與子商之：吾先曾大父大母歿五十多年矣，所以未歸土者，為貧不能求葬地；又重違俗，恐取不孝譏。夫為人子孫者，以安親為孝，未聞以卜吉自衛暴露為孝也。天道神明，吾恐決不肯留吉地以與不孝之人，吾不孝罪莫贖矣。此歸，必令三世依土。權置家室于河內，分賕金一半買田耕作自食，予以半歸，即可得也。第恐室人不從耳。我入不聽，請子繼之！

李贄曾祖原本因家貧而未歸葬，故李贄希望趁祖父喪事，讓曾祖、祖父、父親能歸土安葬，故提出欲購地於河南輝縣，安置妻女，回鄉守制之議，但妻子家中也僅剩母親一人，故黃宜人希望能與李贄一同返鄉探望母親，否則其母「雙眼盲矣。若見我不歸，必死。」（〈卓吾論略〉）但李贄卻「正色不顧」，

霸道地要求妻子以夫為尊，要宜人留在輝縣，由此可見，李贄此時的思想發展，仍停留在程朱理學，男尊女卑，女以夫為天的觀念中。面對此情此景以及盤纏不足窘境，宜人只得壓抑思母情緒，請李贄轉告母親「莫太愁憶，他日自見吾也。」(〈卓吾論略〉)可見李贄此時仍有道學氣，展現的是傳統男尊女卑的大男人意識。

但在政治環境方面，當時輝縣有貪官汙吏假借漕河之名，行斂財之實，李贄本於濟世救災的心情，竭情代請，仍被拒絕。當時李贄自家人的田畝本可透過關係引水灌溉，他卻不願自肥，罔顧百姓所需，更不願見到百姓受苦受難，只因其不忍「坐視全邑萬頃，而令予數畝灌溉豐收」(〈卓吾論略〉)，但在離開輝城，返鄉處理喪事後，輝縣鬧飢荒，以致二女、三女皆餓死，這也是李贄始料未及的，但其憂時憫世之情，流露無遺。

### 2. 至親之死

面對親人之死，往往會使人對自己的生命重新省察，綜觀李贄生前失去的親人有：父母、祖父、二女、兩子、妻子，這些人的逝去，對李贄的生命感悟與哲思形塑產生影響。其生性頑強，在〈卓吾論略〉曰：「生而母太宜人徐氏沒，幼而孤，莫知所長。」又《續焚書・卷一・書匯・與耿克念》云：「我自六七歲喪母，便能自立。」出生時生母徐氏難產沒，六歲時繼母董氏又卒，可見李贄幾乎未享受過母子天倫之樂，因此造就其獨立自主，天性孤峻，狂行異端，不好管束之狂人性格。母喪對他的影響，於〈與耿克念書〉中有所述及：

> 丈夫在世，當自盡理。我自六七歲，喪母便能自立，以至於今七十，
>
> 盡是單身度日，獨立過時。或蒙天庇，或蒙人庇，然皆不求自來。
>
> 若要我求庇於人，雖死不為也。歷觀從古大丈夫好漢，盡是如此。

對他而言，母親過世，是其獨立自主的性格養成之關鍵，也形塑他追求精神挺立，不受他人庇佑的大丈夫精神。嘉靖三十九年（1560），李贄三十四歲，擢南京國子監博士，數月後，父白齋公病故於泉州，之後在輝縣大荒時，又痛失兩女〔註68〕，李贄回泉州的三年，幸賴好友鄧石陽救濟，幫助黃宜人度過難

---

〔註68〕〈卓吾論略〉曰：「歲果大荒，居士所置田僅收數斛粟。長女隨艱難日久，食粟如食粟。二女三女遂不能下咽，因病相繼夭死。老嫗有告者曰：「人盡饑，官欲發粟。聞其來者為鄧石陽推官，與居士舊，可一請。」宜人曰：「婦人無外事，不可。且彼若有舊，又何待請邪？」鄧君果撥己俸二星，並馳書與僚長各二兩者二至，宜人以半糴粟，半買花紡為布。三年衣食無缺，鄧君之力也。」

關，也因此使李贄多次述及對知己、朋友的重視，然李贄回輝縣知悉兩女夭亡後之反應，即使不勝悲戚，仍帶有濃厚的傳統道學氣，〈卓吾論略〉曰：

> 居士曰：「吾時過家畢葬，幸了三世業緣，無室意矣。回首天涯，不勝萬里妻孥之想，乃復抵共城。入門見室家，歡甚。問二女，又知歸未數月俱不育矣。」此時黃宜人，淚相隨在目睫間，見居士色變，乃作禮，問葬事，及其母安樂。居士曰：「是夕也，吾與室人秉燭相對，真如夢寐矣。乃知婦人勢逼情真，吾故矯情鎮之，到此方覺『屐齒之折』也！」

處理完三世歸土事宜後，李贄已無仕宦之想，只盼天倫團聚，但當知悉二女夭亡不育時，仍矯情色變，直到深夜與妻子獨處，方覺屐齒之折〔註69〕。這也是李贄值此而立之年，理所當然的反應，對何謂「矯情」、「真情」的思索，為其日後學理埋下省思的種子。

　　早在嘉靖三十四年（1555），李贄廿九歲時已先痛失一子〔註70〕，萬曆十五年（1587）秋，其子貴兒又溺死於龍湖，李贄晚年二度遭逢西河之痛，有《焚書·哭貴兒》三首曰：「水深能殺人，胡為浴於此？欲眠眠不得，念子于茲死！」「不飲又不醉，于今有何罪？疾呼遂不應，痛恨此潭水！」「骨肉歸故里，童僕皆我棄。汝我形如影，今朝唯我矣。」又在《續焚書·卷五·詩匯·五言絕句·哭貴兒》二首云：「汝婦當更嫁，汝子是吾孫。汝魂定何往？皈依佛世尊。」「汝但長隨我，我今招汝魂。存亡心不異，拔汝出沉昏。」可見生命中多次歷經至親死亡，對李贄造成極大打擊，甚至讓他體察到，不應過於耽溺於情，而應以邵雍為典範，致力求道，但實際上他卻無法像邵康節沉浸於生命情趣與山水之樂，反而往往囿於「情」，故「情」的議題在李贄生命中，成為其學說的重要範疇。李贄並非無情，而是在面對極大痛苦後，重新思索生命意義價值的正常反應。此種對生命情感的態度，實有魏晉士人的特徵。承繼老莊思想的魏晉時期，視忘情為聖人之境，但「鍾情」才是魏晉人的自我定位，普受其肯認

---

〔註69〕 「屐齒之折」見於《晉書·謝安傳》曰：「玄等既破堅，有驛書至，安方對客圍棋，看書既竟，便攝放床上，了無喜色，棋如故。客問之，徐答云：『小兒輩遂已破賊。』既罷，還內，過戶限，心喜甚，不覺屐齒之折，其矯情鎮物如此。」語見〔唐〕房玄齡等：《晉書》，（北京：中華書局，1974年），頁2075。李贄認為數月未見，妻子甫見面即感情流露，相較自己的矯情鎮定，先關懷禮教俗事，實大大不如妻室之真。

〔註70〕 〈卓吾論略〉云：「予年二十九而喪長子，且甚戚。夫不戚戚於道之謀，而惟情是念，視康節不益愧乎！」

之存在表現與價值。〔註 71〕而一向欣慕魏晉的李贄，正展現出同樣的生命情懷。他並非棄絕家人，無情無義之輩，至親之死帶給他的陰影，使他自覺更應極力探索生死之理。

萬曆十六年（1588），夏，李贄剃髮為僧〔註 72〕，秋，遷居縣城三十里外的龍潭芝佛院。此時妻子黃宜人逝於泉州府，李贄有〈哭黃宜人〉詩：「結髮為夫婦，恩情兩不牽。今朝聞汝死，不覺情淒然！」「不為恩情牽，含淒為汝賢。反目未曾有，齊眉四十年。」（《焚書・卷六・五言四句・哭黃宜人》）以及《續焚書・卷五・詩匯・五言絕句・憶黃宜人二首》詩：「今日知汝死，汝今真佛子。何須變女身，然後稱開士。」情感真摯，溢於言表。李贄歷經祖父、父親、母親、二女、兩子、妻子的死亡之後，對人生求道的需求也更加真切，提出「不聞道」才是真窮。認為自己十多年來只為家事操煩，卻忽略邵雍、溫陵禪師等人的求道精神，此等境界超越小我情感，故力求有以應之。袁中道在《珂雪齋近集・李溫陵傳》言：「自稱流寓客子，既無家累，又斷俗緣，參求乘理，極其超悟。」〔註 73〕即是對他心理狀態最好的註解。

### 3. 摯友之死

莊子妻死，鼓盆而歌，看似無情無義，實則有情。而李贄一生中，特別重視朋友知己，甚至提出死於朋友之手，才是最難，也是最幸運之事。他在《續焚書・卷四・雜著匯・李卓吾先生遺言》曰：

> 春來多病，急欲辭世，幸於此辭，落在好朋友之手，此最難事，此

---

〔註71〕吳冠宏認為，他們雖視「忘情」為聖人之境，但若能了卻人世感情的紛擾與糾纏，實亦為鍾情寄寓於世的名士內心永恆的憧憬與嚮往，尤其在亂世困局的當下，人有如螻蟻般生死一瞬，維持社會秩序的禮亦僵化失實，遂使有識之士轉向道家以求解脫慰心、逍遙無累，……魏晉人既嚮往「忘情」的人生理境，又以「鍾情」自居，遂形成周旋輾轉於「鍾情」與「忘情」的生命情境，這些現象無不反映出「情」已儼然成為魏晉時代普遍關注的核心論題與價值判準。詳見吳冠宏：〈魏晉鍾情生命探微——以《世說・言語》「支公好鶴」一則為釋例〉，收入氏著：《魏晉玄義與聲論新探》，（臺北：里仁書局，2006 年），頁 154。

〔註72〕林其賢在《李卓吾事蹟繫年》寫李贄 60 歲落髮麻城，但容肇祖認為李贄在萬曆十七年說「去夏」可證實剃髮時間在萬曆十六年夏天，此年纂《初潭集》十二卷，自序說：「初潭者何？初落髮龍潭即纂此，故曰初潭也。」參見氏著：《李卓吾評傳》，（臺北：台灣商務印書館，1973 年），頁 26。此說當前仍有爭議，未能下定論。

〔註73〕袁中道：〈李溫陵傳〉，《珂雪齋近集》，轉引自張建業主編：《李贄全集注（第 26 冊：附錄）》，（北京：社會科學文獻出版社，2010 年），頁 158。

> 餘最幸事，爾等不可不知重也。……爾等欲守者，須是實心要守。
> 果是實心要守，馬爺決有以處爾等，不必爾等驚疑。若實與餘不相
> 干，可聽其自去。我生時不著親人相隨，沒後亦不待親人看守，此
> 理易明。

這和他一生顛跰，屢受朋友資助救濟有關，也因朋友相交以知心為要，故其平
生知己雖不多，卻幾乎是至交。李贄曾歷經摯友離他先逝的苦痛，李贄對不喜
之人，往往不假詞色，對朋友之死的感慨，也毫不掩飾。在寺僧沙彌懷林西歸
時，寫下〈哭懷林〉四首：

> 南來消息不堪聞，腸斷龍堆日暮雲。當日雖然扶病去，來書已是細
> 成文。
> 年少才情亦可誇，暫時不見即天涯。何當棄我先歸去，化作楚雲散
> 作霞。
> 夢中相見語依依，忘卻從前抱病歸。四大皆隨風火散，去書猶囑寄
> 秋衣。
> 年在桑榆身大同，吾今哭子非龍鐘。交情生死天來大，絲竹安能寫
> 此中！

在面對好友耿定理過世時，有《哭耿子庸》：「行年五十一，今朝真死矣！君生
良不虛，君死何曾死！」「已矣莫我知，雖生亦何益！」悲痛之情，溢於言表。

## 三、耿李論爭與反假道學

耿李論爭影響李贄甚鉅，並促成其人格、心態之重大轉折。萬曆九年
（1581）春，李贄應耿定理之邀，攜妻子女兒到耿氏家鄉黃安天台書院講學，
並任耿定理門客兼教師，與耿定理共講，兩人志同道合。然萬曆十二年（1584）
七月，耿定理死，失去摯友的李贄深感悲痛，時有寂寥之感，《焚書·增補一·
與焦從吾》曰：

> 此間自楚倥去後，寥寥太甚，因思向日親近善知識時，全不覺知身
> 在何方，相看度日，真不知老之將至。蓋真切友朋，死生在念，萬
> 分精進，亦自不知故耳，自今實難度日矣。

追念之情自然流露。耿定理過世後，李贄卻開始與耿定向交惡。袁中道在《珂
雪齋近集·李溫陵傳》說：「子庸死，子庸之兄天台公，惜其超脫，恐子侄效
之，有遺棄之病，數致箴切公。」因李贄思想在耿定向看來過於偏激，擔心李

贄的狂妄影響其後輩，故刻意疏遠，而李贄也對耿定向未用心營救何心隱一事頗有微詞。

　　和羅汝芳同學於顏鈞之門的何心隱，李贄曾推舉為聖人，並讚賞為真英雄，他曾在《續焚書‧與焦漪園太史》中表達對何心隱的企慕之情：

> 何心老英雄莫比，觀其羈絆縲絏之人，所上當道書，千言萬語，滾滾立就，略無一毫乞憐之態，如訴如戲，若等閒日子。今讀其文，想見其為人。其文章高妙，略無一字襲前人，亦未見從前有此文字。但見其一瀉千里，委曲詳盡，觀者不知感動，吾不知之矣。……余觀世間非但真正學道人少，稍有英雄氣者亦未之見也，故主意欲與真山真水交焉。

李贄認為何心隱面對他人羅織罪狀，毫無搖尾乞憐之態，文章又具獨創性。只因忤逆張居正，而被構陷冤死獄中，即使李贄「未嘗親覿其儀容，面聽其緒論。」（〈何心隱論〉），僅為神交，卻對何氏有強烈的感佩之情，顧炎武《日知錄》就曾提出王門後學由王畿、何心隱到李贄的思想脈絡：「龍溪之學，一傳而為何心隱，再傳而為李卓吾、陶石簣。」〔註74〕當何心隱淪落大獄時，與其關係頗近的耿定向卻對何心隱見死不救，李贄直詆耿氏「談道無真」，並視其為「以媚張相者之為非人也。」（〈何心隱論〉）指摘間常顯孤憤意，袁中道對此評價李贄有「好剛使氣」、「快意恩仇」的狂者性格，有不願向強權低頭的固執。黃宗羲《明儒學案‧卷三十五‧恭簡耿天臺先生定向》曰：

> 先生因李卓吾鼓倡狂禪，學者靡然從風，故每每以實地為主，苦口匡救，然又拖泥帶水，於佛學半信半不信，終無以壓服卓吾，乃卓吾之所以恨先生者，何心隱之獄……斯其可已者耶？」〔註75〕

可見耿李論爭在當時已白熱化，由於衝突與日俱增，李贄辭別耿家，帶妻女回福建，離開耿家後，李贄思及過往與耿家的交情與不得不的衝突，始終耿耿於懷。《續焚書‧卷二‧釋子須知序》中有云：「余自出滇……然亦未能遽爾忘情一至于斯矣。」

　　萬曆十六年（1588），李贄在〈自贊〉中直陳自己性格、容色、言詞、行為、交友特徵，並暗諷耿李之爭批評他的人。《焚書‧卷三‧雜述‧自贊》曰：

---

〔註74〕〔清〕顧炎武撰、〔清〕黃汝成集釋：《日知錄集釋》，（臺北：世界書局，1968年），頁438。

〔註75〕〔清〕黃宗羲：《明儒學案》，（臺北：世界書局，1961年），頁355。

其性褊急，其色矜高，其詞鄙俗，其心狂癡，其行率易，其交寡而
面見親熱。其與人也，好求其過，而不悅其所長；其惡人也，既絕
其人，又終身欲害其人。志在溫飽，而自謂伯夷、叔齊；質本齊人，
而自謂飽道飫德。分明一介不與，而以有莘藉口；分明毫毛不拔，
而謂楊朱賊仁。動與物迕，口與心違。其人如此，鄉人皆惡之矣。
昔子貢問夫子曰：「鄉人皆惡之何如？」子曰：「未可也。」若居士，
其可乎哉！

李贄自認性情急躁，神色傲慢，言詞鄙俗，心性狂妄，行為隨便，交友寡少，
嫉惡如仇。又自嘲有溫飽之求，有齊人之性，卻自比伯夷、叔齊，以伊尹自居。
藉子貢之問，自清當時處境雖遭橫議，屢受耿定向門徒指責，然凡批評他者，
皆為假道學，故不可以此評價李贄為人好壞。

兩年後，李贄寓居龍潭芝佛院，被耿定向同道驅逐，遂離龍潭，到公安縣
會見以翰林返里的袁宗道，三袁同訪李贄，並將此次會面問答作為《柞林紀譚》
〔註76〕。同時因李贄《焚書》部分篇章批評耿定向，故耿定向寫〈觀生紀〉〔註77〕、〈求儆書〉〔註78〕，號召群眾攻擊李贄，其文皆就李贄《焚書》而來，其
後耿氏門徒蔡弘甫有〈焚書辨〉反駁《焚書》中批判假道學的文字。同年，劉
東星遣子用相，向李贄學道。次年萬曆十九年（1591），李贄依劉東星，然在
出遊武昌黃鶴樓時，又遭耿定向門徒驅逐。

隨著耿李論爭愈趨激烈，重視友道的李贄也提出希望與耿定向言歸於好
的書信，《續焚書·卷一·書匯·寄焦弱侯》有云：

夫道本中庸，苟毫釐未妥，便是作怪，作怪即謂之妖。如何心隱本
是一個英雄漢子，慧業文人，然所言者皆世俗之所驚，所行者皆愚
懵之所怕。一言行即為人驚怕，則其謂之妖，奚曰不宜？若方湛一
雖聰明伶利，人物俊俏，能武能文，自足動人，而無實盜名，欲遂
以其虛聲鼓賢者使從己，則亦人之妖也，何可怪也！至如弟則任性

〔註76〕因袁中道說：「柞林叟，不知何許人……以傳于後。」故名《柞林紀譚》，稱呼
李贄為柞林叟。出自張建業主編：《李贄全集注（第18冊：因果錄注、闇然錄
最注、雅笑注、柞林紀譚注、永慶答問注、陽明先生年譜注）》，（北京：社會
科學文獻出版社，2010年），頁305。

〔註77〕〔明〕耿定向：《耿天臺先生文集》（三），（臺北縣：文海出版社，1970年），
頁1126～1129。

〔註78〕〔明〕耿定向：《耿天臺先生文集》（二），（臺北縣：文海出版社，1970年），
頁696～698。

自是，遺棄事物，好靜惡囂，尤真妖怪之物，只宜居山，不當入城
近市者，到城市必致觸物忤人矣，既忤人，又安得不謂之妖人乎！
獨一念好賢又根諸性，非近大城郭則不可以得勝己之友，故我以為
勝己，人或未然，是以指目為妖，非但耿老有是言也。弟實感此老
之鉗錘，而可以為不悅我乎！早晚當過黃安，與共起居數時，庶可
以盡此老之益也。

信中李贄提出世人稱未達中庸之道者為「妖」，如何心隱、方湛一，而自己任
性喜靜，若與他人有牴觸，勢必違逆他人，即便如此，他仍希望結交「勝己之
友」，與耿定向和好。然李贄品格孤高，對道學家持續強烈批判，讓兩人論爭
遲遲無法解套。

　　李贄七十五歲時，在麻城遭人驅逐，袁中道〈李溫陵傳〉說：「時又有以
幻語聞當事，當事者又誤信而逐之，火其蘭若。而馬御史經綸遂躬迎之於北通
州。」馬經綸有〈與當道書〉，內載此次驅逐波及楊定見，被逐的最大罪名便
是宣淫〔註79〕，據張問達疏劾，謂李贄：「勾引士人妻女，入庵講法，至有攜
衾枕而宿者，一境如狂。又作觀音問一書，所謂觀音者，皆士人妻女也。」馬
經綸為其緩頰，認為所謂勾引，都是「莫須有」之罪，因李贄不避男女講學，
收女弟子梅衡湘論道，梅氏為守節之女〔註80〕，李贄甚至為文，提出女子之
見，未必不如男子，《焚書・答以女人學道為見短書》曰：「謂見有長短則可，
謂男子之見盡長，女人之見盡短，又豈可乎？設使女人其身而男子其見，樂聞
正論而知俗語之不足聽，樂學出世而知浮世之不足戀，則恐當世男子視之，皆
當羞愧流汗，不敢出聲矣。」此即其受謗之緣由。至於其受謗被誣，最後致死
之事，仍待推究。

　　耿李論爭除了使李贄更加激進、聲名大噪，激發其對假的批判與對真的追
求的美學觀，同時也強化其對程朱之學的反思，及對陸王心學之服膺。但也帶
來負面影響，包含至交好友離他而去，周思久、周友山、管志道、焦竑等人的
疏遠，使他晚年更顯孤獨〔註81〕。

〔註79〕容肇祖：《李卓吾評傳》，（臺北：台灣商務印書館，1973 年），頁 45～48。
〔註80〕馬經綸〈與當道書〉解釋道：「且所謂麻城士女云者，蓋指梅衡湘守節之女言
　　　　也。」語見張建業主編：《李贄全集注（第 26 冊：附錄）》，（北京：社會科學
　　　　文獻出版社，2010 年），頁 104。
〔註81〕左東嶺：〈耿、李之爭與李贄晚年的人格心態巨變〉，收入氏著：《明代心學與
　　　　詩學》，（北京：學苑出版社，2002 年），頁 149～161。

## 四、仕宦過程與心學之路

　　李贄自十二歲寫〈老農老圃論〉後，就透露出他與世俗追求功名富貴的風氣格格不入。《陽明先生年譜後語》說：

> 惟不得不假升斗之祿以為養，不容不與世俗相接而已。然拜揖公堂
> 之外，固閉戶自若也。〔註82〕

李贄提出自己不得已進入仕途，乃求斗升之路養家活口，然在官場應酬外，他仍閉戶以自得其樂。綜觀其一生仕途，因將官場看得透徹，才讓他興起對假道學嚴厲之批判，並產生實用之美學觀。而心學的涵養，也對他提出個人情性的美學觀發揮影響。

　　李贄在做官之前，是「丐食于衛，就學于燕，訪友于白下，質正于四方。」（《焚書‧增補一‧答何克齋尚書》）李贄認為自己「一身漂泊」，乃流寓客子，「昨為白下客，今日便為濟上翁矣。」（《續焚書‧卷一‧書匯‧與鳳里》）他三次為官，看似生活平靜，心中其實不甚愉悅。

　　嘉靖三十五年（1556）春，李贄參加會試落第，後授河南輝縣共城教諭。雖為第一份官職，在李贄心中，不過是為盡人倫罷了！〈卓吾論略〉自述：

> 吾初意乞一官，得江南便地，不意走共城萬里，反遺父憂。雖然，
> 共城，宋李之才宦遊地也，有邵堯夫安樂窩在焉。堯夫居洛，不遠
> 千里就之才問道。吾父子儻亦聞道於此，雖萬里可也。且聞邵氏苦
> 志參學，晚而有得，乃歸洛，始婚娶，亦既四十矣。使其不聞道，
> 則終身不娶也。

李贄本無意仕進，他表現出與中國傳統讀書人追求功名富貴的殊異價值，且他對邵雍（堯夫，1011～1077）〔註83〕苦志參學有得後，才論婚娶一事，心有戚戚。邵雍將得道之事置於傳宗接代之前，也引發李贄日後對聞道追求的強烈企圖，由邵雍之事興起「吾十年餘奔走南北，祇為家事，全忘卻溫陵、百泉安樂之想」（〈卓吾論略〉）之慨，可見李贄日後出家，探求自身性命下落，

---

〔註82〕張建業主編：《李贄全集注（第 18 冊：因果錄注、闇然錄最注、雅笑注、柞林紀譚注、永慶答問注、陽明先生年譜注）》，（北京：社會科學文獻出版社，2010年），頁 482。

〔註83〕邵雍又稱安樂先生，諡號康節，為北宋五子之一，易學家、思想家、詩人。高攀龍曾說：「白沙、康節與曾點一脈。」語見〔明〕高攀龍：《高子遺書》，（合肥：黃山書社，2009 年），頁 76。高氏將曾點、邵雍、陳獻章視為同具有逍遙自適、自然自得的生命境界。

實有跡可循。

　　嘉靖四十五年（1566），四十歲的李贄到北京補禮部司務，此次等待官職，給了他人生新的契機，也成為其思想的重大轉折點，《明儒學案·卷十四·浙中王門學案四·太常徐魯源先生用儉》記載：

> 在都門從趙大洲講學，禮部司務李贄不肯赴會，先生以手書《金剛經》示之，曰：「此不死學問也，若亦不講乎？」贄始折節向學。嘗晨起候門，先生出，輒攝衣上馬去，不接一語。如是者再，贄信向益堅，語人曰：「徐公鉗錘如是。」此皆先生初學時事，其後漸歸平實，此等機鋒，不復弄矣。〔註84〕

趙貞吉、徐用檢為王門之後，心學經王畿、趙貞吉、羅汝芳等人傳承，已達儒釋相融，對李贄而言，心學、佛學皆屬「窮究自己生死根因，探討自家性命下落」之學。嘉靖、萬曆時期心學盛行。李贄此時受李逢陽、徐用檢等人影響，開始接觸並接受陽明心學，他在〈陽明先生年譜後語〉有詳盡說明：

> 余自幼倔強難化，不信學，不信道，不信仙釋。故見道人則惡，見僧則惡，見道學先生則尤惡。惟不得不假升斗之祿以為養，不容不與世俗相接而已。然拜揖公堂之外，固閉戶自若也。不幸年甫四十，為友人李逢陽、徐用檢所誘，告我龍溪先生語，示我陽明王先生書，乃知真人得道不死，實與真佛、真仙同，雖倔強，不得不信之矣。

李贄自幼反骨，卻在接觸王學後，從不信道者轉為折節於王學，且「五載春官，潛心道妙」，李贄之所以折服於王學，和他自幼研讀朱子經典屢遇難題有關，〈卓吾論略〉曰：

> 稍長，復憒憒，讀傳註不省，不能契朱夫子深心。因自怪，欲棄置不事。而閒甚，無以消歲日。乃嘆曰：「此直戲耳。但剽竊得濫目足矣，主司豈一一能通孔聖精蘊者邪？」因取時文尖新可愛玩者，日誦數篇，臨場得五百。題旨下，但作繕寫謄錄生，即高中矣。

因「不能契朱夫子深心」，故而在接觸陽明心學後，他才體認到何謂聖道。隆慶四年（1570），李贄改任南京刑部員外郎〔註85〕，結交焦竑（弱侯，1540～1620），據《明史·焦竑》載：「講學以汝芳為宗，而善定向兄弟及李贄，時頗

〔註84〕〔清〕黃宗羲：《明儒學案》，（臺北：世界書局，1961年），頁121。
〔註85〕李贄初任何官，何年改南京刑部郎，已不可考。

－67－

以禪學譏之。」〔註86〕焦竑也是王門之後泰州學派代表，兩人為知交。《續焚書·壽焦太史尊翁后渠公八秩華誕序》曰：

> 余至京師，即聞白下（南京）有焦弱侯其人矣。又三年，始識侯。既而徙官留都，始與侯朝夕促膝窮詣彼此實際。夫不詣則已，詣則必爾，乃為冥契也。故宏甫之學雖無所授，其得之弱侯者亦甚有力。夫侯千古人也，世之愿交侯者眾矣。其為文章欲以立言，則師弱侯；為制科以資進取，顯功名不世之業，則師弱侯。又其大者，則曰：「是啜菽飲水以善事其親者也，是立德也。」故世之為不朽，故以交于侯者，非一宏甫也。然惟宏甫為深知侯，故弱侯亦自以宏甫為知己。

李贄與焦竑朝夕相處讀書求道建立深刻的友誼，隆慶六年（1572）又結交耿定理，李贄女婿莊純夫求學耿定理，兩人之間的交遊與談說，使李贄體會「終可入道」（《李溫陵集·卷四·雜述·耿楚空先生傳》）。萬曆二年（1574）李贄求學於王艮之子王襞，讓他對心學又有更進一步的啟發，同時也開始接觸道家思想，《老子解序》曰：

> 于聞之，慨然而歎，使予之于道若今之望食，則孔、老暇擇乎！自此專治《老子》，而時獲子由《老子解》讀之。解《老子》者眾矣，而子由稱最。

李贄對《老子》極為推崇，並讚揚蘇轍《老子解》為最佳解老者。萬曆五年（1577）李贄入滇任雲南姚安知府，途中赴黃安會見耿定理，初識耿定向，再次遇見羅汝芳，在〈羅近溪先生告文〉曰：「我於南都得見王先生者再，羅先生者一。及入滇，復於龍里得再見羅先生焉。」可見李贄自四十歲後，持續接觸陽明學說不輟，同時創立三台書院為講學之所，並採道家簡易自然之法治理姚安，好友顧養謙〈贈姚安府溫陵李先生致仕去滇序〉云：

> 然先生為姚安，一切持簡易，任自然，務以德化人，不賈世俗能聲。其為人汪洋停蓄，深博無涯涘，人莫得其端倪。而其見先生也，不言而意自消。自僚屬、士民、胥隸、夷酋，無不化先生者，而先生無有也。此所謂無事而事事，無為而無不為者耶？〔註87〕

〔註86〕〔清〕張廷玉等撰；楊家駱主編：《新校本明史并附編六種》，（臺北：鼎文書局，1991年），頁7393。

〔註87〕張建業主編：《李贄全集注（第26冊：附錄）》，（北京：社會科學文獻出版社，2010年），頁63。

萬曆八年（1580），李贄知府任滿隨即告歸、棄官，而其離開官場之因，蓋「獨學難成，唯友為益也。」（《續焚書‧卷一‧書匯‧答沈王》）為能有更多時間求道訪友，然受限於為官之政務繁忙，「世間居官者政務不暇，居家者家政無閑，煢獨一身，幾不免有窮途之慟矣。」（〈答沈王〉）故決意棄官歸隱，並遊滇中大理府雞足山。顧養謙〈贈姚安府溫陵李先生致仕去滇序〉又曰：

> 是時，先生歷官且三年滿矣，少需之，得上其績，且加恩或上遷。……
> 先生曰：「非其任而居之，是曠官也，贄不敢也。需滿以倖恩，是貪
> 榮也，贄不為也。名聲聞于朝矣而去之，是釣名也，贄不能也。去
> 即去耳，何能顧其他？」而兩臺皆勿許，於是先生還其家姚安，而
> 走大理之雞足。雞足者，滇西名山也。兩臺知其意已決，不可留，
> 乃為請於朝，得致其仕。

可知李贄即使為政有績，卻不留戀官位，因仕宦功名僅為身外之物，其辭官心意甚為堅定，只想「便於四方求友問道而已」（《續焚書‧卷一‧答梅瓊宇樞》）。終於得以懸車致仕，只要去官，何地非家？李贄掛印求去，是為求性命下落，追尋志同道合者，《續焚書‧卷一‧書匯‧寄焦弱侯》表白了他此時的志向：

> 世間勝己者少，雖略有數個，或東或西，或南或北，令我終日七上
> 八下。老人肚腸能有幾許，斷而復續，徒增郁抑，何自苦耶！是以
> 決計歸老名山，絕此邪念，眼不親書，耳不聞人語，坐聽鳥鳴，手
> 持禪杖，以冷眼觀眾僧之睡夢，以閑身入煉魔之道場，如是而已！

人生在世，在求得勝己之知己，若能絕意仕進，求友訪道，便是最快意之事，而王門後學中，二溪先生便是勝己者，其讚王龍溪為「聖代儒宗，人天法眼；白玉無瑕，黃金百鍊。」認為他「神遊八極，道冠終古；夭壽不二，生死若一」（《焚書‧卷三‧雜述‧王龍谿先生告文》）。萬曆十七年（1589），聽聞羅汝芳訃，李贄說：「蓋予自聞先生訃來，似在夢寐中過日耳。乃知真哀不哀，真哭無涕，非虛言也。」（《焚書‧卷三‧雜述‧羅近溪先生告文》）直陳內心悲痛，甚至「口不言，心不思，筆不能下」，直有「天喪予」之嘆，而他對羅汝芳的敬仰，在其具「柳士師之寬和，而不見其不恭；有大雄氏之慈悲，而不聞其無當」。認為王畿是「從幼多病愛身，見得此身甚重」、羅汝芳「則原是生死大事在念」（《續焚書‧卷一‧與焦漪園太史》）都和自己相同，畢生以探究生死大事為念，其學方能有成，從李贄推舉龍谿、近溪言論，可知其深受陽明心學之影響。

## 第三節　晚明狂禪之簡傲

　　李贄四十歲學王學時，也開始涉略佛學。黃宗羲《明儒學案·泰州學案》曾提及：

> 陽明之學，有泰州、龍溪，而風行天下，亦因泰州、龍溪而漸失其傳。泰州、龍溪時時不滿其說，益啟瞿曇之秘而歸之師，蓋躋陽明而為禪矣。〔註88〕

陽明心學精神接近禪宗，王陽明曾說「我今才做得個狂者的胸次，使天下之人都說我行不掩言也罷。」（《傳習錄》下）〔註89〕學者易由此而趨於佛教，王畿繼承陽明學說，並加以發揚光大，但也因入禪理，使其說走向狂禪之流。特別是分化至泰州學派，學者多為佛門居士，追求個性解放，「狂者胸次」傳承到李贄，更有禪的訶祖罵佛等強烈質疑傳統道德、儒學權威，蔑視禮法，狂放執著，驚世駭俗之特徵，被稱之為「狂禪」。〔註90〕

　　李贄五十歲後，佛學使其思想又有了重大改變，他學佛時期活動於龍湖，至於他到龍湖時間，學者有諸多見解。容肇祖認為時間在五十八到五十九歲時（1584～1585年）。侯外廬、蕭公權、陳錦釗則認為是在五十九歲（1585年）遷往龍湖。鈴木虎雄認為是在六十二歲（1588年），從黃安耿定理家搬往維摩庵，同年又遷往龍湖。而其自述「五十以後，大衰欲死，因得朋友勸誨，翻閱貝經，因於生死之原窺見斑點。」（《續焚書·聖教小引》）可確定李贄天命之年已開始接觸佛教，又在《焚書·書黃安二上人手冊》曰：

> 視富貴如浮雲，唯與三千七十遊行四方，西至晉，南走楚，日夜皇皇以求出世知已。是雖名為在家，實終身出家者矣。故余謂釋迦佛辭家出家者也，孔夫子在家出家者也，非誕也。

萬曆十六年（1588）夏，李贄剃髮為僧，雖身入空門，卻不受戒、不參加僧眾的誦經祈禱，嘗曰：「雖落髮為僧，而實儒也。」（《初潭集·十二卷·自序》）當時部分士人表面出家，實際卻不在寺觀，而是以游歷達官富室為謀生手段，此乃脫離傳統儒家道路的另類生活選擇，引發士人的飄逸閒適文風〔註91〕。但

---

〔註88〕〔清〕黃宗羲：《明儒學案》，（臺北：世界書局，1961年），頁311。

〔註89〕〔明〕王守仁著，鄧艾民注：《傳習錄注疏》，（基隆：法嚴出版社，2000年），頁387。

〔註90〕吳承學、李光摩編：《晚明文學思潮研究》，（武漢：湖北教育出版社，2001年），頁354。

〔註91〕趙軼峰：〈山人與晚明社會〉，《東北師範大學學報》第1期，2001年，頁8～16。

明代特殊的山人文化，在李贄眼裏不過是「名為山人而心同商賈，口談道德而
志在穿窬」(《焚書·又與焦弱侯》)。他認為世間只有三等人適宜出家，第一種
人為莊周、梅福此等棄官歸隱者，第二種為嚴光、阮籍、陳摶、邵雍等未遇明
主之徒，第三種則為以乞食為恥的陶淵明，李贄自認最像陶氏，「一念其實，
不欲受世間管束」，頗有魏晉世人追尋自由之想。

　　在心學、佛學浸淫下，李贄學佛是為求了解生死之學，《焚書·卷之一·
書答·復鄧石陽》曰：「自朱夫子以至今日，以老、佛為異端，相襲而排擯之
者，不知其幾百年矣。弟非不知，而敢以直犯眾怒者，不得已也，老而怕死也。」
更在《柞林紀譚》中斥責宋儒與生死「略無干涉」，《焚書·卷二·與明因》中
也闡述學佛入禪的過程：

> 世上人總無甚差別，惟學出世法，非出格丈夫不能。今我等既為出
> 格丈夫之事，而欲世人知我信我，不亦惑乎！既不知我，不信我，
> 又與之辯，其為惑益甚。……我為出世人，光彩不到他頭上，我不
> 為出世人，羞辱不到他頭上，如何敢來與我理論！對面唾出，亦自
> 不妨，願始終堅心此件大事。釋迦佛出家時，淨飯王是其親爺，亦
> 自不理，況他人哉！成佛是何事，作佛是何等人，而可以世間情量
> 為之？

李贄與梅國禎之女談論佛道，屢遭世人誹謗，對此他不與之辯論，因與不了解
此道的道學家談佛家修行之事，毫無意義，唯有才智超越一般人的大丈夫方能
理解他出家修行，欲和世俗對抗的企圖。在多次經歷生離死別之痛後，李贄學
佛法乃為參透人生苦痛，《續焚書·卷一·書匯·與劉肖川》曰：「人生離別最
苦，雖大慈氏亦以為八苦之一，況同志乎！」既然連佛家都以人生為苦海，那
麼為求掙脫情感桎梏，唯有「學出世法」，方能「無離無別，無愛無苦」。(〈與
劉肖川〉)。

　　也因李贄行為極端，出家卻不守戒律，在寺廟懸掛孔子像，率意任之，以
致當世俗子皆以異端目之，故李贄順水推舟，遂為異端，以免浪得異端虛名。
也因不屑與假道學共處，不在乎他人看法，都是源自「不避多事，故寧義而餓，
不肯苟飽，寧屈而死，不隨寓而安，無事固其本心，多事亦好度日」(〈與城老
書〉)之性格，故對他人抨擊，李贄皆以對得起自己道德良心為要應之。

　　然李贄進入佛門，並非完全棄絕人倫之想，而是以入世胸懷，修生命之學，
故對曾繼泉欲落髮出家，不表贊同，《焚書·卷二·書答·與曾繼泉》曰：

聞公欲薙髮，此甚不可。公有妻妾田宅，且未有子，未有子，則妻

妾田宅何所寄託；有妻妾田宅，無故割棄，非但不仁，亦甚不義也。」

李贄基於曾繼泉未有子，無法寄託妻妾田宅，勸曾氏若此時出家，是不仁不義。因若真想求道，「在家方便，尤勝出家萬倍」「在家脩行，不更方便乎」？（《焚書・卷二・書答・與曾繼泉》）李贄自述當初學道，是在已有妻室，人倫責任已盡的情況下辭官離去，出家是因「家中閑雜人等時時望我歸去，又時時不遠千里來迫我，以俗事強我」（〈與曾繼泉〉），在家庭責任已了，無所牽掛後，「剃髮以示不歸，俗事亦決然不肯與理」（〈與曾繼泉〉），心安理得與朋友探求生命之學。由於李贄非「落髮出家始學道」（〈與曾繼泉〉），而是「學道」本身就在人倫責任中，其出家並未離棄人倫根本，故不能以李贄出家，判斷其思想是由儒入佛之依據。

李贄先盡人倫才出家，經常從人倫觀批判世人之假，說假道學表面上講求人倫大義，行為卻背道而馳，故言：「往往見今世學道聖人，先覺士大夫，或父母八十有餘，猶聞拜疾趨，全不念風中之燭，滅在俄頃。無他，急功名而忘其親也。」（《焚書・卷一・書答・復鄧石陽》）為功名富貴忘盡人倫，皆假道學之舉，李贄嗤之以鼻且強力批判。他又提出對傳統「四勿說」的新解：

人所同者謂禮，我所獨者謂己。學者多執一己定見，而不能大同于俗，是以入于非禮也。……蓋由中而出者謂之禮，從外而入者謂之非禮；從天降者謂之禮，從人得者謂之非禮；由不學、不慮、不思、不勉、不識、不知而至者謂之禮，由耳目聞見、心思測度、前言往行、彷彿比擬而至者謂之非禮。語言道斷，心行路絕，無蹊逕可尋，無塗轍可由，無藩衛可守，無界量可限，無烏鑰可啟，則于四勿也當不言而喻矣。未至乎此而輕談四勿，是以聖人謂之曰：「不好學」。

（《焚書・卷三・雜述・四勿說》）

李贄種種和傳統悖離的觀點，都使他淪為異端的指責對象，其具體提出對傳統「四勿說」的懷疑，指陳禮是由心中所出，從天而降，由不學、不慮、不思、不勉、不識、不知而達到的。是人人心中皆具之綱常法度，而非由外鑠而加之的束縛。這些見解，都促成其自然美學觀點之深化，並得以展現獨特見解，同時這些對傳統道學的批判，也讓李贄無畏於自身陷落異端之處境。

此外，李贄也以從政角度，提出對出家修道之見解，在《焚書・卷一・書答・答劉憲長》說：

> 弟謂剃髮未易，且令觀政數時，果發願心，然後落髮未晚。縱不落
> 發，亦自不妨，在彼在此，可以任意乃為方便，不必立定跟腳也。
> 蓋生死事大，非辦鐵石心腸，未易輕造。如果真怕生死，在家出家，
> 無有異。目今巍冠博帶、多少肉身菩薩在于世上，何有棄家去髮，
> 然後成佛事乎？如弟不才，資質魯鈍，又性僻嬾，倦于應酬，故托
> 此以逃，非為真實究竟當如是也。……今不必論他人，即今友山見
> 在西川，他何曾以做官做佛為兩事哉？得則頓同諸佛，不理會則當
> 面錯過，但不宜以空談為事耳。

李贄直指落不落髮都不影響修道，在家出家皆同，並非得棄家去髮方能有成，尤其他是因為懶得交際應酬，故以剃髮出家成就佛事，做官、做佛是同一件事。他不同於一般出家僧侶做出世之想，因為出家只是手段，關鍵在內心是否有修道之誠，求道應往心內探求，非徒形式。故他的諸多論見屢遭人誤解，目為異端。

明朝初年官方哲學為程朱理學，從維護封建專制制度和儒家倫理出發，視佛教為「異端」、「邪說」，然對李贄的批判卻是起於不了解他。他求道的根本在融攝三教，其言：「儒、釋、道之學，一也，以其初皆期於聞道也。」（《初潭集·卷十一·三教歸儒說》）哪裡可為他尋得生死開悟，他就潛心何處，《續焚書·卷四·雜著匯·題孔子像於芝佛院》說：

> 人皆以孔子為大聖，吾亦以為大聖；皆以老、佛為異端，吾亦以為
> 異端。人人非真知大聖與異端也，以所聞于父師之教者熟也；父師
> 非真知大聖與異端也，以所聞於儒先之教者熟也；儒先亦非真知大
> 聖與異端也，以孔子有是言也。

世人總以眾人所言之是非為是非，卻未真正探討甚麼才是真正的是非，只要聽聞大家說孔子是大聖，老、佛為異端，就盡接納之，毫無個人判斷力。李贄對是非價值具有衡量準則，非人云亦云。即使出家求生命之學，被視為狂禪，也不以為意，其根源就在於有內心價值判準做支柱。也因敢說敢做，提倡女性受教育，在當時亦屬驚世駭俗之舉，其說法時，往往女人參與聽法，李贄本其男女平等觀念，針對時人所謂女人之見短，不適合學道之說，以「彼為法來者，男子不如也」駁之，捍衛女性受教權，因之被詆為左道、異端。凡此種種，皆得自其學佛經歷，佛教已成為他面對人生苦海的處事論理之學。

## 第四節　方外道家之隱遯

　　李贄成學過程深受儒釋道影響。五十歲前潛心王學，約五十歲後，融合佛家觀點，五十五歲時，至黃安作客耿定向家，注釋《老子》、《莊子》，遂將道家思想滲入，形成特有自然美學觀〔註92〕，終成就一家之言。他對道家學說極為用心，曾將老子《道德經》日置案頭，「行則攜持入手夾，以便諷誦」（《續焚書‧卷二‧序匯‧道教鈔小引》）。

　　在道家影響方面可概分為兩部分。首先，是其高潔的自律性格，「高潔」兩字往往和道德操守有關，莊子以「心齋」、「坐忘」塑造超邁之性，魏晉竹林七賢對「大人理境」〔註93〕的追尋，也成為後代藝術心靈的生命型態。而陶淵明隱居田園，淡泊名利，謂為古今隱逸詩人之宗。「高潔」已成為道家人格美學的重要典範，而李贄也在作品中，展現自己不與世同流合汙，無法屈從倚勢仗富的性情，《焚書‧卷三‧雜述‧高潔說》曰：

> 予性好高，好高則倨傲而不能下。然所不能下者，不能下彼一等倚勢仗富之人耳，否則稍有片長寸善，雖隸卒人奴，無不拜也。予性好潔，好潔則狷隘而不能容。然所不能容者，不能容彼一等趨勢諂富之人耳，否則果有片善寸長，縱身為大人王公，無不賓也。能下人，故其心虛；其心虛，故所取廣；所取廣，故其人愈高。然則言天下之能下人者，固言天下之極好高人者也。予之好高，不亦宜乎！能取人，必無遺人；無遺人，則無人不容；無人不容，則無不潔之行矣。然則言天下之能容人者，固言天下之極好潔人者也。予之好潔，不亦宜乎！

世人以為李贄「狷隘而不能容」、「倨傲而不能下」，故其自我澄清，提出傲慢而無法屈從以勢仗富之人，乃針對趨炎附勢者的批判，至於具片長寸善者，無論身分高低，他都能廣為結交。也因性潔，故有所不能容者，因此其心能常保虛靜，廣納眾物，不遺棄任何可取之人。

　　李贄此源自道家的超然性情，也反映在著作理路中。萬曆二十七年（1599）

〔註92〕許建平：《李贄思想演變史》，（北京：人民出版社，2005年），頁138。

〔註93〕關於「大人理境」為吾師江建俊所提出，竹林七賢皆倡「大人境界」，藉由「至一凡常」之理想之境與現實寫照對比，以凸顯其真淳孤高，不和社會同流合汙之高尚之思。相關內容詳見吾師江建俊：〈「大人」理境與「無君」思想的關係〉，出自國立成功大學中文系主編：《魏晉南北朝文學與思想學術研討論論文集第二輯》，（臺北：文津出版社，1993年），頁529～574。

李贄七十三歲，《藏書》六十八卷刻成於金陵，焦竑為之作序曰：

> 先生高邁肅潔，如泰華崇巖，不可昵近。聽其言，泠泠塵土俱盡，
> 而實本人情，切物理，一一當實不虛。蓋一被其容接，未有不爽然
> 自失者也。吾慨學者沈錮於流俗，而迷沿於聞見，於人之言，非其
> 人所耳熟，不以信。先生程量今古，獨出胸臆，無所規放，聞者或
> 河漢其言，無足多怪。

焦竑認為李贄性格「高」、「潔」、「不可近」，其言本乎人情物理，著重於「實」
用，感慨一般學者迷惑於道理聞見，李贄反能不迷失蠱惑，「獨出胸臆」，不閹
然媚世，令人動容，此論述可謂李贄最相知之言，〔註94〕李贄同時也有〈答焦
漪園書〉，推焦竑為第一知己。《續焚書·卷一·與周友山》曰：「蓋自量心上
無邪，身上無非，形上無垢，影上無塵，古稱『不愧』、『不怍』，我實當之。」
他認為自己心、身、形、影皆無邪、無非、無垢、無塵，「仰不愧於天，俯不
怍於地。」具有高度自我要求。也因不屑與道學家同流，而時顯倨傲之態，以
致易造成他人誤解。故曰：「僕，隱者也，負氣人也。路見不平，尚欲拔刀相
助，況親當其事哉！」（《焚書·卷二·書答·與曾中野》）

　　李贄又在《焚書·卷三·雜述·為黃安二上人三首·失言三首》提出「高
潔之說」是「對世之委靡渾濁者」的「應病之藥」，因為「世人恒無真志」、「口
是心非，言清行濁」，根本沒有「好高好潔之實」，故李贄深感痛切。而對本為
高潔之士者談論「高潔」，無異為止沸益薪，只要「如是念佛，如是修行，如
是持戒。如是可久，如是可大，如是自然登蓮臺而證真乘，成佛果，不可再多
事也。念佛時但去念佛，欲見慈母時但去見慈母，不必矯情，不必逆性，不必
昧心，不必抑志，直心而動，是為真佛。故念佛亦可，莫太高潔可矣。」（〈高
潔說〉）念佛、修行、持戒都應自然而然，乃順心、順性、順情之舉，不必刻
意為之，一旦太過刻意，反而會悖離真正的高潔。

　　其次，李贄藉由「隱」而韜光養晦，作為有所成之法，也是深受道家影響。
在萬曆二十五年（1597）71 歲時，李贄到北京寓西山極樂寺，直陳其非舉業
之師〔註95〕，不欲舉子業的想法縈繞其腦海，他強調用世前須韜光養晦，《焚

---

〔註94〕容肇祖：《李卓吾評傳》，（臺北：台灣商務印書館，1973 年），頁 42。

〔註95〕《續焚書·卷五·送汪鼎甫南歸省母詩序》云：「丁酉（萬曆二十五年）余往
　　　　西山極樂精舍，而鼎甫復來京師，與余相就。」。汪本鈳哭〈李卓吾先生告文〉
　　　　說：「丁酉又尋師于北京極樂寺。師問鈳曰：『子今不遠數千里而來，欲求何
　　　　事？若只教爾舉子業，則我非舉業師也。』鈳茫然無以應。然出世之志，默自

書‧卷一‧書答‧又答耿中丞》曰：「蓋渠之學主乎出世，故每每直行而無諱；今公之學既主于用世，則尤宜韜藏固閉而深居。」一方面反映李贄為學目的在出世，一方面也提出應藉由韜藏來提升用世之學，並讚揚「大隱居朝市」(《續焚書‧卷二‧說匯‧隱者說》)者。

此外，李贄認為和光同塵有其必要性，《焚書‧卷二‧書答‧答周二魯》曰：

> 僕在黃安時，終日杜門，不能與眾同塵；到麻城，然後遊戲三昧，出入于花街柳市之間，始能與眾同塵矣，而又未能和光也。何也？以與中丞猶有辯學諸書也。自今思之，辯有何益？祇見紛紛不解，彼此鋒銳益甚，光芒愈熾，非但無益而反涉于吝驕，自蹈於宋儒攻新法之故轍而不自知矣。

他自陳在黃安時期尚不知曉與眾同塵，直至麻城方能理解箇中奧義，卻仍未能收斂鋒芒，與人辨學，往往鋒銳畢露，故其以為個人行為和宋儒攻訐新法並無不同，直到 62 歲才真正體察到《老子》上善若水、守柔不爭之奧義，而稱戢歛。至於其對生死之學的參透，直到臨死之際，方豁然開朗。

## 第五節　向死而生之頓悟

李贄晚年沉晦於寺廟中的安寧〔註96〕，萬曆二十七年（1599），《藏書》六十八卷刻成，卻因著書而遭捕下獄，對此，袁中道早有為他擔憂之情，《珂雪齋近集文鈔‧石浦先生傳》曰：「禍在是矣。」〔註97〕李贄臨死仍堅持其著書「具在聖教，有益無損」，終其一生對生命的扣問，是藉自殺表述生死大義。身陷囹圄時，借機剃髮，奪刀割喉，氣不絕兩日，終以「七十老翁何所求？」劃下人生休止符，得年七十六。

李卓吾不惜以死抗爭，探討李贄自殺之相關論述頗多，大多不脫離他窮究

---

凜凜振起一番。」語見張建業主編：《李贄全集注（第 26 冊：附錄）》，（北京：社會科學文獻出版社，2010），頁 205～206。

〔註96〕《永慶答問‧十二》曰：「卓老時寓永慶伽藍殿，因記其門帖云：『少作書生，未見升堂入室；老為廟祝，粗知掃地焚香。』」轉引自張建業主編：《李贄全集注（第 18 冊：因果錄注、闇然錄最注、雅笑注、柞林紀譚注、永慶答問注、陽明先生年譜注）》，（北京：社會科學文獻出版社，2010 年），頁 341。

〔註97〕轉引自張建業主編：《李贄全集注（第 26 冊：附錄）》，（北京：社會科學文獻出版社，2010 年），頁 157。

生死之學的理念〔註98〕，即看破生死，以身殉道〔註99〕。故從其自殺，也可回溯其學道之理由。然李贄真是因怕死而學道？或是為理解如何真實地活著而思索死亡奧義？抑或為彰顯自我主體意志而死〔註100〕？而其深受儒釋道三家影響，探討自家性命之學，基本上是將儒釋道的生死根柢視為相同，即便三家

---

〔註98〕關於李贄自殺的相關論文，可參閱黃卓越：〈李贄之死──重估思想史上的一段公案〉，《中國文化研究》第 2 期，1997 年，頁 45～52。楊志遠：〈自覺與超越──論李贄之死〉，《吳鳳學報》，2011 年 12 月，頁 467～481。劉芝慶：〈李贄的生死之學〉，《新世紀宗教研究》，2011 年 9 月，頁 101～129。林其賢：《李卓吾的佛學與世學》，（臺北：文津出版社，1992 年），頁 156、213～222。袁光儀認為真正原因在於解決塵世苦痛。詳見氏著：《李卓吾新論》，（臺北：國立臺北大學出版社，2008 年），頁 25～26。陳清輝則從李贄的死亡美學角度，提出其自殺是屬於佛教無畏精神的展現，也是「我以相嚴身，光明照世間」的實踐，將死亡之醜，轉為淑世福國的積極意義。見氏著：〈審勢尚奇　出生悟死──談李贄的美學觀〉，《國立僑生大學先修班學報》第 13 期，頁 21～48。江燦騰認為李贄深切追求生死之學，透過三教的追尋，以探討「自家性命下落」，由於歷經親人過世、仕途不順，而對「生死」議題有了更深入的追尋。詳見氏著：〈李卓吾與晚明佛教思想以及對其狂禪的批評〉，收入氏著：〈李卓吾與晚明佛教思想以及對其狂禪的批評〉，收入氏著：《中國近代佛教思想的諍辯與發展》，（臺北：南天出版社，1998 年），頁 323～400。

〔註99〕許蘇民：〈李贄之死的奇特歷史悲劇〉、〈論豪傑之士的生死觀〉，出自氏著：《李贄評傳》，（南京：南京大學出版社，2009 年），頁 424～432。

〔註100〕鄭曉江認為李贄追求生死來自於自我掌控，所以「天下第一等好死」就是一種彰顯自我主體意志的死亡方式，而他選擇自殺實出自個人意志，是一種基於「無生死」的佛說，而以求「烈烈之名」為表現姿態，「名滿天下」、「成就此身」，方為求得「死所」。因此其生死觀點可說是既儒亦道亦佛，同時也非儒非道非佛，具有綜合性創新。鄭氏認為，「一個人的生死觀與其面對死亡將至時的生死態度是不相等的，有時甚至完全相反。生死觀主要是人們對生死的種種觀點、看法和理論；生死態度則是人們面對生死時的心理與精神的活動和具體行為，是生死觀的外在化。」「要窺探李贄為何自殺的深層根源，一定要去弄清李贄終生服膺的生死觀與其臨死時之生死態度的不同之處，只有明白了兩者的不一致，才能真正解開李贄之死的謎團。」詳見鄭曉江：〈論李贄的生死之求──關於卓吾之死的幾種觀點的辨析〉，《福建論壇（人文社會科學版）》第 7 期，2008 年，頁 51～55。鄭曉江又在〈「真人不死」與「出離生死」──李卓吾生死智慧探微〉一文中提出因為晚明時期陽明後學討論生死風氣極盛，李贄又歷經至親六人相繼死亡的悲痛，使其不得不思索生死大事，進而領略「得道真人不死」，故深切追求陽明學與佛教思想，以追求「不死之道」。因「怖死」而「潛心道妙」，領悟了「生死齊一」之道家、求「三不朽」之儒家，都還是有生無死之論，唯佛法是出離生死、無生故無死之學，因此李贄是由求「真人不死之道」的王學到「出離生死苦海」之佛學的轉型。詳參鄭曉江：〈「真人不死」與「出離生死」──李卓吾生死智慧探微〉，《人文世界》，2009 年 12 月，頁 95～135。

的出發點殊異，但其共性都是在探問生死。〔註101〕許建平對李贄生死觀流變進行論述，認為他從最初的追求美名之不死屬儒家思維，轉變到以生有死的道家思想，又轉向追求西方淨土的佛教生死觀，最終的選擇卻又構成佛教凶死形式，故其生死觀是以佛教為主，融合相合的儒道思想，而體現出屬於其獨特性格的死亡模式。〔註102〕因為人本身具有精神的神聖道德尊嚴，所以得以「存天理，去人慾」「克己復禮」讓自己往上提升，人因社會所構成的道德權威性，而產生一種共同的道德規範。〔註103〕李贄為何要自殺？對他而言，自殺是一種最好的解決方式嗎？而以自戕面對死亡的積極意義何在？他的自殺和中國傳統生死觀是否相同〔註104〕？

筆者認為，李贄一生可以「狂」字盡得真味，相對於當時的假道學，其性情在在實踐「自然」、「童心」之本質，即使面對死亡，亦勇往直前，追尋自我之終極價值。涂爾幹認為，人具有個體和社會的雙重性，如果一個人發現再怎麼努力，都無法看見生命的價值與延續的意義，就可以擺脫生命，這樣的擺脫不僅存在於個體，同時也受到集體情緒的影響，而這種整體的民族氣質影響了個體的情緒。又由於只有社會得以對個人人生價值做出總的評價，因此社會的集體思潮會形成一種道德觀念，進而影響個體。不管個人如何個體化，都會有

---

〔註101〕傅小凡：〈生死之說〉，出自氏著：《李贄哲學思想研究》，（福州：福建人民出版社，2007 年），頁 234～244。

〔註102〕許建平：〈死的恐懼與非恐懼——李贄的生死觀〉，出自氏著：《李贄思想演變史》，（北京：人民出版社，2005 年），頁 351～365。

〔註103〕埃米爾・涂爾幹（Émile Durkheim）著，馮韻文譯：《自殺論：社會學研究》，（臺北：五南出版社，2008 年），頁 9～10。

〔註104〕中國傳統主流生死觀是凸顯理性，貶抑感性，反映在自殺，就是求「死得其所」，故王夫以人「哀死」為常情，怕死則不必要。面對生死抉擇，儒家有所謂「三不朽」的追求：「太上有立德，其次有立功，其次有立言，雖久不廢，此之謂不朽。」孔曰：「殺生成仁。」孟言：「捨身取義」。強調道德生命超越於生理生命。而道家則強調「生死齊一」，也是一種在對待死亡問題上的理性態度，從哀死、痛死、懼死的情感中昇華，立於「道」來反觀生死，以達消解。中國傳統自殺有：政治性的被迫自殺，不自殺則他殺；還有寧可自殺，亦不願受辱；以及「死士」為承諾、原則、理念而赴死，「知遇」的價值超過生命的價值；另有憂國憂民、懷才不遇，不願與世俗同流合污而死者；最後，為求人生意義與價值，可超越死亡選擇自殺，因而名傳於世者，即韓嬰所說：「王子、比干殺其身以成其忠，柳下惠殺身以成其信，伯夷、叔齊殺身以成其廉。」此種死法，也被孔子所稱揚。詳見鄭曉江，〈論中國古代的自殺模式〉，《江西：南昌大學學報（人社版）》第 30 卷第 4 期，1999 年 12 月，頁 16～22。

某種集體的力量推展個體向某方向行動。〔註105〕而明代的氛圍，一個自覺的時代，是否也推展李贄步入自殺的結局？

關於李贄之死，可以從他生前曾經對死亡的相關論述，以及死前遺言一窺究竟。李贄在禮部任職五年，潛心修道，對於自己的死亡，早已提出幾種可能，在〈卓吾論略滇中作〉曰：「予若死于朋友之手，一聽朋友所為，若死于道路，必以水火葬，決不以我骨貽累他方也。墓誌可不作，作傳其可。」若死於朋友之手，則聽任朋友處置。若死於道上，則不願以屍骨連累他人，一律以水葬或火葬，可不做墓誌銘，但要有傳記。可見李贄一生都在窮究生死大事，對於死亡，也早有個人之見解。萬曆三十年（1602），七十六歲的李贄多病纏身，因草遺言：

> 倘一旦死，急擇城外高阜，向南開作一坑，長一丈，闊五尺，深至六尺即止。既如是深，如是闊，如是長矣，然複就中複掘二尺五寸深土，長不過六尺有半，闊不過二尺五寸，以安予魄……未入坑時，且閣我魄於板上，用餘在身衣服即止，不可換新衣等，使我體魄不安……即安了體魄，上加二三十根椽子橫閣其上……使可望而知其為卓吾子之魄也。周圍栽以樹木，墓前立一石碑，題曰：「李卓吾先生之墓。」

人之將死，其言論必然反應其重要生死理念，前人對李贄此段文字的相關研究甚多，大多認為他是選擇回教的葬禮儀式。後李贄因事入獄時，朋友多方奔走，為其辯護、請求者眾〔註106〕，而在獄中的風範，更可看出其因應死亡的姿態，《續焚書·卷五·詩匯·七言絕句·繫中八絕》云：

**老病始蘇**

名山大剎登臨遍，獨此垣中未入門。病間始知身在繫，幾回白日幾黃昏！

**楊花飛絮**

四大分離像馬奔，求生求死向何門？楊花飛入囚人眼，始覺冥司亦

---

〔註105〕埃米爾·涂爾幹（Émile Durkheim）著，馮韻文譯：《自殺論：社會學研究》，（臺北：五南出版社，2008年），頁253～254。

〔註106〕據《李溫陵外紀》卷四所載，尚有〈與李麟野都諫轉上蕭司寇〉、〈與太史黃毅菴，黃慎軒，都諫桂微堂，楊鳳樓，白紹明，楊盤石，吏部王澹生〉、〈與胡少白員外〉、〈與黃慎軒宮諭〉、〈與王憲葵儀部〉、〈與周礦齋司業〉等篇，皆是為李贄請命之文。詳見〔明〕潘曾紘編：《李溫陵外紀》，（臺北市：偉文圖書公司，1977年9月）。

有春。

中天朗月

萬裡無家寄旅村，孤魂萬裡鎖窮門。舉頭喜見青天上，一大圓光照覆盆。

書幸細覽

可生可殺曾參氏，上若哀矜何敢死！但願將書細細觀，必然反覆知其是。

書能誤人

年年歲歲笑書奴，生世無端同處女。世上何人不讀書，書奴卻以讀書死。

老恨無成

紅日滿窗猶未起，紛紛睡夢為知己。自思懶散老何成，照舊觀書候聖旨。

不是好漢

志士不忘在溝壑，勇士不忘喪其元。我今不死更何待，願早一命歸黃泉。

《繫中八絕》可見其臨死前的心志，人之將死，言必論及生平中最重要之事。這八首詩可知李贄抱病在獄中，對求生求死充滿許多掙扎與思索。他感慨自己嗜書如命，卻因此獲牢獄之災，然在等待君命下達時，仍怡然自得觀覽群書，最後更以「志士不忘在溝壑，勇士不忘喪其元」表達希望死得其所，頗有儒者「志士仁人無求生以害仁，有殺身以成仁」的精神，此等「我今不死更何待，願早一命歸黃泉」的以死明志之情，更可見其自殺絕非莽撞、衝動之行事，而是經審慎思考的結果。

準此，就要思考李贄之死，是否是為達不朽？儒家一向強調立德、立言、立功之「三不朽」，身受儒學影響的李贄，向來認為自己的文章有益聖教，探查其文對於死亡之看法，在《續焚書·卷一·書匯·與耿克念》說：

> 竊謂史道欲以法治我則可，欲以此嚇我他去則不可。夫有罪之人，壞法亂治，案法而究，誅之可也，我若告饒，即不成李卓老矣。若嚇之去，是以壞法之人而移之使毒害于他方也，則其不仁甚矣！他方之人士與麻城奚擇焉？故我可殺不可去，我頭可斷而我身不可辱，

是為的論，非難明者。

萬曆廿三年（1595），李贄受史旌賢要脅，史氏直言要法辦李贄，李贄以此信表達可殺不可辱的情操，並提出「求庇於人，雖死不為」的堅持，及「知我之不畏死矣，可以知我之不怕人矣，可以知我之不靠勢」的固執。而在《續焚書·卷一·書匯·與城老》更表白寧可「受枉而死以奉治命」的決心，在在可發現李贄捍衛自身理念的精神。故要說其畏罪自殺，實與其本意背道而馳。

又李贄對死亡的見解，曾明確於《焚書·卷四·雜述·五死篇》中表述：

> 人有五死，唯是程嬰、公孫杵臼之死，紀信、欒布之死，聶政之死，屈平之死，乃為天下第一等好死。其次臨陣而死，其次不屈而死。臨陣而死勇也，未免有不量敵之進，同乎季路。不屈而死義也，未免有制於人之恨，同乎睢陽。雖曰次之，其實亦皆烈丈夫之死也，非凡流也。又其次則為盡忠被讒而死，如楚之伍子胥，漢之鼂錯是矣。是為不知其君，其名曰不智。又其次則為功成名遂而死，如秦之商君、楚之吳起、越之大夫種是矣。是為不知止足，其名亦曰不智。雖又次於前兩者，然既忠於君矣，雖死有榮也；既成天下之大功矣，立萬世之榮名矣，雖死何傷乎？故智者欲審處死，不可不選擇於五者之間也。縱有優劣，均為善死。

李贄明確提出他最嚮往的五種善死法，第一等好死是如同屈原、聶政等人為理念而死；第二等則是臨陣捐軀而死、第三等是面對受制於他人的不屈而死，兩者皆屬於忠烈而死；第四等則是盡忠而受讒言而死；第五等則是功成名就被誅殺而死。而最不堪之死，就是「臥病房榻之間，徘徊妻孥之側」，這不是身為一個大丈夫所應該死亡的方式，因為「丈夫之生，原非無故而生，則其死也又豈容無故而死乎？其生也有由，則其死也必有所為，未有岑岑寂寂，臥病牀褥間，扶柩推輦，埋於北邙之下，然後為得所死矣。」（〈五死篇〉）大丈夫活於世上，必有理由，故死亡也應有其因，死於病榻間，絕非大丈夫所冀，故李贄最反對死於病榻的死法。

又《焚書·卷五·讀史·幽憤詩》曰：

> 夫天下固有不畏死而為義者，是故終其身樂義而忘死，則此死固康之所快也，何以自責為也？亦猶世人畏死而不敢為義者，終其身寧無義而自不肯以義而為朋友死也，則亦無自責時矣。朋友君臣，莫不皆然。世未有託孤寄命之臣，既許以死，乃臨死而自責者。「好善

閹人」之云，豈別有所指而非以指呂安乎否耶？

李贄對嵇康為呂安請命，反遭誣陷，終身陷囹圄，被害而死，對其為理念、為道義犧牲的姿態，心嚮往之，其性格正可與嵇康「剛腸疾惡，輕肆直言，遇事便發」（〈與山巨源絕交書〉）〔註107〕遙相呼應。李贄曾作〈初潭集序〉，說：「何代無人，特憾無識人者，何世希音，特憾無賞音者。今不念傳神者之難遇，而徒羨人物之盛於魏晉，亦惑矣。」且讀《世說新語》、《焦氏類林》二書，是「讀而喜，喜而復合賞心悅目」之事。同時，他又對魏晉士人心懷仰慕，說「竊以魏、晉諸人標致殊甚」（《焚書·卷一·書答·答焦漪園》）。又時有表達對魏晉時期嵇康的企慕，《焚書·卷五·讀史·養生論》談嵇康：「人品之高，文辭之妙，則豈『七賢』之所可及哉！」甚至在《焚書·卷五·讀史·幽憤詩》中曰：「康詣獄明安無罪，此義之至難者也。……余謂叔夜何如人也，臨終奏《廣陵散》，必無此紛紜自責，錯謬幸生之賤態，或好事者增飾於其間耳，覽者自能辯之。」此即李贄對嵇康之死的看法，認為嵇康是「不畏死以明友之無罪」的人，認同嵇康不同流俗的傲骨精神。而這種對魏晉名士風範的仰慕情懷，也在在體現於他的生命情境之中。〔註108〕

「名士風度」和「聖賢氣象」是古之士人的兩種理想人格，前者不拘禮法、順性任真；後者修養心性、憂樂天下。魏晉名士著重在個性情感張揚，牟宗三《才性與玄理》曾提及：「清逸、俊逸、風流、自在、清言、清談、玄思、玄智，皆名士一格之特徵。」〔註109〕且運用天生逸氣一詞彰顯名士，提出「惟顯一逸氣而無所成」之人格即為名士人格。〔註110〕李贄《焚書·卷五·

---

〔註107〕〔三國〕嵇康著、戴明揚校注：《嵇康集校注》，（北京：人民文學出版社，1962年），頁123。

〔註108〕關於魏晉時期竹林七賢奠定的「神交」典範，可參閱吾師江建俊：〈頎然神解——論魏晉的「情意交」〉，出自國立成功大學中文系主編：《魏晉南北朝文學與思想學術研討論論文集第六輯》，（臺北：里仁書局，2010年），頁695～750。

〔註109〕牟宗三：《才性與玄理》，（臺北：學生書局，1993年），頁68。

〔註110〕牟宗三：《才性與玄理》，（臺北：學生書局，1993年），頁69～70。牟氏言：「魏晉間之所謂名士，則非所謂某某家，而只是為名士。專為名士，則其人惟在顯一逸氣，而逸氣無所附麗。此則為「名士」人格。名士氣轉而為「名士」。名士者有名之士也。聲明洋溢，人所注目。然此所謂名士，非以立德而名，亦非以立公立言而名。其為名，亦非「名節」之名。然則此所謂名士，究以何為名?曰：惟在因顯一逸氣而名。逸氣雖無所附麗，而亦有表現。其表現在清言、清談。故其為名士是因清言清談而為名士。又，清言固有所言，

讀史‧思舊賦》言：「夫康之才之技，亦今古所有；但其人品氣骨，則古今所希也。」就是因其遙想嵇叔夜之風範，方鋪衍出相似的勇者不懼、任性直往的悲壯之美。

再回頭審視李贄被捕入獄時的狀況，《焚書‧卷四‧雜述‧禮誦藥師告文》曰：「余兩年來，病苦甚多，通計人生大數，如我之年，已是死期。既是死期，便與以死，乃為正理，如何不賜我死，反賜我病乎？」李贄晚年疾病纏身，應預期自己死期將至卻未死，恐墜入最不希望的死法──臥病而死。故選擇自殺，與他嚮往之死亡模式，推估有緊密關係。

李贄在《續焚書‧卷一‧書匯‧答友人書》則從佛教觀點看待生死〔註111〕，他說：

> 七十之人，亦有何好而公念之，而群公又念之乎？多一日在世，則多沉苦海一日，誠不見其好也。雖公等常存安老之心，然其如風俗匈奴何哉！匈奴貴少壯而賤老弱，況鰥寡孤獨合四民而為一身者哉！所喜多一日則近死一日，雖惡俗亦無能長苦吾也。

萬曆廿四年（1596），在給袁宗道的這封信中，李贄提及對道學家迫害之憤，並說明自己從學道中，體察到「多一日在世，則多沉苦海一日」，這種將人世看作苦海的觀點，是他源自佛教之說，人生在世本就在生死苦海中，若能早一日解脫，就能及早達到極樂彼岸。在《焚書‧卷二‧書答‧答劉晉川書》又說：「為道日急，雖孤苦亦自甘之，蓋孤苦日短而極樂世界日長矣。」可見其孜孜矻矻為道是求，最終目的就是盡早達到極樂世界。

---

清談固有所談，其所言所談為玄理。故其為名士亦因清言玄理而為名士。又，逸氣之表現亦在「青白眼」，亦在任放，不守禮法。故其為名士亦因生活曠達而為名士。名士之名不是名節、名檢之名，亦不是名實之名。名節、名檢、名實之名，皆有所附麗而在一格局規範中顯。而名士之名，則無所附麗，亦不在格局規範中顯。是以其為名也，亦只是其逸氣之一點聲光，全由庶顯。不以禮立，不以義方。是以其聲光之名乃為不能納入任何矩矱之中之寡頭之名，亦即無所成為所立之名也。（但不是聖人之「無所成名」）。此「惟顯一逸氣而無所成」之人格即為名士人格。此為名士之通性，而在魏晉時代出現於人類之歷史。此亦可謂魏晉時代所開闢之精神境界也。」

〔註111〕 劉季倫認為李贄是因其對「死後世界」的關懷，而採取佛教解脫取向。詳見氏著：《李卓吾》，（臺北：東大出版社，1999 年），頁 31。陳清輝則認為李贄是因怕死而修持入道，終以淨土念佛為歸宗，他因關切三世個體的輪轉，所以是佛教的解脫取向。詳見氏著：《李卓吾生平及其思想研究》，（臺北：文津出版社，1993 年），頁 168。

　　此外，也因濡染佛教之深，故得以讓李贄面對死亡時較為達觀，如《焚書‧卷四‧雜述‧豫約小引》曰：「總有一日死，不必怕餓死也。既不怕餓死，又胡為終日馳逐乎？」他並不畏懼死亡。在《豫約小引‧早晚守塔》中云：

> 且人生以在世為客，以死為歸，歸家則喜而相慶，亦自謂得所而自慶也，又況至七八十而後歸，其為慶幸，益以無涯，若復有傷感者，是不欲我得所也，豈出家人之所宜乎？古有死而念佛相送，即今人出郭作歌送客之禮，生死一例。苟送客而哀興，豈不重難為客耶？客既不樂，主人亦何好也？是以再四叮嚀，非怕汝等哭也，恐傷我歸客之心也，惟當思我所嗜者。

人生在世飄然過客，死亡只是一種生命的回歸，所以面對死亡時應秉持歡樂之心，此即「然自得亦是自，來來去去，生生死死，皆是自，可信也矣。」（《焚書‧卷四‧雜述‧觀音問‧答自信》）學道就是要「得脫生死、離苦海、免恐怕為究竟。」（《焚書‧卷四‧雜述‧觀音問‧答澹然師》）

　　除了從佛教角度看待生死外，李贄在《焚書‧增補一‧復耿中丞》提出死亡的美學意識，〈復耿中丞〉曰：

> 四海雖大而朋友實難，豪士無多而好學者益鮮。若夫一往參詣，務于自得，直至不見是而無悶，不見知而不悔者，則令弟子庸一人實當之，而今不幸死矣！僕尚友四方，願欲生死于友朋之手而不可得，故一見子庸，遂自謂可以死矣，而詎意子庸乃先我以死也邪！興言及此，我懷何如也！

因天下廣闊，而能得知己者不多，故李贄一心一意尚友四方，企圖能得勝己之友，並企盼能生死於朋友之手。可惜耿子庸早死，以致於「不得朋友而死」，故退而求其次，「牢獄之死、戰場之死，固甘如飴也。」（〈與焦弱侯〉）可知李贄對牢獄之災，不但無所懼，反而身在其中而怡然自得。

　　李贄又認為他理想中的死亡是：「死猶聞俠骨之香，死猶有烈士之名，豈龍湖之死所可比邪！大抵不肯死於妻孥之手者，必其決志欲死於朋友之手者也，此情理之易見者也。」（〈與焦弱侯〉）可見他嚮往俠義、犧牲、壯烈的死亡方式，此論和他臨死之前所作之《繫中八絕》可遙相呼應〔註112〕。而龔鵬

---

〔註112〕李贄之死是為表寧死不屈的決心，對於死亡，他也在《焚書‧五死》歸納出五種死法，依其優劣為：「天下第一等好死」、「臨陣而死」、「不屈而死」、「盡忠被讒而死」、「功成名遂而死」，洪銘水認為此種臨終的死亡預約，基本上遵

程就此評論，曰：「李卓吾的遭遇，基本上不是由於他的學術主張，而是李卓吾嗔性太重，且行為偏激，不免於矯厲張皇，遂為人所惡而已。」〔註113〕實深入肯綮。

　　綜觀美學視域下的李贄生命史深具狂飆性，而此狂人展現的即是具有審美的人生，即便最終自戕而死，他也將這種痛苦的人生與死亡的方式視為一種審美現象，李贄將其生命悲劇作為審美現象的基礎，以自殺狂行克服人生悲劇，但也此提高其生命力量，得以直接面對人生痛苦，達到生命的美化。換言之，選擇在獄中自殺，對他來說是一種榮譽，也成就其一生，這無疑是一種悲劇英雄的死亡美學。

　　故李贄的一生可以是悲劇的，同時也是審美的，以自殺結束生命，看似是悲劇，反觀中國傳統士子中具有英雄氣概的「狂者」，不也往往是藉著同樣的悲劇模式闡揚自己的生存理念嗎？李贄對生命的解套，是具有藝術家的特質，得以超越人生的悲劇。自殺只是去除有限生命，從美學角度觀之，自殺可以是一種抗爭手段，藉由抗爭而產生的快樂，才是真正生命本體的快樂。這種抗爭，就是一種美的視野，藉由這種美的視野，重新評價生命的苦痛，也因為歷經了人倫悲苦，生命悲劇，所以透過毀滅手段，得以彰顯精神的驕傲。故，在笑對人生的同時，他已使自我的生命具有超越性了。

# 小結

　　毀譽參半的李贄，生長於多元文化的泉州，自幼深受父親庭訓，又以程朱理學啟蒙，卻因為有濃厚的批判意識及反骨精神，企圖探求自家性命下落，不惜落髮出家，在儒釋道三教中，尋找生命的意義，最終以自殺於囹圄，捍衛個人理念作結局，他的死亡，不僅展現了知識分子的風骨，也表現了融合儒釋教對生命的思維，更彰顯了時代下悲劇英雄的生命美學。

　　李贄傾其一生反對虛偽禮教，目的就是要維護真實的禮教，其以一介才智之士生於晚明，終遭殺害，為先知者未能善終之悲劇，可謂性格決定命運之實

---

循回教精神，李贄的自殺屬於「道盡心安」主動無悔的選擇。詳參洪銘水：〈明末文化烈士李卓吾的生死觀〉，《東海學報》39 卷，1998 年 7 月，頁 43～62。從他的〈繫中八絕〉可見其已超脫生死，死生若一，視死如歸，希冀殺身成仁，以尋求解脫。

〔註113〕龔鵬程：《晚明思潮》，（臺北：里仁書局，1994 年），頁 13。

例。援此特立性格，倡議之「童心」說，又如何為其音樂美學思維，鋪墊厚實根基，將於下章就其美學基礎「童心」說，進行論述。

# 第三章 融攝儒釋道的獨特心：童心說

　　曾祖蔭認為，中國古代美學，乃從先秦重「理」，發展至魏晉時期之「情理」平衡，延至明清則偏重「情」之發抒[註1]，其中李贄被視為「主情」之代表。然李贄影響其後馮夢龍等人，的確是以「情」為本，但若要直接以此認定李贄的藝術觀點源自「情」，似乎仍有討論空間。要探討李贄音樂美學，須先究其音樂觀之本體為何？且李贄學說多次觸及「心」之討論，前人學者將他歸類在心學之後所在多有，是否能依此歸類，直接認定李贄思想本體在於「心」？宜應深掘。

　　再者，細繹李贄論述音樂內容，曾多次提及音樂與心的聯繫，諸如：「琴者，心也」（〈琴賦〉）、「樂由心生」（《讀升庵集・樂論》）、「聲音之道原與心通」（《焚書・卷四・雜述・豫約小引・早晚鐘鼓》）等命題，可見「心」在李贄音樂美學中著實扮演重要角色，故要談論李贄音樂美學，切不可忽略「心」之探究，及其延伸出的「童心說」主張。畢竟前者是李贄思想之淵源，後者為其藝術觀點之核心。

---

〔註 1〕曾祖蔭：《中國古代文藝美學範疇》，（臺北：文津出版社，1987 年），頁 2～36。曾祖蔭認為，先秦兩漢的文藝往往與政治、教化有關，著意於情感壓抑。春秋時代就有所謂「詩言志」、「稱詩以論其志」之說，或揭櫫個人志氣，或於外交活動中衡以辭令，含蓄表達政治意圖，達到「論志」、「觀志」目的。戰國時則有荀子「以道制欲」，《禮記・樂記》：「反情以和其志。」即使提出音樂來自「情動於中」，肯認「情」在藝術中的地位，但「情」仍需受道德倫理規範，才能使民向方。故戰國情理觀是「理」居上、「情」居下的從屬關係。

徐復觀云：「中國文化最基本的特性，可以說是心的文化。」〔註2〕「心」代表人生價值本源，也是道德、藝術、認知之基礎。「心」在儒家代表「仁善」心、在道家為「虛靜」心、佛教則為「空明」心，可見對「心」的不同定義，足以孕育出殊異之文化精神。徐復觀認為中國文化價值主要體現在道德方面，孔子雖未點明「心」，但其所謂「為仁由己」即為一般意義之「心」，若無「心」的主動積極義，就沒有「現成」的可行性。《中庸》則重視人的本質──「性」，至孟子才明確指陳「心」為人之道德根源，且其具主宰性，程顥（明道，1032～1095年）、陸九淵（象山，1139～1193年）、王守仁（陽明，1472～1529年）皆繼承此理路而來。老子則提出形上之「道」，莊子承其說，並進一步落實於人的心，透過心齋、坐忘，彰顯心的虛、靜、明之本性。

既然李贄音樂美學的出發點在「心」，那麼在理學、心學、道家、佛教雜揉的明代思想背景體系下，「心」必然已具相當豐富之「現代性」意涵。李贄受王陽明後學王龍溪、羅近溪影響，及泰州學派思想氛圍濡漸、與耿定理的相互討論闡發，加之禪、淨雙修，註解老莊的體悟，帶給李贄的「心」應屬多元向度的啟發。在駁雜的泰州學派中，可謂道、墨、法、佛、回六不像。〔註3〕故要先能將李贄所謂的「心」之內涵進行解讀，方能理解其說「樂由心生」、「琴者，心也」、「聲音之道原與心通」之指涉義涵。

然李贄之「心」是屬於陽明後學的「良知」，還是禪宗的「自性」，抑或道家的「道心」？按當前研究，對李贄「心」說探討最為深入者當為傅小凡《李贄哲學思想研究》，其將李贄的「心」區分為：本體之心、發用之心、道心人心，而其中「童心」屬於發用之心。傅氏解讀李贄本心之說，乃「未發」之主體精神本性，「已發」則為「童心」。〔註4〕而此「童心」即心靈表現之審美主體，由此延伸出李贄「心同吟同」、「琴自一耳，心固殊也」等概念，故正確釐定「童心」，對其音樂美學的理解，實為關要。

至於「童心」的研究，目前學界可概分為四個脈絡：首先，是從儒家心學角度思考，認為李贄「童心」蘊含儒家思想要義，持此說法者如林其賢《李卓吾的佛學與世學》，他雖未就「童心」列專章節闡述，但也具體指陳「卓

〔註2〕黃克劍、林少敏編：《徐復觀集》，（北京：群言出版社，1993年），頁211。
〔註3〕王煜：《明清思想家論集》，（臺北：聯經出版事業公司印行，1981年），頁3。
〔註4〕傅小凡：《李贄哲學思想研究》，（福建：福建人民出版社，2007年），頁158～201。

吾最有名的『童心說』，便是受到羅近溪『大人赤子之心』的啟發。」〔註5〕
可見林其賢是將李贄「童心說」視為心學理路的發展脈絡，但林氏並未進一
步說明箇中細節。蕭義玲則認為李贄「童心說」並非一味追求個人自由解放，
或放縱情慾，而是將人類的真性情放入禮義架構，李贄沿著陽明「心即理」
的方向思考，順著王龍溪四無句所開顯的頓教模式去發展其「童心說」。〔註
6〕許蘇民認為，李贄哲學思想是以「童心說」為核心，歸宗於《易》，由抽
象的精神抽離，落實到人學本體論。其本體論大致遵循三條進路：一是借助
於陽明心學、繼承泰州學派以「吾身為天下之大本」的觀念，開創以「童心
說」為核心的自然人性論；二是以《易》為宗，打破宋儒《太極圖》，消解
宋儒所謂「無極而太極，是無極中有個至極之理」的先驗本體，從元氣本體
論中開出「但見以夫婦為造端」、「人即道，道即人」、直探歷史文化世界之
本源的人學本體論，三是融合這兩者，以「乾元」為本、「人人各具一乾元」、
「各具有是首出庶物之資」的思想，將人學本體論的論証落實到作為社會之
成員的具體個人，可見許蘇民是站在融合儒釋道三家思想來看李贄學說。〔註
7〕白崢勇在〈談「良知」到「童心」的演化──兼論李贄在明季思想史上的
地位〉提出童心說來自陽明心學，但又轉化了儒家綱常德性自覺，追求「各
從所好、各騁所長」另一路向。〔註8〕袁光儀《李卓吾新論》從聖人之學的
角度，也認同李贄「童心」源自心學，但又比陽明「純乎天理」的良知更複
雜，袁光儀從理欲觀和義利觀，談到李贄論「情性」、「禮義」可為一，並推
論此乃王學心學樂觀人性論的真誠信仰者，故其「童心」「真心」來自「性
善」，只要本其真誠，就可達道，並遠離惡〔註9〕，且因其「即心即禮」的內
在精神〔註10〕，以及傳承陽明心學的童心〔註11〕，使李贄將私與義理都視

〔註5〕林其賢：《李卓吾的佛學與世學》，（臺北：文津出版社，1992年），頁38。

〔註6〕蕭義玲：〈李贄「童心說」的再詮釋及其在美學史上的意義〉，《東華人文學報》
　　　 第2期，2000年7月，頁169〜187。

〔註7〕許蘇民：《李贄評傳》，（南京：南京大學出版社，2006年），頁200。

〔註8〕白崢勇：〈談「良知」到「童心」的演化──兼論李贄在明季思想史上的地位〉，
　　　 《人文研究學報》第42卷第2期，2008年，頁33〜52。

〔註9〕袁光儀：《李卓吾新論》，（臺北：國立臺北大學出版社，2008年），頁40、41、
　　　 173。

〔註10〕龔鵬程：〈克己復禮的路向：晚明思潮的再考察〉，收入氏著：《晚明思潮》，（臺
　　　 北：里仁書局，1994年），頁9。

〔註11〕蕭義玲：〈李贄童心說的再詮釋及其在美學史上的意義〉，《東華人文學報》第
　　　 2期，2000年。

為心之內涵。〔註12〕袁光儀後來在其〈蒙以養正——李贄《九正易因》之〈蒙卦〉解與「童心說」〉一文中,以〈蒙卦〉解「童心」,提出李贄的「童心」乃基於「人之正性」,有孟子性善的超越普遍性之前提,且其教育目標是儒家的。〔註13〕另,張美娟《從羅近溪「一陽之氣」到李贄、湯顯祖文藝思想——以中國氣論研究進路看古典文論》,另闢蹊徑,透過「氣」連結對當代及後代文學理論之影響,從羅近溪「氣」概念重新探索童心定義,提出「原於意識底層的童心明德之氣」一旦率真充盈自然發用,即可達「聖人合德」之境,「無時不文,無人不文」,以「文」示現至道真理〔註14〕。

其次,是以佛教出發來論「心」,持此說法者以王均江為代表,王氏認為李贄多用禪學術語說明其本體論的「道」,故「童心」就是「無」、「道」、「真空」,然王氏又同時認為李贄的「心」就是「真空」,其論將「心」與「童心」皆視為「真空」義,並未具體將李贄的「心」和「童心」意涵區隔。〔註15〕

再者,是從道家的思想來論「童心」,陳水德說,老子所謂的「嬰兒」就是童心的載體,其原生地純潔,無任何雜質,故能「專氣」而具有無敵於天下的至柔力量,故童心能如老子所說的「專氣」、「抱一」,由此而能「和之至」、「共其德」、「偏不在外」。所謂「兒子」(嬰兒)「心若死灰」,就是指其心靈處於初始純真狀態,絕無虛假。同時在莊子的思想蘊涵中,「童心」還是道的寓所,且「真宰」、「真我」、「純素」、「靈台」、「白心」、「遊心物之初」等都是與「童心」相近的概念,《莊子》中也有與李贄所提「假心」相類的「忮心」說。〔註16〕盛

---

〔註12〕 過去研究如張立文將李贄所謂的私,視為代替義理作為心的內涵,是一否定義理的觀點,筆者認為此說與李贄「義固生於心」、「止乎禮義」等論相互矛盾。參見張立文:《心》,(臺北:七略出版社,1996),頁285。

〔註13〕 袁光儀以〈蒙卦〉解「童心」,提出「李贄論『啟蒙』的意義與他家之重點不同,他指出『蒙,乃人之正性;養蒙,即所以養正』,對照李贄〈童心說〉之主張,則可見其力保『心之初』的『童心』,實出於『童心』即『人之正性』之信念,即以孟子論性善之超越普遍性為前提。其教育之目標亦是純粹儒學的:『養蒙,即所以養正』,即求此『做聖之實功』,而教童蒙學做聖人,絕非教其舍己外求。」詳見氏著:〈蒙以養正——李贄《九正易因》之〈蒙卦〉解與「童心說」〉,《成大中文學報》第29期,2010年,頁61~62。氏者以為李贄。

〔註14〕 張美娟:《從羅近溪「一陽之氣」到李贄、湯顯祖文藝思想——以中國氣論研究進路看古典文論》(臺北:台灣學生書局,2011年),頁95~132。

〔註15〕 王均江:《衝突與和諧——李贄思想研究》,(武漢:華中科技大學,2007年),頁38、39、44。

〔註16〕 陳水德:〈論李贄思想的道家內藏〉,《黎明職業大學學報》第4期,2013年12月,頁6。

晶也認為「童心」就是「嬰兒」，也因為嬰兒之心乃無知、無欲、無為的自然渾沌狀態，反對童心說來自佛教的「空」，認為童心強調的是自然純真。〔註17〕

最後，則從儒釋道三家會通切入，左東嶺認為，李贄的心性理論核心有二：一為追求自我解脫的性空理論，將心分為人心與道心二種，人心即世俗之心，道心則為本心。李贄用佛教之般若理論，空掉了良知中所含之倫理天則，從而使其有別於王學。追求真誠自然的童心說，以真為核心，連結了純真潔白之初心與本心，以及無欺無蔽之自然人性。所以李贄是用童心將真空之性與自私之心在形式上統一起來。〔註18〕由此來看，左東嶺的理解也是從李贄會通三教的立場出發，因為所謂「性空」理論是得自於佛教之「空」義，真誠自然則得力於儒家《中庸》哲學，故李贄學說難以單純歸屬於儒釋道任何一家。楊國平則以儒佛兩家觀點看「童心」，認為「童心」的存在本質、喪失蒙蔽、修持方法和禪家有相通之處，而其作為一個理論綱要，基本上是源自儒佛結合。〔註19〕黃卓越〈佛教與晚明文學思潮〉也是從儒、佛兩家角度切入，認為「童心說」直接傳承王學真實本性，但其設定一個與心性本體對立面向，來加以思辨之結構，卻是得自於佛教般若「假有實相」理論。〔註20〕宋珂君則以佛、道兩家角度，提出李贄的「童心說」主張真心體現，和佛道美學思想具有一致性，而其發憤與尚情主張又與佛道美學不同，雖然宋氏從佛、道檢視李贄童心美學，但他也明確指陳李贄乃亦佛亦道亦儒，同時又是不佛不道不儒之異端。〔註21〕左東嶺則從佛道的思想看李贄「童心說」，認為此論與其文學思想、人生價值密不可分。〔註22〕秦學智的《李贄大學明德精神論》也認為李贄本其「儒釋道一也」之論，把《大學》之道和《中庸》之道統一起來，找尋其間之聯繫與區別，

---

〔註17〕盛晶：《道家思想對李贄哲學思想的影響》，（湖南：湖南師範大學中國哲學碩士學位論文，2012年），頁17。

〔註18〕左東嶺：《李贄與晚明文學思想》，（天津：天津人民出版社，1997年），頁150、166。

〔註19〕楊國平：〈李贄與儒佛〉，收入佛光山文教基金會主編：《中國佛教學術論典》第37冊，（高雄：佛光山文教基金會，2001年），頁361、395。

〔註20〕黃卓越：〈佛教與晚明文學思潮〉，收入佛光山文教基金會主編：《中國佛教學術論典》第57冊，（高雄：佛光山文教基金會，2002年），頁243～266。

〔註21〕宋珂君：〈李贄的童心·道家的真人·佛家的真如〉，收入佛光山文教基金會主編：《中國佛教學術論典》第59冊，（高雄：佛光山文教基金會，2002年），頁409～443。

〔註22〕左東嶺：〈童心說與李贄的人生價值觀〉，收入氏著：《明代心學與詩學》，（北京：學苑出版社，2002年），頁162～173。

為統一人們對文化本質和文化對話、文化包容的認識，大膽提出了自己的見解。〔註23〕王煜甚至提出李贄在儒道佛三家之外，又雜揉了墨、法、佛、回等家思想，可以說是雜於主張融合三教的明末四大名僧。〔註24〕

　　上列說法，皆有其論見價值，即便最多研究者採儒學角度解釋李贄「童心」說，但李贄將儒釋道三家思想納為己用之特色，也是明顯可見的。竊以為，要理解李贄的「心」與「童心」，就不可忽視他兼容三教的思想背景，余英時認為，宋明之後，中國文學、藝術皆脫離不了儒釋道的精神〔註25〕。所以若要執著於分類歸類李贄於哪一家，將無法全面立體看待他的學術。

　　再者，從李贄成學過程檢視，其思想深受道家自然、佛教禪淨、陽明心學三個面向影響乃無庸置疑，以其「心」不應脫離陽明的「靈明」、禪宗的「真空」、道家的「真心」諸概念，故本章欲分從道家之自然、佛教之真空、心學之灑落等層面，闡述李贄的「心」，再梳理儒釋道三家論「心」之異同，探究「童心」融攝三家之創見，進而對李贄音樂美學基礎「童心」有更深一層之認知。

# 第一節　道家之自然

　　李贄深受道家影響，在其《老子解》、《莊子解》都可見相關理路。萬曆二年（1574），他完成《老子解》第一卷，次年（1575）寫就《老子解》第二卷，萬曆九年（1581），寓居黃安時，《心經提綱》、《老子解》皆付梓，次年又詮釋《莊子》之內七篇，而作《莊子解》，同年（1582）創作〈童心說〉，其豐富意涵隱含了道家的「自然」思維，可見其接受儒釋道三家的思想，並非可截然劃分時期，而是同時受心學、道家、禪宗、淨土宗的影響。

　　曲小強從老、莊與孔、孟以降，分別梳理出道家和儒家經數次轉化，終確立出之理想人格和人之價值觀，並提出道家在「人與自我」方面取「自然人性」論，將人的個體生命、人格、自我意識均視為不受羈絆約束之自然形態與生成，到了李贄身上，凸顯出「自我」的個性主義。〔註26〕陳明海提出李贄因受道家

〔註23〕秦學智：《李贄大學明德精神論》，（北京：中國傳媒大學出版社，2007年），頁18。

〔註24〕王煜：〈李卓吾雜揉儒道法佛四家思想〉，收入氏編：《明清思想家論集》，（臺北：聯經出版公司，1981年），頁1～60。

〔註25〕余英時：《中國知識分子論》，（河南：河南人民出版社，1997年），頁158。

〔註26〕「自我就是人對自身的認識和把握。這是人在發展進程中認識自然（廣義的自然包括人類社會本身）、把握自然，在紛紜雜亂、波詭云譎的現象世界中獲

「嬰兒」、「自然」、「自然人性」等影響，而有「童心」說。〔註27〕陶蕾著墨在老子的「無為而治」、莊子的「真」、「齊物論」等學說對李贄的影響。〔註28〕筆者認為，就李贄追求自然真情、不假雕琢的造化無工之說外，還應包含有道家之虛靜與尚真之本質，故以下分就李贄「心」所蘊含之道家「自然心」、「虛靜心」與法天貴真純而不染的「天真心」三方面分析。

## 一、自然心

「自然」源自老、莊思想，是人與自然一體化，源自生命本源的「天地之大美」的呈顯，並在魏晉玄學成為獨立完整的核心觀念。其具「自己如此」之意，為自由自在，無所依傍的自我模樣，代表人的存在本質與形上根源，具自我真實生命創造與實現的意涵，魏晉這種強烈發現自我、表現自我的意識就是其藝術精神的根源。〔註29〕從美學概念觀之，「自然」就是至高無上之美，具有樸素無華的無限性，無法成為認知對象被人的心智識掌握，而是必須藉由「致虛極，守靜篤」，「滌除玄覽」等體驗想像才能接近，是渾然天成無人工鑿痕的藝術精神。〔註30〕

自先秦以降，心性論的傳統已有相當的發展，道家以順應「自然」為本，先有老子提倡「道」為先於世界的存在，其「道法自然」說意旨「自然」即是道作用於萬物的自然自長，自然無所違，乃得其性。因此，「自然對老子而言統攝了道的體性和依個物自展其德的道用」〔註31〕。

從思想發展脈絡來看，李贄被歸類為明代王學之後，傳統學界總是將魏晉玄學、宋明理學加以分立，但馮友蘭曾說：「道學的主題是講『理』，這是接著玄學講的。」「在『窮理盡性』這一方面，道學和玄學就連接起來了。」「由玄

得自由，從自在走向自為的最為關鍵的意識點。」相關闡述詳見曲小強：《自然與自我──從老莊到李贄》，（濟南：濟南出版社，2007 年），頁 194、196、197。

〔註27〕陳明海：〈李贄「童心說」道家思想解讀〉，《安徽農業大學學報（社會科學版）》第 21 卷第 4 期，2012 年 7 月，頁 132～135。

〔註28〕陶蕾：〈李贄「童心說」的道學淵源探微〉，《太原師范學院學報（社會科學版）》第 13 卷第 2 期，2014 年 3 月，頁 71～75。

〔註29〕黃明誠：《魏晉風流的藝術精神──才性、情感與玄心》，（臺北：國立歷史博物館，2005 年），頁 13。

〔註30〕李春青：《道家美學與魏晉文化》，（北京：中國電影出版社，2008 年），頁 29。

〔註31〕曾春海：《竹林七賢的玄理與生命情調》，（臺北：五南出版社，2013 年），頁 107。

學一轉語,便是道學。」〔註32〕可見,要談宋明理學,不能忽略玄學這一源頭。此外,再從李贄個人成學過程而言,李贄企慕魏晉士人,瞻仰其遺風,也評點過《世說新語》,有恨不得生於魏晉之慨。而據前人研究,影響李贄音樂美學最深者,當屬嵇康〈聲無哀樂論〉,蔡仲德認為李贄音樂美學是從莊子、嵇康理路而下,在李贄呈現出最符合人的音樂。〔註33〕嵇康提出「越名教而任自然」(〈釋私論〉)〔註34〕,且其強調要「任心」而行,順任才性天賦,但嵇康之心又往往與「情」相聯繫。嵇康認為,只要能夠順應自然〔註35〕,則可使人與物彰顯自然狀態,與「道」渾然同體〔註36〕。因此,嵇康的「任心」實為其〈聲無哀樂論〉的基礎,而「任心」,就是「任自然」,是順應人的真性,無拘無束,不必通過六經禮法,只要保全本性,從「欲」可養「真」,又嵇康的從「欲」即是以養生為目的之順自然,而被司馬氏竄改的虛偽名教、外在功名富貴皆非出自天性欲求,只要「情不繫於所欲」、「審貴賤而通物情」(〈釋私論〉)〔註37〕,不為外物所累,即可恢復儒家真正崇高之「名教」。

　　然李贄在「自然」意義上,與道家的承接有哪些呢?竊以為,可以從自然之「性」、自然之「情」、自然之「善」、無為之治等四個方面陳述。

### 1. 自然之「性」

　　李贄在「自然」的思想繼承中,可於《續焚書·卷三·讀史匯·孔融有自然之性》窺見:

　　　　自然之性,乃是自然真道學也,豈講道學者所能學乎?既不能學,

---

〔註32〕 馮友蘭:〈論「美的歷程」〉,收入中國哲學編輯部編:《中國哲學》第九輯,(北京:生活·讀書·新知三聯書店,1983年),頁390。

〔註33〕 蔡仲德:《中國音樂美學史》,(北京:人民音樂出版社,2003年),頁719。

〔註34〕 〔三國〕嵇康著、戴明揚校注:《嵇康集校注》,(北京:人民文學出版社,1962年),頁234。

〔註35〕 林師朝成認為嵇康的「自然」就是「氣靜神虛」,且「氣靜神虛」是嵇康思想之核心,並貫穿其理論文章。詳見林師朝成:《魏晉玄學的自然觀與自然美學研究》,(臺北:花木蘭文化出版社,2009年),頁20。

〔註36〕 曾春海認為,「嵇康的「任自然」從〈明膽論〉言,固然有因循各人個性發及情性命之發展,順任各個人的才性天賦義。但是在自然與名教對舉下的「任自然」,應當指毫無曲折地因順吾人大公無私的心,那就是源於宇宙大道,與「道」渾然同體,無主客對立,無是非分化,好惡判然的虛靜道心……」詳見曾春海:《竹林七賢的玄理與生命情調》,(臺北:五南出版社,2013年),頁111。

〔註37〕 〔三國〕嵇康著、戴明揚校注:《嵇康集校注》,(北京:人民文學出版社,1962年),頁234。

又冒引聖言以自其不能，視融之六歲便能藏張儉，長來便能作書救盛孝章，薦禰正平，必以不曉事目之矣。

嗟乎！有利於己而欲時時囑托公事，則必稱引萬物一體之說；有損於己而欲遠怨避嫌，則必稱引明哲保身之說。使明天子賢宰相燭知其奸，欲杜此術，但不許囑托，不許遠嫌，又不許稱引古語，則道學之術窮矣。

「自然之性」具「本然」義，李贄以孔融闡釋自然之「性」乃人天生固有，凡發於「自然」之「性」者，即合乎「真」道學，因自然之「性」本乎人內在之「真」，只要自然而然發抒，不加矯飾，就是「真」性情。又李贄的「自然」具備主體之性「真」，藉由「真」也聯繫了作品的呈現。且自然之「性」非學而能改易者，因此具有寂然不動之本然特質。〔註38〕

又此自然之「性」為人之天生本質，是「自然而然，不容思勉」（《焚書·卷一·書答·復京中友朋》）者，更非身外之物，而是身內之主〔註39〕，代表本自具有之性格〔註40〕，也是身為人之性情〔註41〕，或特質〔註42〕。且「性」並非只有單一特質，還包含了各種殊異的質性〔註43〕，「性」來自於「心」，故言：「夫道者，路也，不止一途；性者，心所生也，亦非止一種已也。」（《焚書·卷三·雜述·論政篇為羅姚州作》）也由於在事物的變化中，性命自有其內部規律，一旦順應此內部自然規律，就可展現主體之生命意義，此即《焚書·卷三·雜述·夫婦論因畜有感》所謂「性命之正，正于太和；太和之合，合于

〔註38〕孔融十六歲收留張儉一事，此處李贄誤引為六歲，但其主在強調孔融有收留張儉、營救盛孝章、推薦禰正平之正義凜然之性，藉此諷刺道學之「假」。

〔註39〕〈與焦從吾〉曰：「功名富貴等，平生盡能道是身外物，到此反為主而性命反為賓，奈之何？」李氏將功名富貴視為身外之物，將人之性命視為生命之主。

〔註40〕〈答劉憲長〉云：「如弟不才，資質魯鈍，又性僻嬾，倦于應酬，故托此以逃，非為真實究竟當如是也。」及《焚書·卷一·書答·答耿司寇》云：「時運未至，渠亦未嘗不堅忍以俟，而翁性急，乃歸咎於舉業之不工，是而翁欲心太急也。」兩者的「性」皆做性格解。

〔註41〕《焚書·卷二·書答·與李惟清》曰：「又謂僕性氣市者，此則僕膏肓之疾，從今聞教，即有瘳矣。」《李溫陵集·卷之五·書答五·與弱侯》又云：「然性氣帶得來是簡不知討便宜的人，可奈何！」此性氣即是指性情。

〔註42〕《焚書·雜述·寒燈小話》曰：「狗雖人奴，義性尤重，守護家主，逐亦不去，不與食喫，彼亦無嗔，自去喫屎，將就度日。」

〔註43〕〈卓吾論略滇中作〉曰：「子性大窄，常自見過，亦時時見他人過，苟聞道，當自宏闊。」

乾坤。乾為夫，坤為婦。故性命各正，自無有不正者。」由此可見，李贄之自然之「性」著意於個體內在之統一完成，方能與外物相諧。而李贄之性命各「正」，並非忽視自身需求迎合他人，或是一味以「天理」作為引導，而是依個體本然之特質，去與他人、外物形成一個最適當的相處之道，無絲毫勉強，故以好高、好潔之性，自有其能容與不能容者，但都可達到最適宜此「性」之相處狀態〔註44〕。

又〈讀律膚說〉就多次提出「自然」詞彙，〈讀律膚說〉曰：

> 蓋聲色之來，發于情性，由乎自然，是可以牽合矯強而致乎？故自然發于情性，則自然止乎禮義，非情性之外復有禮義可止也。

所謂「發於情性，由乎自然」，就是順乎「原本狀態」之意，即不可違背自然本性，凡合乎自然本性者，將可使存乎心中的禮義自然流露。可見從「自然」的概念探查李贄的「心」，確實有其重要性與意義。

### 2. 自然之「情」

李贄「自然」概念又牽涉到情性之「自然」，今窮究情性之隱曲，照燭動機之純駁，庶幾不被外向蒙蔽，是以〈讀律膚說〉曰：「有是格，便有是調，皆情性自然之謂也。」談到「自然」，李贄往往牽涉到「情」「性」，因為「心」為「未發之中」，因此延伸思索李贄的「童心」乃「最初一念之本心」定義來看，這「最初一念」已有動「念」，所以「童心」代表的就是「已發」，此「已發」就牽涉到「情」的表現。因此要談李贄的「心」，就不能忽略「情」之相關概念。

李贄的自然之「情」是和「道」相連結的，《老子‧二十五章》云：「人法地，地法天，天法道，道法自然。」〔註45〕只要順應自然，無為而治，就可達「道」之境，老子之「道」是指無目的的精神，涵蓋萬物，包含耳目之所極與深不可測的所有事物，是一種自然如此的存在整體。而李贄的「自然心」則更

---

〔註44〕〈高潔說〉云：「予性好高，好高則倨傲而不能下。然所不能下者，不能下彼一等倚勢仗富之人耳，否則稍有片長寸善，雖隸卒人奴，無不拜也。予性好潔，好潔則狷隘而不能容。然所不能容者，不能容彼一等趨勢諂富之人耳，否則果有片善寸長，縱身為大人王公，無不賓也。」因為性格之高潔，故無法容忍倚仗權勢者，但此種不逢迎拍馬之姿態，卻也是此等高潔之士與他人相處最適宜的方法。

〔註45〕〔魏〕王弼注、樓宇烈校釋：《老子周易王弼注校釋》，（臺北：華正書局，1983年），頁65。

傾向於真情實感的「情」與個人性格之「性」，他將老子的天道下放到人間，所以他在《焚書・卷三・雜述・何心隱論》說：「且夫道本人情，學貴平易。繩人以太難，則畔者必眾。」其所謂「道」是內在於人心之中，乃「自其主宰此知覺運動而為天地人物大根柢者。」（《道古錄卷上・第一章》）〔註46〕其言曰：「人即道」、「道即人」，「人心」就是「道心」，故李贄之「道」來自於《老子》，卻由統攝萬物之道體下放成為人心「主宰知覺運動」之能力。只要「心」此一主體精神順其自然彰顯，則道即可外發，故道遠乎哉？自然平易、順其真情而已。

　　再者，自然情性不能強之，故《焚書・卷五・讀史・絕交書》：「康謂己之情性不堪做官，做官必取禍，是也。」嵇康以其情性直率，做官必無法忍受是非，得罪他人以招禍，故李贄在此強調自然情性，並非外力所能威脅改易。崇此，李贄所謂「自然」乃指「自然而然」，順其情性。再論《焚書・卷二・書答・答耿中丞》所云：

> 夫惟孔子未嘗以孔子教人學，故其得志也，必不以身為教於天下。
> 是故聖人在上，萬物得所，有由然也。夫天下之人得所也久矣，所
> 以不得所者，貪暴者擾之，而「仁者」害之也。「仁者」以天下之失
> 所也而憂之，而汲汲焉欲貽之以得所之域。於是有德禮以格其心，
> 有政刑以縶其四體，而人始大失所矣。

「心」不能受外在的禮來規範，一旦有了外在規範之動作或意念，就是違背「自然」，一旦違背「自然」，就會失去「本心」。所以，《焚書・卷四・雜述・讀若無母寄書》云：

> 言出至情，自然刺心，自然動人，自然令人痛哭，想若無必然與我
> 同也，未有聞母此言而不痛哭者也。

凡是出於至情至性的言論，因其為自然情感的流露，故皆有動人之處。人倫至情本乎天性，人生各類情感，亦是古今同一，此即《焚書・卷五・讀史・蜻蛉謠》所謂的：「古今人情一也，古今天下事勢亦一也。」凡身為人者，本皆有「情」，這是人之共性，也是人與人之間得以心心交感的前提。

　　既然李贄的「自然」心具有自然之「情」的概念，並肯認人人天生皆具，此種「自己如此」的思維源自道家，然李贄在繼承道家之「自然」義後，又有

---

〔註46〕張建業主編：《李贄全集注（第14冊：老子解注、莊子解注、道古錄注、孫子參同注）》，（北京：社會科學文獻出版社，2010年），頁232。

所變化，可見於《老子解》：

> 古之聖人，言出於希，行出於夷，皆因其自然。故久而不窮，世或
> 厭之，以為不若詭辯之悅耳，怪行之驚世，不知其不能久也。譬則
> 驟雨與飄風然，雖天地亦不能使之終朝與終日也，而況人乎？
> 故惟從事於自然之道者，知其同道而亦同德，同德而亦同失。同道，
> 故樂得道；同德，故樂得德；同失，故樂得失。樂得是無失也，樂
> 失是無得也；無得無失，是無道也。是謂至樂，是謂可久，而其誰
> 信之乎？故有信不足者焉，有全不信者焉，非真從事於自然者，安
> 能及之？

李贄所謂「言出於希，行出於夷」是針對《老子》「希言自然」（《老子·二十三章》）〔註47〕說而來，強調人的言論少、行為平淡泰然，都是因為順應自然。「聽之不聞，名之希。」（《老子·第十四章》）〔註48〕老子視「希言」乃不強加教令的順任自然之狀態，老子的自然規律，乃是一客觀的形上本體。李贄解老子意，認為只有自然無為之治，順應自然，使得失皆能不著於心，方能達乎無得無失的長久至樂。〔註49〕如此一來，人心也不會一味陷溺於得失之情緒罣礙中，故李贄在主體「心」的色彩較為濃厚。

筆者認為，這種強調不著於心而使情感順其自然達到無得無失之說，雖有其價值，但是李贄並未反對七情六慾之情，如果要透過不著於心達到長久至樂，反而是誤解了李贄肯定人心之私慾、情感的重要，因此要避免人心陷溺於無度之「情」中，李贄其實還提出了「心」所本然具有之「善」與「規律」。

### 3. 自然之「善」

李贄的「自然」心，不是完全毫無限制，一味張揚個人主體，這可以從他談論「道」的概念來看。傅小凡認為，李贄把「道」視為「主體的精神創造」，在探討「天道」與「誠」時，已認為「道」具有「規律」意，客觀規律的道，即「自然之道」。正如《老子解》所說：「逝者不可留，遠者不可追，反者不可見，此自然之道也。」因為留不住已然逝去者，且對未來也無法追尋，此乃自然之道，亦即道具有「不依人的意志為轉移的客觀性和必然性。」也

---

〔註47〕〔魏〕王弼注、樓宇烈校釋：《老子周易王弼注校釋》，（臺北：華正書局，1983年），頁57。

〔註48〕〔魏〕王弼注、樓宇烈校釋：《老子周易王弼注校釋》，（臺北：華正書局，1983年），頁31。

〔註49〕傅小凡：《李贄哲學思想研究》，（福州：福建人民出版社，2007年），頁17。

因為這種「自然規律的客觀性和必然性」必須加以遵循，所以人須法自然或因其自然。〔註50〕

李贄提出這種善的規律具有不刻意性，是無跡，故無法依循，且是人本自有，故《藏書‧卷三十二‧儒臣傳‧得業儒臣‧孟軻》曰：

> 夫大人之學，止於至善。至善者無善之謂，無善則無迹，尚如何而踐之！然則非但不必踐，不可踐，不當踐，雖欲踐之而不得焉者也。夫孔子非跡乎，然而孔子何迹也。今之所謂師弟子，皆相循而欲踐彼迹者也，可不大哀乎？惟是世間一種善人自然吻合至善之初，生來便自不肯依人腳迹，作轅下之駒。故孔子屢稱之而極言其不可得見爾。乃孟子遽以許樂克，則樂克亦可人哉！

李贄認為正確的學習應以「善」為普遍規律，只有依此「善」之準則，方能往「至善」前進，也因為只有聖人得以自然而然順「善」而行，才得以不必依前人腳步，陷東施效顰之失。李贄所謂「至善」是無法具體依循的，即便如孔子之善，也無法仿效，否則孔子又是依誰的腳步而達至善呢？若一味要有所循，反無法順應本心中之「善」性，而開展出個人之善行。可見，李贄所謂的「心」，是具有天生自然之「善」的本質，這使其學說避免毫無尺度地張揚「心」的主體性，轉而合乎「自然之善」的規律。由此可知，老子所言者，乃一超越人心的客觀規律，反觀李贄，則為一內在於心的主觀規律，兩者實具有本質上之差異。

此一規律性也可從李贄解讀《易》來思索，《九正易因》曰：

> 「大哉乾元，萬物資始。」既資以始，必資以終。元，非統天而何？……故曰：大哉乾元。人唯不明乾道之終始，是以不知乾元之為大。苟能大明乎此，則知卦之六位，一時皆已成就，特乘時而後動矣。是故居初則乘潛龍，居二則乘見龍，居三乘惕龍，居四乘躍龍，居五乘飛龍，居上乘亢龍。蓋皆乾道自然之變化，聖人特時乘之以御天云耳。是故一物各具一乾元，是性命之各正也，不可得而同也。萬物統體一乾元，是太和之保合也，不可得而異也。故曰：乃利貞。然則人人各正一乾之元也，各具有是首出庶物之資也。乃以統天者歸之乾，時乘御天者歸之聖，而自甘與庶物同腐焉，不亦傷乎！萬國保合有是乾元之德也，何嘗一日不咸寧也。乃以乾為天，

〔註50〕傅小凡：《李贄哲學思想研究》，（福州：福建人民出版社，2007年），頁16。

以萬為物，以聖人能寧萬國，以萬國必咸寧於聖人，不益傷乎！故曰：「乾：元，亨，利，貞。」舉四德以歸乾，而獨以大哉贊元，其旨深矣。〔註51〕

此段文字為李贄對《周易》中〈乾卦〉的解說。《九正易因》有三部分：一為《周易》的卦、爻辭及〈十翼〉中的〈彖〉、〈象〉傳原文，並未涵蓋原本〈十翼〉內的〈繫辭〉上下、〈文言〉、〈說卦〉、〈序卦〉、〈雜卦〉等篇；二為李贄之解說；三為附錄他人論《易》之見。按張建業之說，歷代解《易》者千百家，分歧至多〔註52〕。筆者認為，就李贄撰寫《九正易因》的鋪排上，在原文處僅採納〈彖〉、〈象〉傳原文，也許是因為〈繫辭〉、〈文言〉與〈說卦〉以下非孔子所作，而是儒門學者所為〔註53〕，李贄本於「世之讀《易》者，只宜取夫子之《傳》詳之，必得其《易》象之自然乃已。不然，寧不讀《易》，不同誤述醫方以傷人也。」（《九正易因‧讀易要語》）〔註54〕。可見李贄是本於孔子得《易》之真傳，故以宋明以降對《易》之版本研究，採取確實為孔子

---

〔註51〕張建業主編：《李贄全集注（第15冊：九正易因注）》，（北京：社會科學文獻出版社，2010年），頁5。

〔註52〕張建業就《九正易因》的內容架構，有如下說明：「《九正易因》第一部分（原文）博采眾家，擇善而從，間亦斷以己意；第二部分（解說）與第三部分（附錄）自然依李贄本人及其他諸家之理解作注。」詳見張建業主編：《李贄全集注（第15冊：九正易因注）》，（北京：社會科學文獻出版社，2010年），頁5～6。

〔註53〕關於〈十翼〉作者論述，林麗真說：「《周易》是一部叢書性質的書，由『經』與『傳』兩大部分組成。『經』的部分，包括〈卦辭〉與〈爻辭〉。〈卦辭〉是闡說六十四卦每一卦的文字；〈爻辭〉是闡說三百八十四爻每一爻的文字。由於其中有義理可以明顯究詰的實在很少，而且很多語句頗令人費解，所以自朱熹提出「《易》本卜筮之書」的見解以後，〈卦、爻辭〉是西周初葉卜筮官的占筮記錄，已成定讞。『傳』的部分，就是通常所說的〈十翼〉，包括〈彖〉上下、〈象〉上下、〈繫辭〉上下、〈文言〉、〈說卦〉、〈序卦〉與〈雜卦〉等十篇。大體上乃是發揮儒家的政治、倫理哲學，但其宇宙論則與《老》、《莊》思想略有相通之處。簡單地說，〈彖傳〉斷定一卦的涵義；〈象〉分大小，〈大象〉解釋〈卦辭〉，〈小象〉解釋〈卦辭〉，〈小象〉解釋〈爻辭〉；〈繫辭〉追述《易》義的起源，推衍《易》學的作用，偶而也有分別解釋〈卦辭〉、〈爻辭〉的話；〈文言〉則專解〈乾〉、〈坤〉兩卦；〈說卦〉推演卦象的象徵；〈序卦〉說明六十四卦排列先後的道理；〈雜卦〉比較各卦意義的異同。有關〈十翼〉的作者，唐以前的學者一致承認是孔子作的，直到宋代歐陽修懷疑〈繫辭〉、〈文言〉與〈說卦〉以下三篇『皆非聖人之作』以來，近人已斷定為儒門學者所為。」詳參氏著：《王弼》，（臺北：東大圖書公司，2008年），頁83～84。

〔註54〕張建業主編：《李贄全集注（第15冊：九正易因注）》，（北京：社會科學文獻出版社，2010年），頁頁1。

真傳之〈彖〉、〈象〉，去除疑非孔子所作之內容，以解讀《易》之原意。李贄以「乾元」為萬物之始，具主宰天地萬物化育之統帥之資，故藉由理解乾道之自然規律，即可瞭解此主宰之本質，藉由龍的六個不同階段，以知乾道自然變化之規律。然李贄又就此轉折，提出任何事物皆自具乾元，只要依循自己之本質特徵，即可展示自身價值，不能一味將順應自然、合乎規律推於聖人，因「首出庶物」，李贄在此肯定人人皆有聖人之具之可能，都擁有「乾元」之共性，故不可自甘墮落與萬物腐朽。換句話說，李贄將《周易》的主宰萬物之「乾元」轉化為人人之「心」本皆具有內部規律，與肯定凡人皆有成聖可能的積極意義，只要能掌握內在「乾元」，即可成為群龍之首，體現個體生命價值，因此李贄所凸顯的是強烈的個性主義，卻又與妨礙他人的極端個人主義不同〔註55〕。因為由「乾元」為人人皆具之，也使「心」自然而然擁有內在規律性，故「乾元」實可與李贄所謂之主宰知覺運動的「道心」相互闡發，兩者乃同質異名。換言之，李贄的自然之道與規律並非來自於天，而是得之於人心本然所具之規準。這是李贄本其平等、聖凡同一的概念，所提出的人人皆具天生之自然德性，因此即使在政治上也不能以個人之圭臬，衡諸於他人身上，故其為政採無為之治。

## 4. 無為之治

　　李贄的「自然」心之實踐，可從其政治舉措以印證之。李贄從政時，往往採無為而治，無為而治之說乃本乎老子的「自然」概念。《老子》所謂的「自然」有幾層意思，分別為：自己如此、本來如此、通常如此、勢當如此。「自己如此」是指沒有外力作用的自發狀態，「本來如此」和「通常如此」是針對

---

〔註55〕關於李贄展現的個性主義並未落入所謂極端個人主義之說，曲小強曰：「李贄的個性主義，與今天通常所講的個人主義或極端個人主義不同，不具有排他性或損人利己性。（他曾在答友人馬伯時信中說，當時天下「自律最嚴者莫我若也」。）他心胸開闊，裝的是被以程朱理學為核心的封建統治思想桎梏下的廣大民眾的利益。他目光遠大，放眼所及，是那『以人本自治』『教條禁約皆不必用』（《焚書・論政》），使『各從所好，各騁所長』（《焚書・答耿中丞》），『各遂其生，各獲其所願有』（《明燈道古錄》）的理想世界。這是一個以人為本位的世界，是一個以個人為本位的世界。明朝統治者之所以忌憚李贄的學說，恐怕主要不在於他的非孔非聖，無法無天，而在於其描繪的人本位主義、個人本位主義藍圖所蘊藏的題中之義，是對延續達一千八百餘年之久的家族本位主義、君王本位主義（即皇權主義）的顛覆。」語見曲氏：〈激進自然主義的最後聖鬥士〉，收入氏著：《自然與自我——從老莊到李贄》，（濟南：濟南出版社，2007年），頁202。

變化而來，自然本來是平靜狀態，因此宜排除任何外力的干擾與原因的突然變化。「勢當如此」則是未來的可預料的發展趨勢，即原有自發狀態保持延續的慣性和趨勢。〔註56〕到了魏晉時期，「自然」運用在魏晉玄學與佛學中，又有不同的意義。當時有所謂「名教本於自然」、「越名教而任自然」、「名教即自然」等命題，魏晉玄學中的「自然」基本上有四重意義：等同於存有意義的「無」、現象世界的總名、心神脫離智用狀態的描述語、人之「性分」的同義語。〔註57〕然觀察李贄在此的「自然」意義，是較偏向老子的「自己如此」的意涵。

《老子》第十七章曰：

> 太上，下知有之。其次，親之譽之。其次，畏之。其次，侮之。故信不足焉有不信焉。猶兮其貴言哉，功成事遂，百姓皆曰我自然。〔註58〕

《老子》提出四個等級的政治形態，且透過君民關係是否自然來區分優劣。上等國君治理國家乃以不敢擾民為尚，故百姓不知國君所為，只知有國君的存在，也因百姓有其自我化育、長成之本性，因此無為之治的目的，就是要讓百姓呈現本來如此之狀態，無任何強制力量干涉百姓，以實現自然之社會秩序，使民自化、自正、自富、自樸。對此，李贄在《老子解》曰：

> 太上無為，而不疑其下，故下之於上，但知有之而已，而亦不知上之所為也。其次，則不然。夫為民上，而使民親譽已可鄙矣，況於畏且侮乎？此無他，皆信之不足也。故上不信其下，而以親鼓譽，以法起畏。下不信其上，而以譽易上之仁義，以畏易上之政刑。不知太上無為，雖言，猶且貴之也。夫至於貴言，則上之信下者至矣。是故功成事遂，百姓皆謂我自然，未嘗曰我宣歸功於上也，此信上之極也。

李贄順承《老子》第十七章內容，讚賞太古之世信任百姓有其自化之性，故處以無為之治，此即順性自然，也就是至人之治。其次為德治，使百姓親近、讚譽上位者之德治，李贄加以撻伐，認為以德治讓百姓親近、讚揚實為可鄙之事。何況是使民畏懼的嚴刑峻法之法治？因為君主對百姓的信任不足，才會以德

〔註56〕劉笑敢：〈老子之自然與無為——古典意含與現代意義〉，《中國文哲研究集刊》第10期，1997年3月，頁25～58。
〔註57〕蔡振豐：〈魏晉玄學中的自然義〉，《成大中文學報》第26期，2009年10月，頁1～33。
〔註58〕〔魏〕王弼注、樓宇烈校釋：《老子周易王弼注校釋》，（臺北：華正書局，1983年），頁40～41。

治、法治等外在之行為教條約束百姓。因此君民彼此最誠懇的互信模式，乃以無為、自然來開展，可見李贄的無為觀，基本上符合《老子》原意。因此，〈論政篇為羅姚州作〉曰：

> 君子之治，本諸身者也；至人之治，因乎人者也。本諸身者取必于己，因乎人者恒順于民，其治效固已異矣。夫人之與己不相若也。有諸己矣，而望人之同有；無諸己矣，而望人之同無。此其心非不恕也，然此乃一身之有無也，而非通於天下之有無也，而欲為一切有無之法以整齊之，惑也。於是有條教之繁，有刑法之施，而民日以多事矣。其智而賢者，相率而歸吾之教，而愚不肖則遠矣。於是有旌別淑慝之令，而君子小人從此分矣。豈非別白太甚，而導之使爭乎？至人則不然，因其政不易其俗，順其性不拂其能。

此文乃李贄任姚安知府所作，其當時為政採「持簡易，任自然」之法，認為政治有君子之治和至人之治，前者乃根據自身主觀意識以整治萬民，後者則是順應百姓個人獨特性，推翻教條框架以規定每個人的行為。李贄讚賞至人之治，因人己本不相同，不可以己之所有、所無，而認定他人必須同樣有、無，畢竟要讓各有殊異之人心個性，都達到整齊劃一，藉由法令教條以同之，反而造成君子與小人、智賢與不賢的區分更明白，以致造成更多事端？李贄在此並非指責君子之治沒有推己及人的恕道，而是因為外在律令對人心的斲傷，反而會因此失去了和諧共處的自然之治。故李贄刻意不分君子、小人之別，從順其性以成就人人皆平等之社會現實，只要彼此沒有高下之分，自然也無爭奪之事，可見李贄的無為政治繼承道家，又更有人性化的思考，以加強其現實運作的意義。

又其《老子解·序》云：

> 夫老子者，非能治之而不治，乃不治以治之者也。故善愛其身者不治身，善愛天下者不治天下。凡古聖王所謂仁義禮樂者，非所以治之也，而況一切刑名法術歟？故其著書專言道德，而不言仁義，以仁雖無為而不免有為，義則為之而有以為，又甚矣。是故其為道也，以虛為常，以因為綱，以善下不爭為百谷之王，以好戰為樂殺人，以用兵為不得已，以勝為小美，以退為進，以敗為功，以福為禍，以得為失，以無知為知，無欲為欲，無名為名，孰謂無為不足以治天下乎？世固未知無為之有益也。

李贄認為老子並非能治而不治，而是無為而治，藉由無為而治，表達對天下的愛惜，李贄指出，因為古聖先王的仁義禮樂皆屬有為，故並非真正的治理，何況是追求刑名法術的法家？因此老子之所以書名為《道德》，而不談仁義，是因為「仁義」不免有為，又《老子》三十八章曰：

> 上仁為之而無以為；上義為之而有以為；上禮為之而莫之應，則攘
> 臂而扔之。〔註59〕

可見老子是將道德區分成「道」、「德」、「仁」、「義」、「禮」等層次。以虛無的道為本質，以順應自然為綱領，所有發展以自然為本，即「道法自然」，以善處於下位為河流溪谷之王，對於作戰好勝應以喪禮對待之，強調以退為進，以敗為成功，視福為禍，得之有害，以無知無欲為上，以無聲譽美名為最高層次的名譽。李贄對無為而治提出讚揚之意，並認為世上之人並未真正體會到無為的好處，無為就是以「自然」為核心的。可見李贄的「自然」心不僅有從「心」體發抒之自然之「性」、自然之「情」、自然之「善」，還落實至政治舉措之實際層面。

## 二、虛靜心

李贄談「心」的另一個面向，是來自道家的虛靜。王煜認為，李贄的文學批評和藝術批評均屬道家形態。〔註60〕徐復觀說，莊子的虛靜明心，本身就是一種藝術心。〔註61〕張少康提出「『虛靜』是莊子所強調的認識『道』的途徑和方法，同時也是能否創造合乎天然的藝術之關鍵。」〔註62〕「虛靜」的特色主要有破除外在雜念，保持內心的澄明無染。而李贄傳承自道家的「虛靜，卻又有所轉變，故以下分從「道自我出」、不滯逆之「真知」兩方面說明。

### 1.「道」自我出

李贄思想深受道家影響，但他不固守傳統解釋，反而在《老子解》中提出另一種觀點，並結合其佛教思維，反映個人獨特的詮解。例如《老子》第

---

〔註59〕〔魏〕王弼注、樓宇烈校釋：《老子周易王弼注校釋》，（臺北：華正書局，1983年），頁93。

〔註60〕王煜：《明清思想家論集》，（臺北：聯經出版事業公司印行，1981年），頁34。

〔註61〕徐復觀：《中國藝術精神》（增補六版），（臺北：臺灣學生書局，1979年），頁70～75。

〔註62〕張少康：《中國文學理論批評簡史》，（北京：北京大學出版社，1999年），頁41。

十六章有言：

> 致虛極，守靜篤。萬物並作，吾以觀復。夫物芸芸，各復歸其根。歸
> 根曰靜，是謂復命。復命曰常，知常曰明，不知常，妄作，凶。〔註63〕

由於「道」本身就是虛靜、無目的的存在，是萬物運作之始發，故人必須以虛靜心面對虛靜道體，透過致虛守靜，使心與道通，即可體會大道運行。而「虛」就是將心中之慾念、執著排除，將心回歸純樸，但此「虛」乃是透過「萬物」掌握虛無之本體，以避免佛教的「斷滅空」。「靜」就是無為，使心平靜不受外在干擾，去除人為，即可歸復常道。若以虛靜觀其反復，則因虛妄主體所執起之萬物，自然可由定執之心知與欲望中解放，萬物依然並作，但以在虛靜中觀其來復，則物我各適其性，各正其位，復歸生命之自然。〔註64〕老子在此是去除了認知「道」的可能性，轉而以通感「道」來言詮。對此，李贄在《老子解》有不同的看法，他說：

> 虛者，道之常；靜者，道之根。學者所以貴於虛靜也。然致虛守靜，而不極不篤，則猶有虛靜者在，未也。惟至虛極靜篤，然後即萬物之並作，而能觀萬物之復命。則凡物之自無而有者，可知也。又能知夫芸芸而生者，仍復歸根而靜。則凡物之自有而無者，可知也。蓋靜者命之所以復，而常道之所自出也。知此者，是為明道靜極而光生矣；知此者，則能有容萬物皆備於我矣。由此而公、而王、而天，皆容物者之所必至，而明道者自然之驗也。何足怪歟！由此而道自我出，則天且不足言矣，不亦久且安歟！此虛靜之極致也。

因為虛靜乃道之本，所以學道應以虛靜為貴，而老子強調虛要到達極致，守住靜要確實，方能在虛靜中產生萬物。針對這個部分，李贄先肯定老子所重視的虛靜說，但又有所轉化，由此提出個人觀點，「虛極靜篤」以「觀復」之理，提出歸根復命，循環反覆，便可變化日新，所謂「澄懷觀道」，即能透徹美的本質。只要能了解靜極生物，就可深入萬物，並使萬物皆備於我。李贄將原本老子所闡述的「本體論」問題，轉變為「認識論」的角度。其對道的發揮，乃將「道」視為人「心」之思維產物，是一種「無形」的存在，但不是統攝萬物的本體，李贄在此發揮了將人的主體「心」提升的時代特徵，提出「道自我出」、

〔註63〕〔魏〕王弼注、樓宇烈校釋：《老子周易王弼注校釋》，（臺北：華正書局，1983年），頁35～36。

〔註64〕林木乾〈老子生命哲學之工夫境界論探析〉，《宗教哲學》第44期，2008年6月，頁17～31。

「道」在人「心」之論。〔註65〕筆者贊同此見，李贄基本上是融合了老子的本體論與莊子的認識論，改變「道」統攝萬物、外在事物之上的規範地位，成為「心」的主宰知覺運動之能力，因此李贄是以「心」的內在規律詮解「道」之意涵，此乃其融合王龍溪所謂之從渾沌中立根基，無規矩而出天下之方圓〔註66〕，所獲致的結果。

### 2. 不滯逆之「真知」

承前所述，既然「心」具有內在規律，那麼「心」要如何和外界聯繫，端賴於「心」所具有的知覺敏察力，而李贄所謂的心「知」則可述及莊子關於「虛靜」的概念，莊子認為「虛」就是「心齋」，《莊子‧人間世》曰：

> 若一志，無聽之以耳而聽之以心，無聽之以心而聽之以氣。……氣也者，虛而待物者也。唯道集虛。虛者，心齋也。〔註67〕

心齋的工夫取徑自「聽」，包含耳聽與心聽，莊子尤其對耳根所造成的弊害特別強調，但也重視其所發揮的正向功能，且優於其他感官，使人更容易提升修行與體悟。〔註68〕莊子繼承老子「道」的思想，並且將道「氣」化，而「氣」的運動構成了萬物的生成消亡，也因為「氣」是具體的「道」，所以心得以藉由感知「氣」而體察「道」。而人也是萬物之一，故也是具體的「氣」，因此人與萬物自能通感，由此形成莊子齊物論思想。也因為萬物與我同源，故人的「感官」被「道」的感官取代，以致人、我、道得以聯繫。而莊子的齊物影響了李

---

〔註65〕傅小凡：《李贄哲學思想研究》，（福州：福建人民出版社，2007 年），頁 13～14。

〔註66〕岡田武彥認為，「龍溪是把一概排斥工夫積累，使工夫與本體相即，而直接到達本體工夫看作契合於陽明本旨的。……當下即是、當下即現今，所以無非是強調學為頓悟，而排除一切漸修。這或許正是陽明所要到達的究極。在陽明那裡，如前所述，他並不以此為立言宗旨。然而龍溪卻以此為學之根本宗旨，並反復加以討論。他還以此為懸崖撒手、擎雲擎電的不犯手之法，為直下自證自悟的感性之覺和無緣起之悟；並稱之為「入聖之微機，無典要之大法」（同上書卷 10，《答吳悟齋》；認為這是從渾沌中立根基（同上書卷 4，《東游會紀》）；甚至宣稱，這恰似無規矩而出天下之方圓，而陽明之學仍然是由規矩出方圓（同上書卷 10，《答吳悟齋》。這樣一來，龍溪的立場便超越陽明了。」詳見岡田武彥：《王陽明與明末儒學》，（上海：上海古籍出版社，2000 年 5 月），頁 108。

〔註67〕〔清〕王先謙著：《莊子集解》，（臺北縣：漢京文化事業有限公司，1988 年），頁 36。

〔註68〕林世賢：〈聰聖、聞思與音樂──論耳修在工夫論上之殊勝〉，《漢學研究》第 30 卷第 1 期，2012 年 3 月，頁 62。

贅的聖愚一律的觀點，李贄否認聖人的神聖地位，好察「百姓日用之邇言」(《李溫陵集‧卷之三‧書答三‧答鄧明府》)，認為「無一邇言而非真聖人之言，則天下無一人而不是真聖人之人。」(〈答鄧明府〉) 也因為百姓之邇言都是真聖人之言，故李贄不以孔子之是非為是非，且是非本來就無定質，會因人而異、因時代而變，因此沒有完全不變的是非觀。〔註69〕此種強調「斷以己意」，反對墨守陳規，實際上就是提倡人主觀能動性的發揮和創新精神〔註70〕。而要能夠兼容並蓄各種邇言之價值，就是不執拗於一端，以開放虛靜的心胸，來接納萬物。

　　然「斷以己意」難道不會陷入偏執嗎？關於「虛靜」心得以不偏執，莊子提出「真知」說，《莊子‧大宗師》云：

> 知天之所為，知人之所為者，至矣！知天之所為者，天而生也；知人之所為者，以其知之所知，以養其知之所不知，終其天年而不中道夭者，是知之盛也！雖然，有患：夫知有所待而後當，其所待者特未定也。庸詎知吾所謂天之非人乎？所謂人之非天乎？〔註71〕

《莊子‧大宗師》論及真人體道的境界，以能夠分辨自然的作為與人的作為者，就是達到最終極的認識，即「真知」。而所謂「真知」，是能透徹事物出於自然的作為，也能瞭解所謂人為是由於智慧所通曉而來的知識，但這其中卻牽涉到如何知道所謂的自然不是出於人為？人為不是出於自然？故莊子反知，強調「心齋」，去除智巧，讓心達到空靈明覺；強調「離形」來消解慾望，達到無欲、無知、無為的狀態，方能「坐忘」以得道。李贄對此有其獨特解釋，《莊子解》曰：

> 古之真人，知天知人。知天，則知人乃天之所生；知人，則知天非人之所能。故以人而聽命於天，是以謂之真人也。知人無所用其知，是以謂之真知也。若謂人何由生，天年何由終。吾雖不知，吾所知者，養得其道，使之終其天年而不中道夭焉耳。是以所知養其所不知，知之盛也，而非所以進於知也，難以語無知之道矣。何也？既

〔註69〕盛晶：《道家思想對李贄哲學思想的影響》，(湖南：湖南師範大學中國哲學碩士學位論文，2012年)，頁25～26。
〔註70〕秦學智：《李贄大學明德精神論》，(北京：中國傳媒大學出版社，2007年7月)，頁18。
〔註71〕〔清〕王先謙著：《莊子集解》，(臺北縣：漢京文化事業有限公司，1988年)，頁55。

> 以得所養為知，則必以失所養為患也。且夫知必待養而後當者也，
> 夫既有所待矣，所待者，其果可待乎哉！故或失養而壽，或不失養
> 而夭，所待特未可定也。庸詎知吾所謂天，決非人之所能為乎？所
> 謂人，豈非天之所以生乎？知此者，是謂真知，是謂真人也矣。故
> 下文四稱「古之真人」，而括之以「不知悅生，不知惡死」，「不以人
> 助天」，「不以心捐道」等語，而再言「是之謂真人」以結之，反覆
> 終始，務反於具而已。

李贄先順從莊子的「真知」進行解讀，對莊子所謂真人的理解，乃存養本真之
人，而真人能夠區辨自然與人為。所以天、人兩分，天又是人的上位，天生人，
人有心，天是由人所認知到的，且天不是人所能企及的，如果能聽命於天，去
除人為，就是真人。但真人要如何認知天呢？就是要以大道為宗師，去除一切
人為以聽天命，此即李贄對《莊子‧大宗師》的解讀，因為「物我一原，本自
相通」(《莊子解》)，所以真人能與物相通，並「以通物為樂。」(《莊子解》)
因此張建業認為，李贄讚賞真人的不以人助天，不勤行，不為名，不貪生，不
懼死，讚賞真人的與天合一，與物相通，與物隨化，突出「人」的價值，因而
他提出「仁義禮樂，皆外也。」對束縛人性的仁義禮樂給予了無情的批判，肯
定「離形則無身，去知則無心，身心俱無，一物不受，無所不忘則無所不通，
無所不通則無所不同矣。」[註72] 筆者認為，李贄雖然在此依莊子意闡述「真
知」，同時此文也沒有對莊子的批判意識，但實際上他對莊子的「真知」是有
所轉化的，相關概念可見於〈答周西巖〉曰：

> 天下無一人不生知，無一物不生知，亦無一刻不生知者，但自不知
> 耳，然又未嘗不可使之知也。

依張建業的解釋，「生知」作「先天的自然德行」解[註73]，此即王畿的「現
成良知」，也就是自然德行論。而李贄所謂「天下無一人不生知」，是因為人
們各有其「我之明德」(《續焚書‧卷一‧與馬歷山》)。李贄在此就是肯認前
文所說的人天生所具之自然之「善」，而此「善」就是根源於心的「禮義」、
「自然德行」、「乾元」，而「生知」是人人皆有，差異只在於「覺察」與否的
問題，而李贄又以「未嘗不可使之知」強調「覺察」此「生知」是可行的，

---

〔註72〕張建業主編：《李贄全集注（第14冊：老子解注、莊子解注、道古錄注、孫子
參同注）》，（北京：社會科學文獻出版社，2010年），頁192～193。

〔註73〕張建業主編：《李贄全集注（第1冊：焚書注一）》，（北京：社會科學文獻出版
社，2010年），頁2。

故〈答周西巖〉曰：

> 惟是土木瓦石不可使知者，以其無情，難告語也；賢智愚不肖不可
> 使知者，以其有情，難告語也。除是二種，則雖牛馬驢駝等，當其
> 深愁痛苦之時，無不可告以生知，語以佛乘也。

李贄認為只有兩種情況無法「覺察」此「生知」，一者為土木瓦石，因其無「情」，故難以使之覺察；一者為賢智愚不肖者，因其「意見橫胸中」〔註74〕，往往過於耽溺於感情羈絆，外在之道理聞見，以致「情」遮蔽其「先天的自然德行」，故無法達到心理上的平衡。因此李贄是將莊子的反知，視為一種不滯泥於世間是非道德禮義等既定的價值，而應該著意於「心」本具之知覺運動，然此「知」並非如莊子的「去知」，或是區分自然與人為的「真知」，而是有其動態生成的可能性，而要如何生生不息、更加融通，則端賴在深愁痛苦等實際體驗的人情物理上，藉由本心之真情至性與自然之「善」相互交融，使人達到人心內部之「和」，這是李贄植基於個體完成性的超越。

## 三、天真心

　　李贄的心也是一種來自道家的法天貴真純而不染的天真心。沈繼生認為，「由此可見李贄主張審美主體應具有淳真自然的天性，藝術表現的方法應遵循自然的法則。」並且體現李贄「法天貴真」的美學精神。〔註75〕王煜則提出「莊子所言天真相當於李氏所倡童心。」〔註76〕傅小凡則將李贄的「真心」區分成幾個部分：

> 首先是日常語言中所說的某人的言語、行為和內心一致的真心……
> 是內心想法與言語和行為一致的意思。……李贄所謂的「真心」就
> 是人的感知能力本身，這與「本心」的意義是一樣的。……人們一
> 旦破除了迷惑，也就把握了「真心」。……「真心」就是人的感性知
> 覺本身以及人的精神的全部可能性，是主體的本質能力的表現。這

---

〔註74〕袁宗道：《白蘇齋類集》卷 22〈雜說類〉曾引此文作：「賢智不可使知者，以其意見橫胸中也。」轉引自張建業主編：《李贄全集注（第 1 冊：焚書注一）》，（北京：社會科學文獻出版社，2010 年），頁 2。

〔註75〕按「法天貴真」出自《莊子・漁父》篇，言不真不誠則不能感人，追求效法天、順乎自然，崇尚真心、真情，回歸「大樸不雕」的天然，以反璞歸真為審美取向。沈繼生：〈淺議李贄的審美觀〉，出自氏著：《李贄研究》，（北京：光明日報出版社，1989 年），頁 265。

〔註76〕王煜：《明清思想家論集》，（臺北：聯經出版事業公司印行，1981 年），頁 24。

樣的真心是無法通過經驗、知識認識到它的存在的。……「真心」
與「本心」一樣，都是不可說的，可說且能說的只能是真心中的感
覺。用今天的話說，我們的語言只能把握感覺內容，卻無法描述感
覺本身。但是，我們在言語、行為等主體的活動過程中，可以感受
到它的存在。……這樣無法描述和經驗的，不能作為對象和意識內
容的「真心」，也就是宋明儒常說的所謂「未發」，……〔註77〕

傅氏將「真心」界定為表裡同一、主體感知能力、未發之本心，探求李贄著作
以及傅小凡的研究基礎上，筆者再將此天真心分為情真意真、感應以極物之
真、庇己庇人之獨立人格三方面論述。

### 1. 情真意真

李贄作品出現「真心」次數最多者為〈童心說〉，文字篇幅不長，但點明
了「童心」的豐富概念，諸如：「真心」、「絕假純真」、「最初一念」等等，〈童
心說〉曰：

夫童心者，真心也。若以童心為不可，是以真心為不可也。夫童心
者，絕假純真，最初一念之本心也。若失卻童心，便失卻真心，失
卻真心，便失卻真人。人而非真，全不復有初矣。

李贄認為「童心」就是「真」，且是「絕假」的「真」，這個「真」來自「最初
一念」，李贄所謂的「真」，來自對時代背景的質疑，他面對的社會現實，是從
武宗失德伊始，造成士大夫人格丕變，世宗又透過大禮議與李福達之獄壓制文
官，以確立其獨裁位置，造成明代士風大壞。朝臣忙於權力爭奪，使有道義之
士講學於大江南北。〔註78〕故李贄面臨一個「以假言與假人言，則假人喜。以
假事與假人道，則假人喜；以假文與假人談，則假人喜。無所不假，則無所不
喜。滿場是假」（〈童心說〉）的社會怪狀，因此藉由提倡「真」的概念，以質
疑時代「假」的惡風。而「真」的概念在《莊子》中，就是「受于天也，自然
不可易也。」（《莊子·漁父》）〔註79〕是和「人為」相對來說的。

李贄贊同《莊子》的「真」，但莊子的「真」來自於「天」，李贄則著意於
人心之「真」的「自然不可易」，從《初潭集·卷一·夫婦一·合婚》中，可

---

〔註77〕傅小凡：《李贄哲學思想研究》，（福州：福建人民出版社，2007年），頁163～
167。

〔註78〕左東嶺：《李贄與晚明文學思想》，（天津：天津人民出版社，1997年）。

〔註79〕〔清〕王先謙著：《莊子集解》，（臺北縣：漢京文化事業有限公司，1988年），
頁276。

以發現他的「真」具有「人」的情真意真之意涵，《初潭集・卷一・夫婦一・合婚》曰：

> 高柔婚泰山胡毋氏女，年二十，有倍年之覺，而姿色清惠，近是上流婦人。柔家道隆崇，既罷官，營宅於伏川，馳動之情既薄，又愛玩賢妻，有終焉之志。尚書令何充取為參軍，僶俛應命，眷戀綢繆，不能暫舍，相贈詩書，清婉辛切。
>
> 〔批語〕此人太真。

晉朝高柔婚娶胡毋氏之女，該女為上品婦人，高柔家產富足，後罷官於伏川營造住宅，已無仕宦之心，寵愛其妻，有安身終老之願，後不得已出仕，與妻難分難捨，相贈詩書，淒清婉轉，悲傷情切。李贄批之曰：「真」。由〈柔集敘〉此段內容〔註80〕與李贄評論可知，李贄破除傳統「大丈夫何患無妻」的男尊女卑，對夫妻間至情的流露，大加讚揚，此處所謂「真」，是毫不掩飾內在情感，真情畢現，無任何遮掩修飾之態，故此種直截表達真情實意者，乃「真」的意涵。

### 2. 感應以極物之真

「真」之所以為真，是因「童心」之「童」，童者，小孩也，《孟子・盡心》曰：「孩提之童，無不知愛其親者。」〔註81〕童心有真善美與自由的本質，不僅是絕假純真，而且是最初一念，其所謂「心」也有莊子追求的「自然」義，莊子強調透過與天道契合，極物之真，謹守自然，方能回復本真。依《莊子・養生主》云：

> 為善無近名，為惡無近刑。緣督以為經，可以保身，可以全生，可以養親，可以盡年。〔註82〕

---

〔註80〕《世說新語・輕詆》13 注引孫統〈柔集敘〉曰：「柔字世遠，樂安人。才理清鮮，安行仁義。婚泰山胡毋氏女，年二十，既有倍年之覺，而姿色清惠，近是上流婦人。柔家道隆崇，既罷司空參軍、安固令，營宅於伏川。馳動之情既薄，又愛翫賢妻，便有終焉之志。尚書令何充取為冠軍參軍，僶俛應命，眷戀綢繆，不能相舍。相贈詩書，清婉辛切。」詳見〔南朝宋〕劉義慶注、〔南朝梁〕劉孝標注、余嘉錫箋疏：《世說新語箋疏》，（臺北：華正書局有限公司，1993年），頁 837。

〔註81〕〔宋〕朱熹：《點校四書章句集注・孟子集注》（上海：上海古籍出版社，1987年），頁 103。

〔註82〕〔清〕王先謙著：《莊子集解》，（臺北縣：漢京文化事業有限公司，1988年），頁 28。

沒有善惡之分，自無求名去刑之行，而矯逆本性。李贄在《莊子解》注「緣督以為經」言：

> 督者，人心未發之中，而吾所以生之主也。知此而順中以為常，不隨知以取困，可謂善養生也已。

「緣督以為經」乃道家養生之法，按郭象注解《莊子》「緣督以為經」句，注為「順中以為常」，也就是沿著自然之理以做為常法，即清虛自然、依乎天理的養生之道。李贄本郭象注，進一步提出未發、已發意〔註83〕，並取之以論《莊子》郭象義，他將「督」、「自然」等同於未發之心，生命的主宰，不受知識影響而陷溺受困，保有精神自由。只要順承「未發之中」，去感應萬物，即可體察真心，此即《九正易因‧咸卦》所言：

> 天下之道，感應而已……夫感應乃天下之常理，而悔害亦常在感應之中。所謂君子者，能以有感而慮悔，未嘗因悔而廢感。〔註84〕

感應是人具備的天賦，也是體察道的途徑。《九正易因》云：

> 感而不應，非人情耳……感為真理，何待於言；感為真心，安能不動！天地如此，萬物如此。不然，天下之動，幾乎息矣。故初之動拇者，感也。二之動腓者，非感也，隨也。隨初而動，故文王惡之。〔註85〕

感，是最直接的體悟，不用再藉由語言傳遞；此種感知能力就是真心，不需要深思苦想，也不是順隨而動，而是自然而然，因自己有感而動，藉此領悟到自身的存在。〔註86〕故李贄所謂「真心」就是主體對外物的直接感知能力，是「心」本身所具有的知覺敏察力，而不是因人起舞，隨他人說項，而是因己心

---

〔註83〕按傅小凡說法，「『緣督以為經』則是道家的養生方法，與當今氣功修煉中的「通周天」類似。李贄顯然沒有真正理解莊子的意思，卻直接拿過來注入自己的思想他將「督」解釋為『人心未發之中』，也就是他自己理解的『真心』，因為感覺就是精神或心靈的存在，所以它是生命的主宰。這樣解釋莊子思想，就使莊子的思想成了李贄主體性搶學的注解。」語見傅小凡：《李贄哲學思想研究》，（福州：福建人民出版社，2007年），頁166。然筆者認為，這是李贄將儒釋道三家皆我註腳之本色，而非不解莊子意，否則他不會依王弼注進行個人闡釋。故此「未發之中」就是「道心」，就是主宰知覺能力的大根柢，所以李贄的本心是未發，童心是已發，「道心」是主宰知覺能力之體，「人心」是知覺運動能力之用。

〔註84〕張建業：《李贄全集注（第15冊：九正易因注）》（北京：社會科學文獻出版社，2010），頁184。

〔註85〕張建業：《李贄全集注（第15冊：九正易因注）》（北京：社會科學文獻出版社，2010），頁185。

〔註86〕傅小凡：《李贄哲學思想研究》，（福州：福建人民出版社，2007年），頁166。

之感而動，故能不著不滯，應物斯感，旁通條達，自無偏蔽之失。也因此「感」，得以讓情順理成章地發動。

### 3. 庇己庇人之獨立人格

李贄傳承自道家「天真心」的第三層意義就在於庇己庇人之獨立人格，在《焚書‧卷二‧書答‧別劉肖川書》中曰：

> 「大」字，公要藥也。不大，則自身不能庇，而能庇人乎？且未有丈夫漢不能庇人而終身受庇於人者也。大人者，庇人者也；小人者，庇於人者也。凡大人見識力量與眾不同者，皆從庇人而生，日充日長，日長日昌。若徒蔭於人，則終其身無有見識力量之日矣。

此信乃李贄要學生劉肖川應以「大」字作為醫病良方，所謂「大」，就是自立，自立就是精神獨立。德行高尚者，因其自立而得以庇護他人，並從中培養卓識。李贄之「心」具有「真」的本質，人品氣節亦屬人心內涵，凡順乎自然展延出的真心就是美的，但也因人品氣節有高下之分，故李贄特別推崇嵇康，乃因其氣骨不凡，而非琴技所然。故《焚書‧卷五‧讀史‧思舊賦》言：

> 夫康之才之技，亦今古所有；但其人品氣骨，則古今所希也。

人品氣節所映照者，乃在於精神之挺立，但世俗多以政治、社會、經濟等現實面區分人品高下，儒家也多以道德分大人、小人上下之別，李贄反而以莊子之精神獨立性區辨人格，因只有思想獨立的者，方能有開拓之胸懷和絕佳智慧。此「大」的概念，魏晉時期竹林七賢已有大人理境之提出，吾師江建俊曾在〈「大人」理境與「無均」思想的關係〉一文提出：

> 七賢不約而同的勾劃「大人境界」。其創作背景大底相同，其目的無非在造成「至—凡常」的鮮明對比，七賢以「至」的理想之境自比，而「凡常」即現實的寫照，為其所不屑的鄙俗。透過「至／常」的對照，烘托出其「始志」—「真」的境界，也反襯出現實的虛「偽」、黑暗與汙染。以為其出污泥而不染，人格一保真淳的孤高性格作了宣示；同時亦藉以批判時代、批判政治、社會的張本，七賢風神之懍懍有生氣，為千古所嘆賞者，即此遺世絕群，超然塵外的高尚之思也。〔註87〕

---

〔註87〕吾師江建俊：〈「大人」理境與「無均」思想的關係〉，收入國立成功大學中文系主編：《魏晉南北朝文學與思想學術研討論論文集第二輯》，（臺北：文津出版社，1993 年），頁 533。

竹林七賢藉由「大人」境界展現其人格之終極嚮往，但也因為其未能建立一具體解套之法，故僅能成為一種理想性的境界，唯有嵇康尚有「養生」觀之提出，得以建構獨特人格〔註88〕。而李贄藉由其行為的獨立意識，不屑於官場的逢迎諂媚，不為僕妾，不以孔子之是非為是非，捍衛真理不惜與耿定向決裂，此皆其「大人」「不庇」精神的具體實踐〔註89〕，同時也是他從《莊子》的「法天貴真」中的「天」轉為「人」的獨立精神之證據。

## 第二節　佛教之真空

　　李贄「心」的概念另一層意義，就是佛教的「真空」。小乘佛教先傳入中國，後大乘佛教也隨之流行，是一個先依附玄學，而後獨立、轉化的過程〔註90〕。魏晉時期主張儒道互補之說幾乎可成時代重要思潮，但從東漢開始，佛學已逐漸往玄學滲透，並與之合流，最後在中國形成獨立的思想體系，此即「佛教在中國之玄學化」。〔註91〕孔毅認為，魏晉時期玄佛趨於合流的原因有四：首先，魏晉時期的特定歷史環境及玄學與佛學有某些地方可聯繫，為玄佛合流提供了現實的可能性：魏晉時期玄、佛的世界觀基本一致，皆以「無」為本；且玄佛所推崇的最高境界特性相似，玄學以「道」，佛教奉「佛」；又加上玄佛的認識論和方法論有某些共同點，佛教般若學有「二諦義」（真諦與俗諦），可與玄學本末體用之辨附會；且兩者人生觀又可溝通，玄學家希冀長生，佛教主張端心

---

〔註88〕 吾師江建俊：〈「大人」理境與「無均」思想的關係〉，收入國立成功大學中文系主編：《魏晉南北朝文學與思想學術研討論論文集第二輯》，（臺北：文津出版社，1993年），頁573。

〔註89〕 胡雪春認為，李贄的「不庇於人」的人格獨立意識很強，其境界得自王艮「身尊道尊」的全美人生境界說，「泰州學派的『大人』是『身尊道尊』的真善合一之『至大』、主客體交融的萬物渾淪之『至一』與『樂則天，天則神』的『至樂』三者合一的人生最高境界，做得『大人』是生命精神的最大真諦。做得『大人』是王艮的最高人生追求，是他賦予生命的最高審美形式，泰州人物正是在這一點上『一代高似一代』，顯示了這個群體共有的英雄本色。做得『大人』，不為僕妾，也是李贄的人生追求。」語見氏著：《真：泰州學派美學範疇》，（北京：社會科學文獻出版社，2009年），頁80～81、90。基於李贄本身融攝儒釋道三教之立場看來，筆者亦贊同胡氏說法。

〔註90〕 霍韜晦：《絕對與圓融：佛教思想論集》，（臺北：東大出版社，1986年），頁37～45。

〔註91〕 湯用彤曾對佛教入華諸傳說加以考訂，認為漢明帝永平年中，遣使往西域求法，乃公認佛教傳入中國之始，此說持之有故。詳見湯用彤：《漢魏兩晉南北朝佛教史（上冊）》，（北京：中華書局，1983年），頁11、98。

一意。其次，名僧攀附名士，主動與之交往，佛教利用中國國情以弘法。再者，名士熱衷研習佛學，佛學義理可解釋玄學問題。最後，東晉諸帝倡導佛學，有統治者的推波助瀾，促使魏晉時期玄佛趨於合流。〔註92〕而此時也是佛教心性論的擴展時期，「心體空無」、「心為性」、「心為本」等諸多概念也被提出。

有明一代，歷經義學衰微，加之以朱子學為官學，形成知識份子排佛、民間中下階層反之的狀態，且中晚明因王學興盛，其後泰州學派更多與佛學有關〔註93〕。往往援禪入儒，或援儒入禪。身為王學後學之左派、泰州後學，李贄

〔註92〕孔毅：《魏晉名士》，（四川：巴蜀書社，1994年），第127～129頁。提及「從佛教的傳入到整個三國時代，佛教的傳播都是緩慢的，影響甚微。佛教起初只是在皇宮裡獲得信奉，到西晉始逐漸推及民間。當時流傳的一是以安世高為代表的小乘禪學，二是以支讖（支樓迦讖）為代表的大乘般若學，即空宗學說。前者偏重於宗教修持，提倡默座專念，達到『心專一境』的精神境界。後者偏重於佛教義理的研究和宣傳，以論症現實世界的空虛性。……從西晉開始，佛教就向官方的哲學玄學滲透，並依附玄學以求發展。……由於魏晉時期的特定歷史環境及玄學與佛學又有某些地方可以牽扯的緣故，為玄佛合流又提供了現實的可能性。首先，玄佛的世界觀基本一致。玄佛的主流都是否定客觀物質世界的。玄學倡言『天地萬物皆以無為本』，崇尚『無為而治』；佛教徒則『崇無為，樂施與』。雖然玄佛二家的『本無』與『無為』旨意」不甚契合，但再某種程度上仍可以牽扯到一起。其次，玄佛所推崇的最高境界特性相似。玄學以『道』為事物的最高法則，……佛教奉『佛』為最高人倫典範……其三，玄佛的認識論和方法論有某些共同點。玄學探討有無關係，並有『本末有無之辨』，『體用之辨』；佛教般若學有『二諦義』（真諦與俗諦），其中心也是談本末空有的問題，將『真諦』說成是本體的『無』，『俗諦』說成是萬物的『有』，故二諦義可與玄學本末體用之辨附會。其四，玄佛的人生觀可以溝通，玄學家希冀長生，佛教主張端心一意，……正式由於有以上這些類似，玄佛二家才有可能趨於合流。……原因二，名僧攀附名士，主動與之交往。……佛教徒十分懂得如何利用中國國情來弘揚佛法，乃至不惜違背印度佛理。加上當時玄學名士對佛學尚無全面深刻的研究和認識，對多失原意的佛教譯經望文生義，視佛教為玄學的同義詞，故名僧與名士的接觸交友日漸頻繁。」由於東晉時期政局動盪不安，「佛教的因果報應說，彼岸說等便乘機而入，受到了極需獲得心理平衡和精神安慰的名士的接納……東晉名僧在與名士交往的過程中，投其所好，詳研玄理，並結合佛理發揮玄學思想，給人耳目一新之感。原因三，名士熱衷研習佛學。當玄學發展到東晉不能別開生面之際，由於佛學義理可以解釋玄學遇到的諸多疑難，故玄學前景好比『柳暗花明又一村』。一方面，佛教徒大張旗鼓倡言佛義，宣揚佛學；另一方面名士轉而奉佛，研討佛理，一時竟成為熱潮。……原因四，東晉諸帝倡導佛學。……統治者的推波助瀾，促成佛教勢力愈加強盛，加速了玄佛合流的進程。……在佛教中國化的歷史進程中，東晉時期的玄佛合流，是一個不容忽視的重要階段。」
〔註93〕勞思光：《中國哲學史（三下）》，（臺北：三民書局，1981年），頁508。

便曾出家，與當時仕紳階級對抗，追隨者眾。面臨仕紳排佛之風，又因「棄人倫」觀點的解讀不同，被非議為異端〔註94〕。但李贄實際上乃倡議先「盡人倫」而後「棄人倫」，以出家之行，避世俗之擾，由此追尋自身生命意義，故筆者認為，將其出家視為對人倫的棄絕，乃根本之誤解，只能說他是藉此追尋其生命意義價值。

萬曆五年（1577年）到八年（1580年）之間的雲南四年生活，李贄對佛法的研究日深，雲南因地理因素，向來盛行佛教，其任滇南郡守期間，滇南佛教鼎盛、高僧輩出，李贄除應酬公務外，著作幾與佛法有關。其《續焚書・卷五》收有〈鉢盂庵聽誦華嚴並喜雨〉兩詩，表述聆聽《華嚴經》後有先登彼岸之想，而《心經提綱》也作於此時期。至於〈解經文〉則作於萬曆廿五年（1597年），主在解讀《楞嚴經》第二卷「晦昧為空」，此時期李贄沉浸佛學之中，喜讀《楞嚴經》，並撰寫《華嚴合論簡要》〔註95〕，而《楞嚴經》之說多與陽明學說有暗合之處，同時亦在晚明時期盛行，故有「當是時，士習多聞，狹六籍而治《楞嚴》者半學宮」之說。〔註96〕

李贄以二十餘年光陰參究佛學，經常以禪語解儒道。而在「心」的概念方面，也多用禪解。吳言生認為，「禪宗以重視『本來面目』為終極關懷。超越性是『本來面目』的根本特徵。對『本來面目』超越性的揭示，形成禪宗哲學的本心論。」〔註97〕李贄從中體悟到佛學的基本思想「真空」，其作也經常出現「真空」兩字。佛教所謂「真空」有小乘、大乘之別，小乘佛教以「空」說涅槃，認為涅槃乃真實不虛，可離一切相；大乘佛教則建立「真空」和「妙有」觀念，以空而不空為「真空」，在本性上，空卻諸法之實體、本體，而觀其空極之性，但在行事上卻不遠離世間，而是強調現實的功用。〔註98〕

李贄禪、淨雙修〔註99〕，且佛學著作甚多，其收在《卍續藏經》的佛學作

---

〔註94〕林其賢：《李卓吾的佛學與世學》，（臺北：文津出版社，1992年），頁202～211。
〔註95〕林其賢：《李卓吾的佛學與世學》（臺北：文津出版社，1992年），頁14、17、179。
〔註96〕虞淳熙：《虞德園先生集》卷六《楞嚴玄義序》，明末刻本，頁87。
〔註97〕語見吳言生：《禪宗哲學象徵》（北京：中華書局，2001年），頁380。
〔註98〕吳汝鈞編：《佛教思想大辭典》，（臺北：台灣商務印書館，1992年），頁363。
〔註99〕林其賢、江燦騰、楊國平、宋珂君、黃卓越皆認為李贄注重禪悟和淨土的修為。詳參林其賢：《李卓吾的佛學與世學》，（台北：文津出版社，1992年）。
　　　江燦騰：〈李卓吾與晚明佛教思想以及對其狂禪的批評〉，收入氏著：《中國近

品就有《淨土訣》、《般若心經提綱》、《華嚴經合論簡要》〔註100〕，另有《大慧集鈔評》為禪宗語錄〔註101〕，而散篇則集中在《焚書》〔註102〕和《續焚書》〔註103〕中，然李贄到底應該被歸類在般若系的空宗系統〔註104〕？還是真常系

代佛教思想的諍辯與發展》，（臺北：南天出版社，1998 年），頁 323～400。楊國平：〈李贄與儒佛〉，收入佛光山文教基金會主編：《中國佛教學術論典》第 37 冊，（高雄：佛光山文教基金會，2001 年），頁 351～402。宋珂君：〈李贄的童心‧道家的真人‧佛家的真如〉，收入佛光山文教基金會主編：《中國佛教學術論典》第 59 冊，（高雄：佛光山文教基金會，2002 年），頁 409～443。黃卓越：〈佛教與晚明文學思潮〉，收入佛光山文教基金會主編：《中國佛教學術論典》第 57 冊，（高雄：佛光山文教基金會，2002 年），頁 243～266。

〔註100〕依照江燦騰研究，目前收在《卍續藏經》的李贄佛學作品有：一、《淨土訣》一卷，《卍續藏經》一〇八冊。二、《般若心經提綱》一卷，《卍續藏經》第四十冊。三、《華嚴經合論簡要》四卷，《卍續藏經》第七冊。這三種作品裡，《華嚴經合論簡要》四卷，看起來卷數最多，其實只要將唐代李通玄（六三五—七三〇）所著的《華嚴心經合論》縮編而已，其中沒有李卓吾的評語或注解。詳見江燦騰：〈李卓吾與晚明佛教思想以及對其狂禪的批評〉，收入氏著：《中國近代佛教思想的諍辯與發展》，（臺北：南天出版社，1998 年），頁 345。林其賢說，「《華嚴合論簡要》是唐朝李通玄長者《華嚴合論》的節錄本，大約濃縮成十分之一；不容易看出卓吾自己思想特點……只有《淨土決》，雖然也是編鈔的多，但已有較多的卓吾見解在裡面，而且正是講西方淨土。」語見林其賢：《李卓吾的佛學與世學》，（台北：文津出版社，1992 年），頁 223。

〔註101〕林其賢：《李卓吾的佛學與世學》，（台北：文津出版社，1992 年），頁 223。

〔註102〕文有〈心經提綱〉、〈定林庵記〉、〈篁山碑文〉、〈書黃安二上人手冊〉、〈解經題〉、〈書《決疑論》前〉、〈解經文〉、〈念佛答問〉、〈三大士像議〉、〈代深有告文〉、〈禮誦藥師告文〉、〈移住上院邊廈告文〉、〈禮誦藥師經畢告文〉、〈代常通病僧告文〉、〈安期告眾文〉、〈告土地文〉、〈告佛約束偈〉、〈戒眾僧〉、〈六度解〉、〈觀音問〉、〈豫約〉、〈寒燈小話〉；詩有〈題繡佛精舍〉、〈十八羅漢漂海偈〉、〈十八羅漢遊戲偈〉、〈除夕道場即事〉、〈閉關〉、〈元宵〉。參閱江燦騰：〈李卓吾與晚明佛教思想以及對其狂禪的批評〉，收入氏著：《中國近代佛教思想的諍辯與發展》，（臺北：南天出版社，1998 年），頁 346～347。

〔註103〕文有〈窮途說〉、〈法華方便品說〉、〈《金剛經》說〉、〈五宗說〉、〈三教歸儒說〉、〈東土達摩〉、〈釋迦佛後〉、〈栖霞寺重修佛殿勸化文〉、〈列眾僧職事〉、〈說法因由〉、〈題孔子像於芝佛院〉；詩有〈彌陀寺〉、〈輪藏殿看轉輪〉、〈贈閱藏師僧〉、〈送思修常順性近三上人往廣濟黃梅禮祖塔〉、〈聽誦法華〉、〈鉢盂庵聽頌華嚴並喜雨〉。參閱江燦騰：〈李卓吾與晚明佛教思想以及對其狂禪的批評〉，收入氏著：《中國近代佛教思想的諍辯與發展》，（臺北：南天出版社，1998 年），頁 347～348。竊以為，還有〈釋子須知序〉、〈重刻《五燈會元》序〉兩篇也是《續焚書》中李贄佛教思想相關篇章。

〔註104〕所謂「空宗」指的是龍樹、提婆一系對《大般若經》詮釋的著作，有《大智度論》、《中論》、《十二門論》、《百論》等，強調「緣起性空」：主張宇宙萬物的形成只是各種條件的結合，並無永恆自存、自生的本體。自鳩摩羅什（343

之如來藏系統？目前學界仍有爭議，原因在於李贄解讀經意時有矛盾，且其熟稔之佛教經典涵蓋兩個系統。贊同前者的以聖嚴法師為代表〔註105〕，贊同後者的則可以江燦騰為代表〔註106〕。

---

～416）於第五世紀譯介到中國後，先有僧肇（384～433）的「物不遷」、「不真空」、「般若無知論」等傑出論文的出現；以後則「三論宗」和「天臺宗」的學派成立。詳見江燦騰：〈李卓吾與晚明佛教思想以及對其狂禪的批評〉，收入氏著：《中國近代佛教思想的諍辯與發展》，（臺北：南天出版社，1998年），頁349～350。

〔註105〕聖嚴法師說，「印度的大乘佛教思想，在「空、有、真常」的三大系統，傳到中國的，也有三大系統。到了明末時代，「空」的思想未見發揚，唯王陽明的第三代學生李卓吾是以空宗為歸的，而他所見的空，不過是理論的禪，中國禪宗的根本立場，是屬於「真常」的系統。」語見聖嚴法師：《明末佛教研究》，（臺北：法鼓文化，1999年），頁265。

〔註106〕江燦騰認為，聖嚴法師之說是得自清代彭際清（1740～1796）在《居士傳》卷四十三（李卓吾傳）中所提出的，但彭際清並未說明如此歸類的理由。以江氏之見，「根據印順法師說印度佛教有三系（空、有、真常），其中『真常』系的如來藏理論，是受印度教的『梵我論』的影響，『真常唯心論』的經典，傳入中國甚多，其中以《楞伽經》為達摩（？～536～，一說528）傳法印心的依據，是禪宗最初的根本經典。《楞伽經》以如來藏藏識立義，主張真常淨為一切之本體，而立相對之二元：一、清淨真心，二、雜染妄習。如來藏的清淨心，為無明所薰染，名為『藏識』，但如摩尼寶珠沾垢，去垢即淨，珠性光瑩不變，如來藏不與雜染相應，故雖為妄習依附。本身即具有不生不滅的圓明覺性，可以破妄習顯本淨。要破染返淨，須依『四禪』（止觀相應）。根據這樣的經典，以體用常恒之妙為真實，以性空為不了義，名『不空如來藏』。所謂中國禪宗以『真常』系為根本立場的說法，即前述『不空如來藏』的『真常』（常、樂、我、淨）的思想。然而，《金剛經》的原始含義，本來在詮釋『緣生無常』而達『性空無我』，『離欲入涅槃』，而獲得『解脫』，恰與「真常」思想相反對者。……李卓吾的「理論的禪」，除修持不切外，其所理解和詮釋的『空』，何以為『真常』系統？其思想的淵源，也須追溯中國禪宗思想『由空入真常』這一轉折裡。……如來藏『離無常過（如來藏是常住的），離於我論（如來藏是無我的），自性無垢，畢竟清淨』，所以說離卻妄想塵勞，就能解脫常樂，依之而有涅槃。……達摩禪法至道信（580～651）時，受到《摩訶般若婆羅蜜經》法門的深切影響，開始『般若系』和『如來藏系』思想的結合。……印順法師的解說為：……《般若經》所說的空，有一類根性，是于空而悟解為不空的；這就是在一切不可得的寂滅中，直覺為不可思議的真性（或心性）。大乘佛教性空而移入真常妙有，就是在這一意趣下演進的。……就大方向而言，已足以指明何以中國禪宗思想，有吸收《般若經》的空系思想，卻仍以『真常』思想為主流的疑點。……李卓吾的思想，是『妙明真心』的『真常』思想，而非『緣起性空』的『空宗』思想。」語見江燦騰：〈李卓吾與晚明佛教思想以及對其狂禪的批評〉，收入氏著：《中國近代佛教思想的諍辯與發展》，（臺北：南天出版社，1998年），頁353～358。

李贄所謂「心」傳承自道家的「真心」，而此「真」又兼有佛教「真空」之內涵。他認為萬相為妄色，須以「真心」為本源，尤其其作經常出現「斷滅空」一詞，「斷滅空」乃禪宗觀念，意指空中之空，本來就是「無」，從未存在過，但「真空」卻是有中之空，他在《焚書・卷四・雜述・解經文》說：

> 世間有一種不明自己心地者，以為吾之真心如太虛空，無相可得，
> 祇緣色想交雜，昏擾不寧，是以不空耳。必盡空諸所有，然後完吾
> 無相之初，是為空也。夫使空而可為，又安得謂之真空哉！……是
> 謂心相，非真心也，而以相為心可與！……豈知吾之色身洎外而山
> 河，遍而大地，并所見之太虛空等，皆是吾妙明真心中一點物相耳。
> 是皆心相自然，誰能空之邪？心相既總是真心中所現物，真心豈果
> 在色身之內邪？夫諸相總是吾真心中一點物，即浮漚總是大海中一
> 點泡也。使大海可以空卻一點泡，則真心亦可以空卻一點相矣，何
> 自迷乎？比類以觀，則晦昧為空之迷惑，可破也已。且真心既已包
> 卻色身，洎一切山河虛空大地諸有為相矣，則以相為心，以心為在
> 色身之內，其迷惑又可破也。

李贄以心、物關係對「心」進行考察，「心」是構成萬物之本體，萬物又將心體顯現出來，且心是離不開萬物的〔註107〕。故除去「山河大地」，則「清淨本源」就會成為「頑空」、「斷滅空」。且世人對自己的心多所誤解，以為透過使之「空」的過程，即可達到「真心」，然而，「真心」只是一種感知能力，並非感覺到的對象，山河景色得以映照其中，但這些色相並非「真」，而是透過「真心」自然、無障隔的感知，此即李贄所謂「真心」義。故若想將「真心」中的物相無掉，只會將自我陷落至迷惑，也就是陷入另一種我執。換言之，李贄乃藉「清淨本源」、「真空」、「妙明真心」為精神本體，展現其佛學思想，因外界一切客觀世界，如：色身、山河大地、太虛空等皆包容於「妙明真心」中，故此「妙明真心」即是萬物本體，心與物是一個統一整體。〔註108〕誦經念佛的目的，就在於明心。

李贄在《焚書・卷四・雜述・決疑論前》曰：

〔註107〕楊國榮，〈從良知說到童心說〉，出自氏著：《王學通論──從王陽明到熊十力》，（上海：華東師範大學出版社，2009 年），頁 156。

〔註108〕楊國平：〈李贄與儒佛〉，收入佛光山文教基金會主編：《中國佛教學術論典》第 37 冊，（高雄：佛光山文教基金會，2001 年），頁 388。

此書（《楞嚴經》）千言萬語，只解得《心經》中「色即是空，空即是色」兩句經耳。經中又不曰「是故空中無色」乎？是故無色者眾色之母，眾色者無色之色，謂眾色即是無色則可，謂眾色之外別無無色豈可哉！由此觀之，真空者眾苦之母，眾苦者真空之苦，謂真空能生眾苦則可，謂真空不能除滅眾苦又豈可哉！蓋既能生眾苦，則必定能除滅眾苦無疑也。眾苦熾然生，而真空未嘗生，眾苦卒然滅，而真空未嘗滅。是以謂之極樂法界，證入此者，謂之自在菩薩耳。

蓋有明一代，居士思想典籍主要為《楞嚴經》、《心經》、《金剛經》三部〔註109〕，故李贄在此運用《楞嚴經》解《心經》，乃順應時代潮流。他認為「真空」生萬法，「眾苦」乃萬法之一，是心中之相，只要心念不起，那麼自然沒有「眾苦」，所以「真空」仍是原本的「極樂法界」，凡能破除心對外物的滯泥，即可直證入「自在」。因「真空」可「生眾苦」、「滅眾苦」，眾苦生滅皆不離「真空」，故此「真心」、「真空」既是本體，又是境界〔註110〕。故李贄是將「真空」視同「如來藏」。而江燦騰認為李贄將「眾色」和「無色」互涵來符合從「色即是空，空即是色」演變為「空中無色」這段經文的字面意義，此等解法有其問題，因《楞嚴經》是「如來藏系」；《心經》屬「般若系」，前者講「真常」，後者論「空」，兩者應有所區分。但《心經》「色即是空，空即是色」是從緣起說來講的。空宗理論承認一切緣起，無自性，故謂之空。如來藏既能生萬法，又能離垢不染，即違背緣起說之定律。依空宗立場，「色」乃宇宙萬象，皆依因果而成；既依因果則條件相待，必歸於空無自性，故無永恆存在。但萬物既依因緣而有，又不能說無，故名之假有，或因緣有。因而色和空，是從不同角度來陳述一件事情的兩面，表示兩者是相即而不相離的。透過這種深奧哲學的觀察後，就可以從生死和煩惱的迷障中，解脫出來。故江氏認為李贄的解法是「如

〔註109〕 「影響明末居士的佛教信仰及作為修持指導的經論，不論對於淨土行者或禪者，力量最大而主要的是《金剛經》，其次是《楞嚴經》。本來，這兩部經典，是屬於禪宗，五祖、六祖開始，以《金剛經》為依歸，唐末宋初開始，禪宗夾用教理，故對《楞嚴經》加以重視。明末的居士，以此二經為主，再以《法華經》、《阿彌陀經》、《華嚴經》為附，即形成一代佛教的思潮。……思想的中心，仍是禪的精神……明末的居士，思想的指導，是以《楞嚴經》、《心經》、《金剛經》為主。」語見聖嚴法師：《明末佛教研究》，（臺北：法鼓文化，1999年），頁288、301。

〔註110〕 楊國平：〈李贄與儒佛〉，收入佛光山文教基金會主編：《中國佛教學術論典》第37冊，（高雄：佛光山文教基金會，2001年），頁388。

來藏」立場。〔註111〕

　　江燦騰之說頗有見地，由此來看李贄定義「晦昧」為愚痴，一般人誤以「真心」為無形無相的常寂虛空，因個人意念與有形外物交集，造成心神不寧，只要空掉外相，即可回歸真空佛性。然此非李贄所認知的「真空」，他認為這種「空」只是一種「太虛空」，是為了「空」而刻意造作來，如此反而只是營造出空無所有的虛妄，甚至因此迷惑而營造出雜念妄想的心相，故在〈解經文〉中曰：

> 既以妄色妄想相交雜而為身，於是攀緣搖動之妄心日夕屯聚于身內，
> 望塵奔逸之妄相日夕奔趣于身外，如衝波逐浪，無有停止，其為昏
> 擾擾相，殆不容以言語形狀之矣。是謂心相，非真心也，而以相為
> 心可與！是自迷也。既迷為心，則必決定以為心在色身之內，必須
> 空却諸擾擾相，而為空之念復起矣。復從為空結色雜想以成吾身，
> 展轉受生，無有終極，皆成于為空之一念，始于晦昧之無明故耳。
> 夫既迷為心，是一迷也。復迷謬以為吾之本心即在色身之內，必須
> 空却此等心相乃可。嗟嗟！心相其可空乎！是迷而又迷者也。故曰
> 「迷中倍人。」

心相並非真空佛性，而是不真實的顏色與想像交疊所形成的主觀感覺，此心相並非真心，然而，人被此虛幻之相迷惑，反而又興起企圖「空」之的念頭，如此就會造成更大的迷惑，也因為「為空」之念來自人的愚痴，誤解本心就在色身之中。故言：「然是真空也，遇明白曉了之人，真空即在此明白之中，而真空未始明白也。」（〈解經文〉）由此看來，「真空」就是一種透徹了悟的主體感知能力，其具有不生不滅，永恒存在的特質，而心相不過是主體意識的內容，不可本末倒置，誤以為感知到的心相就是「心」。

　　王均江《衝突與和諧──李贄思想研究》一書，便是從佛家角度看「心」，王氏認為，李贄的心是「真空」，但此「真空」並非無欲、無念、無色、無相，也不是「掘地出土之空」、「太虛空」，更不是與「有」直接相對的「無」。李贄認為「太虛空」、與「有」相對的「無」為「頑空」、「斷滅空」，與之相比，「真空」則是「有」，但這個「有」又是一種潛在的「有」，是隨境而生的，是如禪

---

〔註111〕 江燦騰：〈李卓吾與晚明佛教思想以及對其狂禪的批評〉，收入氏著：《中國近
　　　　 代佛教思想的爭辯與發展》，（臺北：南天出版社，1998 年），頁 357～358。
　　　　 江氏把李贄運用如來藏立角度解讀空宗經典的立場，說明得很詳細。

家所謂「飢來吃飯困來眠」，不著形迹。若存有「默知功夫」，那就是不自然，著了形迹，所得最多是「斷滅空」，而非「真空」。因此，王均江認為，李贄的「真空」就是「未發之中」，是潛在之「有」，「有」既是潛在的，那麼就是「無」，故它既是「有」也是「無」，非「有」也非「無」。〔註112〕

王均江之說，有其深刻之處，這種自然而然映照萬物的本質，就是李贄的「真心」。對李贄而言，「真空」就是萬物與人倫物理之本源，其不具有物理性質，也無任何思想意念，此即惠能所謂之「自性」，足以生萬法。〔註113〕

此外，許蘇民將李贄的「真空」視為「童心」，他說：

> 李贄所講的「真空」，則是人的「童心」，童心能觀照宇宙萬物，是人所具有的主觀認識能力。童心不著形迹，卻能產生對宇宙萬物的認知；童心所觀照的宇宙現象，是隨境而生，又隨所處的環境而發生變化的。由於它既不著形迹，又隨境而生，所以它就不是一個實體性的概念。它本身的變動不居的性質，使得它不可能被實體化。在李贄的哲學思想中，「童心」、「真空」、「清淨本原」是同一個層次的概念，在一定的意義上可以說，「童心」即「真空」，亦即「清淨本源」。因此，心體與宇宙之本體實為一體，且具有同一屬性。〔註114〕

故「童心」就是「真空」、「清淨本源」，且是隨著外在之境展現其樣貌，而李贄在為友人所撰寫《焚書・卷三・雜述・心經提綱》中提到：

> 《心經》者，佛說心之徑要也。心本無有，而世人妄以為有；亦無無，而學者執以為無。……不信經中分明讚嘆空即是色，更有何空；色即是空，更有何色。無空無色，尚何有有有無，與我罣礙而不得自在耶？〔註115〕

因此，「心」本來就沒有所謂「有」、「無」，而是一種「有中之無」的存有，是因外在事物而彰顯，故為「有中之無」。因為本體乃萬物之本，無法聞見，故曰「無有」，然此本體存在於萬有之中，所以也是「無無」。但一般人滯泥於外

---

〔註112〕王均江：《衝突與和諧——李贄思想研究》（武漢：華中科技大學，2007年），頁39。

〔註113〕王煜：《明清思想家論集》，（臺北：聯經出版事業公司印行，1981年），頁56。

〔註114〕許蘇民：《李贄評傳》，（南京：南京大學出版社，2006），頁215。

〔註115〕李贄說〈心經提綱〉寫作背景是：「《心經提綱》則為友人寫《心經》畢，尚餘一幅，遂續墨而填之，以還其人。皆草草了事，欲以自娛，不意遂成水災也！」張建業編：《李贄全集注（第一冊：焚書注一）》（北京：社會科學文獻出版社，2010年），頁280。

在之相，反而忘其「本」，故這同時也是禪宗重視不住於相、不住於空之本色。李贄是以大乘佛教中的真常系立場解讀佛教，即使是說解般若系統的《心經》與《金剛經》，仍不離真常系的如來藏來看待性空要旨。他認為，不管識字與否，只要實效、致用，把握當前條件機緣便是。〔註116〕所以如果脫離「眾苦」，企圖在他處尋求解脫，反而會落入「苦海」。

　　此外，李贄認為「心」是不可言說的，凡試圖對心、性進行言說者，皆不明白心、性。此即佛家所謂但凡說處便不是。李贄在《焚書・卷四・書答・觀音問・答明因》說：

> 真空既能生萬法，則真空亦自能生罪福矣。罪福非萬法中之一法乎？須是真曉得自無罪福乃可，不可只恁麼說去也。二祖當時說心說性，亦只為不曾認得本心本性耳。認得本心本性者，又肯說心說性乎？故凡說心說性者，皆是不知心性者也。何以故？心性本來空也。本來空，又安得有心更有性乎？又安得有心更有性可說乎？

既然心、性本來是空，故其乃無形、無相，更無法以話語言詮。一旦言說，即落入意識內容，反倒成為心相，而非本心。因此本心就是意識本身，是一種能力，而非意識內容、心中之相。〔註117〕李贄這是以虛靜空明的本然狀態來解讀「心」，此乃直接導源於禪宗思維，且得自《金剛經》為基本經典的慧能南宗禪的「猶如虛空」、「本源清淨」、「覺體圓明」之說，即使李贄心傾於頗近於禪的王龍溪，但其童心實已淡化王龍溪之說的倫理內涵，而更接近禪的虛靜空明之佛性。〔註118〕此外，「真空」所產生之「萬法」，也包含「罪福」在內，故無善、惡之分，善惡皆為萬法內容，去除善，則惡也不復存在，若沒有七情六慾，如何會有昇華後的情感？此即佛教之「真妄一如」說，這同時也為李贄倡議「心」包含私、慾、情、禮義設置了前提。

---

〔註116〕林其賢：《李卓吾的佛學與世學》，（臺北：文津出版社，1992年），頁216～217。

〔註117〕傅小凡認為李贄的說法完全是佛教觀點，因人們的意識本身是不能作為對象存在的，而作為對象存在的只能是意識內容，即心中之相，所以能以語言表達的也只能是它們。而意識本身也就是心本身，是一種能力存在，故無法用語言表述，所以佛教對人的精神現象的這一特徵的揭示是極其精細而深刻的。詳參傅小凡：《李贄哲學思想研究》，（福州：福建人民出版社，2007年），頁161。

〔註118〕左東嶺：〈禪學思想與李贄的童心說〉，《鄭州大學學報（哲學社會科學報）》第5期，1995年5月，頁10～17。

　　李贄剃髮出家，但並非消極出世，而是認為佛必須有益於事，若於事有礙就不能稱為佛，在《焚書‧卷一‧書答‧答鄧石陽》說：

> 穿衣吃飯，即是人倫物理；除卻穿衣吃飯，無倫物矣。世間種種皆衣與飯類耳，故舉衣與飯而世間種種自然在其中，非衣飯之外更有所謂種種絕與百姓不相同者也。學者只宜于倫物上識真空，不當于倫物上辨倫物。故曰：「明于庶物，察于人倫。」於倫物上加明察，則可以達本而識真源；否則，只在倫物上計較忖度，終無自得之日矣。支離、易簡之辨，正在于此。明察得真空，則為由仁義行，不明察，則為行仁義，入于支離而不自覺矣。可不慎乎！

穿衣吃飯，即是人倫物理，要理解「真空」的道理，就要在穿衣吃飯的倫物上「明察」才能有所得，如果只在倫物上辨倫物，反而是本末倒置，是無法達到「識真源」的本體論境界的；唯有通過「于倫物上識真空」的理性直覺，「下學而上達」，方能臻至「達本而識真源」的本體論之境。〔註119〕因此他的佛教觀點，是很切合入世的，因為「真空」就是「有中之無」，所以李贄要在日常生活中自然而然「有」的「倫物」上，去識得「真空」之心其本然狀態，只要滌除人為造作等不自然，就是達到「真空」的自然存在，如同禪宗所謂的吃飯睡覺般自然，也因為他在《焚書‧卷四‧雜述‧安期告眾文》說：「常住中所有事務，皆是道場；所作不苟，盡屬修行。」在日常用事中用功，由誦經來確立佛法認知，由靜坐禮懺念佛等禪修來增強心力，透過這些佛門基礎訓練是有必要的，這也呼應了王陽明所謂的「在事上磨」的工夫。

　　然而，「真空」要透過在人倫物理上參透，如何才能真正將人為造作等不自然滌除，而回歸「真空」之「明心」呢？李贄在《焚書‧卷四‧書答‧觀音問‧答明因》對明因的相關疑惑，曾提出解釋，明因原本的問題是：

> 名為豁達空者是誰，怕落豁達空者是誰，能參取豁達空者是誰。我之真空能生萬法，自無莽蕩。曾有偈云：「三界與萬法，匪歸何有鄉，若只便恁麼，此事大乖張。」此是空病，今人有執著諸祖一語修行者，不知諸祖教人，多是因病下藥，如達摩見二祖種種說心說性，故教他外息諸緣，心如墻壁。若執此一語，即成斷滅空。〔註120〕

---

〔註119〕許蘇民：《李贄評傳》，（南京：南京大學出版社，2006），頁218。

〔註120〕詳見張建業編：《李贄全集注（第2冊：焚書注二）》，（北京：社會科學文獻出版社，2010年），頁92。

明因就「真空」概念的疑惑求教李贄，並認為世人往往拘泥於諸祖的一語而修
行，反而無法體知真道，一旦受制於諸祖言語，則反而會走向「斷滅空」，這
是從禪宗的角度，故達摩提出只要「心如牆壁」，就可達到「捨偽歸真」之境。
就明因之見，李贄〈答明因〉則說：

> 真空既能生萬法，則真空亦自能生罪福矣。罪福非萬法中之一法乎？
>
> 須是真曉得自無罪福乃可，不可只恁麼說去也。

「真空」是可以產生「萬法」、「罪福」的一種狀態，「真空」是根本，「萬法」
是末節。前者為「體」，是無限的存在；後者為「用」，是有限的現象。因此所
有善、惡之物都可以由「真空」產生，畢竟萬法並沒有善惡之別，且「一心萬
法，一念萬年是禪宗常見的套語。」〔註121〕但李贄針對明因的「心如牆壁」
說有另一套解釋，〈答明因〉又曰：

> 二祖當時說心說性，亦只為不曾認得本心本性耳。認得本心本性者，
> 又肯說心說性乎？故凡說心說性者，皆是不知心性者也。何以故？
> 心性本來空也。本來空，又安得有心更有性乎？又安得有心更有性
> 可說乎？故二祖直至會得本來空，乃得心如牆壁去耳。既如牆壁，
> 則種種說心說性諸緣，不求息而自息矣。諸緣既自息，則外緣自不
> 入，內心自不慌，此真空實際之境界也，大涅槃之極樂也，大寂滅
> 之藏海也，諸佛諸祖之所以相續慧命於不斷者也，可以輕易而錯下
> 注腳乎？參！參！

李贄認為二祖當初提出心性之說，是因為沒有真正認得本心本性，由於本心本
性是「本來空」，所以本就無法言詮，若可以說，就不是心性了。而且，既然
心是「本來空」，又哪會有「性」呢？所以等二祖真正體會到「本來空」的奧
義，才理解出「心如牆壁」的意涵，若能達到「心如牆壁」，則各種外界說法，
自然止息，「外緣」不會進入心，心也不會受制於外物，此即「真空」的本意。
「真空」就是一種絕對超然的存在，其可生善、惡、罪、福，同時也能滅善、
惡、罪、福〔註122〕。故「真空」本身「內在」於萬法之中，同時又得以「超

---

〔註121〕荒木見悟著、廖肇亨譯：《明末清初的思想與佛教》，（上海：上海古籍出版社，
2010年），頁148。

〔註122〕依照劉季倫的解釋，「儘管在眾生的存在的感受上，『真空』與『眾苦』是對
立的；但就存有論上的意義而言，『真空』與『眾苦』並不是涇渭分明、兩不
相干的。『眾苦』存在於『真空』之內，而不在『真空』之外；『眾苦』由『真
空』所生，亦可由『真空』所滅。如果我們硬要把『眾苦』排除於『真空』

越」萬法。只要擄取此「真空」心，就可擺脫外在之雜染。可見，李贄認為「心」的本質是「真空」，而「心」是高於「性」一層的概念，也因為「真空」心本有「牆壁」之特質，故「諸緣」無法侵擾「心」，「心」也得以避免惴慄，此即「真空」之境界。

又《焚書‧卷四‧雜述‧觀音問‧答自信》曰：

> 若無山河大地，不成清淨本原矣，故謂山河大地即清淨本原可也。
> 若無山河大地，則清淨本原為頑空無用之物，為斷滅空不能生化之
> 物，非萬物之母矣，可值半文錢乎？

既然「斷滅空」是不能生化萬物的「虛」，因此必須為「真空」方能化育萬物、萬法，而這「真空」必須是在山河大地等「有」上才得以展現，而山河大地也因清淨本原（真空）而得以存在顯現，兩者是無法割離對方而存在的。故「真空」是「萬物之母」，也就是「心」，於化育之始，就是一念之本心，即「童心」。因此，李贄傳承自佛教的「真空」就在於重視「真」的心之本然狀態，不能有任何刻意造作，也就是《焚書‧卷一‧書答‧復丘若泰》所言：

> ……此時正在病，只一心護病，豈容更有別念乎？豈容一毫默識工
> 夫參于其間乎！是乃真第一念也，是乃真無二念也；是乃真空也，
> 是乃真纖念不起，方寸皆空之實境也。非謂必如何空之而後可至丹
> 陽境界也。若要如何，便非實際，便不空矣。

「真空」就是任何主觀意念都不掀起，心就是自然的「真」，而不是企圖使之「空」所到達的境界，如果起了想要如何「空」的意念，也就是有所為而為的念頭，如追求外在功名富貴之想，那麼這就不是「真空」了。此即《焚書‧卷一‧書答‧答鄧石陽》所云：

> 所謂「空不用空」者，謂是太虛空之性，本非人之所能空也。若人
> 能空之，則不得謂之太虛空矣，有何奇妙，而欲學者專以見性為極
> 則也耶！所謂「終不能空」者，謂若空得一毫人力，便是塞了一分
> 真空，塞了一分真空，便是染了一點塵垢。此一點塵垢便是千劫繫
> 驢之橛，永不能出離矣，可不畏乎！

因為「太虛空」為虛空無形之太空，故並非人為造成其「空」之本性，若加入一分人為，便是使「真空」心沾染一分束縛，將無法超脫。所以李贄反對外加

---

之外，『真空』就變成了『頑空』。」語見劉季倫：《李卓吾》，（台北：東大出版社，1999 年），頁 61～62。

的道理聞見，希望藉由這樣的「真空」心為體，得以呈顯千變萬化之萬法。故心作為「未發之中」，一旦「已發」就是童心運轉，此時萬法皆作。由「心」所展現的音樂，才能參贊化育，賦於流形。

## 第三節　心學之瀰落

有明一代處於儒釋道三家會通氛圍，歷經宋代程頤、程顥、朱熹、陸九淵談「心」，到王陽明提出「良知」，按《明史·儒林傳》道：

> 宗守仁者曰姚江之學，別立宗旨，顯與朱子背馳，門徒遍天下，流傳逾百年，其教大行，其弊滋甚。嘉、隆而後，篤信程、朱，不遷異說者，無復幾人矣。〔註123〕

可見此期王學盛行之盛況，已超越程朱學派，而顧炎武《日知錄》也載：

> 蓋自弘治、正德之際，天下之士厭常喜新，風氣之變，已有所自來。而文成以絕世之資，倡其新說鼓動海內。嘉靖以後，從王氏詆朱子者，始接踵於人間。……故王門高第為泰州、龍溪二人。泰州之學，一傳而為顏山農，再傳而為羅近溪、趙大洲。龍溪之學，一傳而為何心隱，再傳而為李卓吾、陶石簣。〔註124〕

由此可知，李贄繼承王學的理路有二，一為泰州學派王艮以降，到羅近溪，再到李贄；一為王畿，傳到何心隱，再到李贄。所以李贄為王學之後的說法，其來有自。明末清初的思想特徵往往和先秦時代相提並論〔註125〕，王學盛行之後，因對陽明學說的內容解讀有所不同，尤其是「良知」的闡釋，如王畿在《擬峴台會語》中，提出因為後學各以「性之所近」，而形成了不同派別：

> 良知宗說，同門雖不敢有違，然未免各以性之所近，擬議攙和。有謂良知非覺照，須本於歸寂而始得；如鏡之照無現成，由於修証而始全；如金之在礦，非火符鍛煉，則金不可得而成也。有謂良知是從已發立

---

〔註123〕〔清〕張廷玉等撰；楊家駱主編：《新校本明史并附編六種》，（臺北：鼎文書局，1991年），頁7222。

〔註124〕〔清〕顧炎武撰、〔清〕黃汝成集釋：《日知錄集釋》，（臺北：世界書局，1968年），頁438。

〔註125〕「王陽明提倡良知說以後，直到明末清初，湧現出富有特色的思想家，被認為堪與戰國諸子百家的盛況媲美，卻是客觀的事實。」語見荒木見悟：〈陽明學評價的問題〉，收入辛冠潔編：《日本學者論中國哲學史》，（臺北：駱駝出版社，1987年），頁374。

> 教，非未發無知之本旨。有謂良知本來無欲，直心以動，無不是道，
> 不待復加銷欲之功。有謂學有主宰，有流行，主宰所以立性，流行所
> 以立命，而以良知分體用。有謂學貴循序，求之有本末，得之無內外，
> 而以致知別始終。此皆論學同異之見，不不辨者。〔註126〕

王畿將王門後學分歸寂、現成兩派，其分派理由乃因體察良知之法有所不同，前者視「良知」之體認應歸於「寂」，而非靈明覺察；後者則認為「良知」屬於當下現成，即體即用。除王畿之分法，其後黃宗羲在《明儒學案》中又依地域，將王門諸子分成浙中王門、江右王門、南中王門、楚中王門、北方王門、粵閩王門及泰州學派。〔註127〕其中，浙中王門與泰州學派主本體即工夫，學說近禪宗，重「頓悟」，被視為王學左派，且往往被冠以「狂禪」之稱。江右學派則主張由工夫達本體，接近北宗禪所謂之「漸悟」。〔註128〕

此外，李贄早年研讀朱子之學，卻感慨「讀傳注不省，不能契朱夫子深心。」對程朱理學和一切偽道學，進行猛烈抨擊。嘉靖四十五年（1566），李贄到北京補禮部司務，當時心學已有儒釋相融之特徵，又受李逢陽、徐用檢等人影響接觸王陽明之書，並對王學左派諸人皆有所推崇。萬曆十一年（1583）六月，王畿卒。同年十二月，李贄聞訃，於龍潭以奠並作〈王龍谿先生告文〉。萬曆二十八年（1600）春，又編《陽明先生道學鈔》八卷，《陽明先生年譜》二卷，在〈陽明先生道學鈔序〉曰：「余舊錄有先生年譜，以先生書多不便攜持，故取譜之繁者刪之，而錄其節要，庶可挾之以行遊也。雖知其未妥，要以見先生之書而已。」又〈陽明先生年譜後語〉說道：「是春，予在濟上劉晉川公署，手編陽明年譜自適。黃與參見而好之，即命梓行，以示同好。」尤其他在〈羅近溪先生告文〉推崇龍溪與近溪，曰：「自後無藏不讀二先生之書，無口不談二先生之學。使其聽之，親切而有味，詳明而不可厭，使有善書者執管侍側，當疾呼手脆脫矣。」他對泰州學派的學者更是仰慕，並在〈為黃安上人大孝文一首〉說道：「心隱以布衣出頭倡道而遭橫死，近溪雖得免于難，然亦幸耳，卒以一官不見容于張太岳。蓋英雄之士，不可免于世而可以進于道。」力讚何心隱、羅近溪等人為真英雄。除喜愛英雄豪傑，又反對無用的道學先生，《藏書·紀傳總目後論略》曰：「儒臣雖名為學，而實不知學。」強調真才實學的

---

〔註126〕〔清〕黃宗羲：《明儒學案》，（臺北：世界書局，1961年），頁102。
〔註127〕〔清〕黃宗羲：《明儒學案》，（臺北：世界書局，1961年）。
〔註128〕陳清輝：《李卓吾生平及其思想研究》，（臺北：文津出版社，1993年），頁22。

重要，只要具有真才實學，各家各派皆可用，故其用人重視不拘定一途，由此可見心學諸家對其思想有一定影響力。

再者，陽明視「良知」為「真吾聖門正法眼藏」，「良知」是存在主體的構成核心，也是明代心學之關鍵，其影響明、清兩代的思想與文學發展中，對主體意識的重視，王陽明「致良知」可視為積極的道德實踐之學〔註129〕，從陽明的「身之主為心，心之靈明是知，知之發動是意，意之所看為物。」（《傳習錄》）〔註130〕可發現其「靈明」具有理性思維能力，使主體包含理性與非理性的雙重意蘊。晚明則表現為王艮非理性的「意願論」與劉宗周理性的「意志論」雙重路向。李贄則由此推展出「情」的普遍意義，展現人人皆具「童心」，且倡議由此而發之「情」必能打動人心。〔註131〕故要了解李贄如何從王學演化為「童心」，就不可忽略「致良知」、「心即理」。換言之，欲探討李贄音樂美學本體「心」之淵源，就應深思從心學以降對李贄美學影響之理路。

然「童心」說是如何受陽明與龍溪影響，又是如何開展出其具有個人特色的思想理論？本節企圖從心學的傳承脈絡體系，重新釐訂李贄的「前理解」，藉此「前理解」解讀李贄深受心學影響的「童心」概念。

## 一、宇宙心

目前學界對〈童心說〉的寫作年代有萬曆十四年（1586）與萬曆二十年（1592）兩種說法〔註132〕，不管是完成於十四年或二十年，都是李贄歷經耿李之爭的時期。耿李論爭的白熱化，導致李贄深陷被誣「狎妓」風暴，此時也是他批判與厭惡假道學最深刻的階段。但也因為對「假」的質疑，讓他重新思索「真」的奧義，也對天地良心的「宇宙心」概念，有近一步探究。

〔註129〕劉宗賢：〈陽明道學革新與良知說的情、理、欲機制〉，出自鍾彩鈞編：《明清文學與思想中之情理欲》，（臺北：中央研究院中國文哲研究所，2009 年），頁 77～78。

〔註130〕本文於王陽明語處，皆根據《王陽明全集》，（上海：上海古籍出版社，1997年），其後引文，於文後標注篇名，不另注出處。

〔註131〕傅小凡：〈論晚明哲學的主體性轉向〉，《鵝湖月刊》第 305 期，2000 年 12 月，頁 49、51。

〔註132〕前者觀點見於《泉州市李贄思想學術研討會論文集》，頁 132。後者觀點來自許建平：《李贄思想演變史》，頁 270～274。張建業編：《李贄全集注（第 1冊：焚書注一）》（北京：社會科學文獻出版社，2010），頁 277。目前兩造考證尚未有明確論。

　　春秋戰國時，儒家思想早有修身、齊家、治國、平天下的經世致用之學，以及仁、義、禮、智等道德哲學，先秦儒家「心」之傳統，本身即具天人合一〔註133〕之境界企慕，亦即將「心」自然德性化。〔註134〕而「中國哲學，特別是儒家哲學，是以『天人合一』為起點，人性問題為關鍵，人生理想為核心的學說。」〔註135〕「天命」或「天道」藉由精神涵養而貫注於人的生命，產生道德實踐，並展現超越且內在的特質〔註136〕。在《論語・先進》曰：

　　　鼓瑟希，鏗爾，舍瑟而作。對曰：「異乎三子者之撰。」子曰：「何傷
　　　乎？亦各言其志也。」曰：「莫春者，春服既成；冠者五六人，童子
　　　六七人，浴乎沂，風乎舞雩，詠而歸。〔註137〕

洗澡遊玩至傍晚，唱歌回去，乃人情自然而然之事，無絲毫勉強，孔子讚賞曾點，乃因其能在適當時令，不泥於公共事務而能隨興所適，度過悠然暢快的時光，這即「心」的自足呈現，也因較不涉及儒者政治包袱，得以從自然景物中「歸於自得」，終達逍遙自適境界之「自然」〔註138〕，合乎孔子重視之人格自由，只要秉承道義，自由人格即可無所執拗，此即《論語・子罕》所云：「毋意、毋必、毋固、毋我。」〔註139〕由於公共事務不足以為之，故可退回

〔註133〕為了避免和道家思想混淆，此處所指的「天人合一」的「天」主要指義理之天，而非主宰、統攝萬物的天。

〔註134〕「人初到世間，本來只是一種自然意義上的存在，作為一種自然的存在（即與身體相關的存在），它並不具有好學、力行、知恥等品格；而要使人真正獲得內在的價值，便必須經過一個從『天之天』（自然的存在）到『人之天』（人化的存在）的過程。這一過程，本質上表現為『自然的人化』。」語見楊國榮：〈代「天之天」為「人之天」及其多重意蘊〉，《中國哲學史》2 期，1994 年，頁 103。在安樂哲主編，彭國祥、張容南譯：《儒學與生態》，（南京：江蘇教育出版社，2008 年），當中也有相關的論述。

〔註135〕宋克夫、韓曉：《心學與文學論稿》，（北京：中國社會科學出版社，2002 年 5 月），頁 6。

〔註136〕牟宗三：《中國哲學的特質》，（臺北：台灣學生書局，1984 年），頁 15～25。牟氏提出中國人的道德實踐是以自己生命本身為對象，透過精神生命控制情慾生命，儒家的正視生命端賴道德實踐，藉此展現道德生命強度，也因為此德性來自憂患意識產生之「敬」，而使天道、天命貫注於人身，成為人之主體，藉由主體的道德實踐而自我肯定，得以內化又超越為人的「真實的主體性」。

〔註137〕〔宋〕朱熹：《點校四書章句集注・論語集注》，（上海：上海古籍出版社，1987 年 3 月），頁 48。

〔註138〕楊儒賓：〈生生的自然觀〉，出自鄭毓瑜編：《中國文學研究的新趨向：自然審美與比較研究》，（臺北：臺大出版中心，2005 年），頁 144～146。

〔註139〕〔宋〕朱熹：《點校四書章句集注・論語集注》，（上海：上海古籍出版社，1987 年 3 月），頁 36。

私人領域，即「如不可求，從吾所好」（《論語・述而》）〔註140〕之達觀，此可視為「心」的本然追尋，同時也是余英時在《知識人與中國文化的價值》中所說的：

> 我們追溯了先秦各家關於「心」和「道」的關係的見解，便可以完全確定：中國古代「哲學突破」以後，超越性的「道」已收入人的內心。因此先秦知識人無論是「為道」或「為學」，都強調「反求諸己」、強調「自得」。這是「內向超越」的確切意義。……但是「內向超越」並不僅限於「突破」時代。事實上，它從此形成了一個強固的傳統，支配了後世知識人的思維模式（mode of thinking）。佛教原來是「外在超越」的形態，但經過長期的中國化的發展，終於逼出了「內向超越」的中國禪宗。宋代理學興起以後，「道」或「理」的內向超越的性格，也發展得更明確、更完備了。……修心養性不但是中國知識人的特徵之一，而且這個觀念也打進了通俗文化之中。……我們可以說中國知識人特別注重精神修養，主要是為了保證「道」的莊嚴和純一。……祇有持此超世間的「道」，他們才能面對世間的「勢」而不為所動。〔註141〕

余英時的說法，著意於先秦時代「道」的「超越性」內在於「人心」，而「自得」就是此種「內向超越」之證明。而在中國哲學傳統中，隱逸也是面對社會無法接納自我價值時，藉由個體道德的提升，轉向「成己」或「內聖」，所謂：「我欲仁，斯仁至矣。」（《論語・述而》）〔註142〕「內聖」是建立在人的自然情感之真實，無法容忍纖介虛矯。故孔子言：「巧言令色鮮矣仁。」（《論語・學而》）〔註143〕「未見好德如好色者。」（《論語・子罕》）〔註144〕語指好德者鮮見，且好德應如好色，成為情感自然而然之流露，也就是顏淵「一簞食，一

---

〔註140〕〔宋〕朱熹：《點校四書章句集注・論語集注》，（上海：上海古籍出版社，1987年3月），頁28。

〔註141〕余英時：《知識人與中國文化的價值》，（臺北：時報文化，2007年），頁192～195。

〔註142〕〔宋〕朱熹：《點校四書章句集注・論語集注》（上海：上海古籍出版社，1987年3月），頁30。

〔註143〕〔宋〕朱熹：《點校四書章句集注・論語集注》（上海：上海古籍出版社，1987年3月），頁1。

〔註144〕〔宋〕朱熹：《點校四書章句集注・論語集注》（上海：上海古籍出版社，1987年3月），頁38。

瓢飲，在陋巷」(《論語‧雍也》) 〔註145〕的至樂與自得。

孔子曰：「仁遠乎哉？我欲仁，斯仁至矣！」(《論語‧述而》) 又在《論語‧顏淵》：「克己復禮為仁。一日克己復禮，天下歸仁焉。為仁由己，而由人乎哉？」孔子雖未直言性的本質為善或惡，但從其論述可知其肯定人有自我實現以及「自律」的能力。所謂「踐仁」、「復禮」顯示出道德感受是人最直接具體的存在，故踐履仁道不是由外在法則權威而來，而是從人的根本「心」出發，禮樂建立在「仁」，道德仁義最終以「遊於藝」、「成於樂」的遊樂境界顯示，因此，道、個人興趣與情性，自然所至皆為所好，而孔子承襲詩書傳統之「天」、「天命」、「天道」之超越意識，其「踐仁以知天」的態度只是暫時撇開客觀面中傳統儒家信仰的「帝」、「天」、「天命」，使人的主體性與天銜接，〔註146〕而這也是儒家順從天的則天思想。〔註147〕

至於孟子論天，同樣繼承了殷周以來的原始天命，承認有主宰性質的天，故《孟子‧萬章》曰：

> 萬章曰：「堯以天下與舜，有諸？」孟子曰：「否。天子不能以天下與人。」「然則舜有天下也，孰與之？」曰：「天與之。」「天與之者，諄諄然命之乎？」曰：「否。天不言，以行與事，示之而已矣。」〔註148〕

這裡的天具有主宰的性質，民眾的意向反映天命，有主宰性質的天藉由民眾意向表達其意願，將民心提高到天意層次，於是使有主宰性質的天與人（民）統一，天命是民眾意向的集中體現，於是人在天人關係中的重要地位得以突顯。孟子試圖找到人之所以為人的理由，答案就在他的「性善」說，在中國人性論

---

〔註145〕〔宋〕朱熹：《點校四書章句集注‧論語集注》(上海：上海古籍出版社，1987年3月)，頁23。

〔註146〕牟宗三：《心體與性體》第一冊，(臺北：正中書局，1990年)，頁21。牟宗三認為：重主體性並非否定或輕忽帝、天之客觀性（或客體性），而毋寧是更加重更史真切于人之對于超越而客觀的天、天命、天道之契接與崇敬。不然，何以說「五十而知天命」？又何以說「畏天命」？孔子此步「踐仁知天」之提供，一方喚醒人之真實主體性，一方解放了王者政權得失意識中之帝、天、或天命。

〔註147〕森三樹三郎著，桃百勤譯：《無為的思想——老莊哲學系譜》，(高雄：敦理出版社，1979年)，頁84～85。作者認為要談有為自然，必須先提出儒家的則天思想：「唯天為大，唯堯則之。」強調天是萬物中最偉大者，只有聖王實行順從上天（自然）法則的政治。只要採取順從自然的行動，就是轉換到有為自然，也就是《中庸》所謂的：「天命之謂性，率性之謂道，修道之謂教。」

〔註148〕〔宋〕朱熹：《點校四書章句集注》，(臺北：大安出版社，1986年)，頁307。

史是別開生面且影響深遠。〔註149〕對孟子「性善」的理解，前人幾乎詮釋為「人性本善」或視為人的本質。〔註150〕可見孟子繼承、發展了孔子以降之倫理色彩天命觀，賦予天以倫理、道德等義理。《孟子‧盡心》提出：「盡其心者，知其性也。知其性，則知天矣。存其心，養其性，所以事天也。」這裡的天就是「義理之天」〔註151〕。仁義禮智是心之所固然，所以盡心就是知性，性又是自然天賦，也因為這樣的天賦，為人的發展開創了可能性。孟子言：「君子所性，仁義禮智根於心。」君子所表現出的人之性，便是將仁義禮智「根」植於人心之中。且天並不脫離人而獨立存在，所以知性就是知天，故孟子從人的天賦自然之性善，連結「義理天」，竭盡人的「本心」就是知曉人的本性，知曉人的本性就是知曉上天，因此心、性、天命得以聯繫起來。〔註152〕此即儒家宇宙心的根源基礎。

　　此宇宙心的概念，傳承到王陽明心學的良知說，陽明自幼希求聖人之學，十二歲時便曰：「登第恐未為第一等事，或讀書學聖賢耳。」（〈年譜一〉）可知其早年自我要求與德性實踐。陽明本從朱子「格物窮理」之學，卻因「格竹」失敗，在三十七歲貶謫龍場，深刻悟道，對「格物致知」有全心體會，曰：「始知聖人之道，吾性自足，向之求理於事物者誤也。」不再汲汲於外在，而是返回內心、自性中求，之後往往以「心」與「良知」來解決其思維困境。〔註153〕今從天地萬物源自一心、良知到知行合一兩方面闡述陽明心學傳統。

〔註149〕徐復觀，《中國人性論史‧先秦篇》（臺北：臺灣商務印書館，1969年），序，頁2。

〔註150〕胡適：《中國古代哲學史》，（臺北：臺灣商務印書館，1979年）；唐君毅《中國哲學原論》，（臺北：臺灣學生書局，1986）、牟宗三《心體與性體》，（臺北：正中書局，1968年）、徐復觀《中國人性論史‧先秦篇》，（臺北：台灣商務印書館，1969年）、張岱年《中國哲學大綱》，（臺北：藍燈文化公司，1992年）、任繼愈主編：《中國哲學史》，（北京：人民出版社，1963年）、勞思光《新編中國哲學史》，（臺北：三民書局，1988年）、陳榮捷：《中國哲學文獻選編》，（臺北：巨流圖書公司，1993年）、葛榮晉《中國哲學範疇導論》，（臺北：萬卷樓圖書公司，1993年），以及對宋明理學研究極有心得的學者，如：錢穆、蔡仁厚、張立文、曾春海、陳來等諸位前賢，均有如是認知。

〔註151〕〔清〕焦循：《孟子正義》，（河北：河北人民出版社，1986年），頁517。焦循注解：「性有仁義禮智之端，心以制之；人能盡極其心，則可謂知其性矣，知其性則知天道之貴善者也。」

〔註152〕牟宗三：《心體與性體》第一冊，（臺北：正中書局，1990年），頁28～29。

〔註153〕蔡龍九：〈王陽明「理」的內容與「心即理」的適用範圍〉，《國立台灣大學哲學論評》第41期，2011年3月，頁87～112。

### 1. 天地萬物源自一心

王陽明提出「天地萬物與人原為一體」的見解，本身屬孟子一派〔註154〕。以為天地萬物皆源自於心、統一於心，而心的本質在於良知〔註155〕；人與自然相偕乃基於宇宙間的自有與本有，同時也是至善人格的最高境界。也因為人與自然相偕有其必要，因此陽明學說更肯認此種協調共處有其內在可能。王陽明提出「天理」，將人格化之天轉變為萬物中最高之物，將天意、天命由人格化的自然力，轉變為宇宙間的意識。因此「天理」是先於宇宙萬物存在的精神本體，「天」乃先天、本源，而「天理」就是「心」，陽明將宇宙萬物本源的理轉變成先天地存在於人，是人生而具有的意識，也是宇宙間真實存在的精神現象，人人都可實在感知的宇宙現象。〔註156〕也因為人可以透過自己的思維、意識與精神活動，思考人與天地萬物的關係，尋求人與自然協調共處的路徑，所以王陽明強調「以天地萬物為一體」，是大人之心、聖人之心、仁者之心、仁人之心，《傳習錄》曰：

> 大人者，以天地萬物為一體也，夫然後能以天地萬物為一體。

> 真能以天地萬物為一體，實康濟得天下，挽回三代之治，方是不負。

「天地萬物為一體」代表天、地、萬物共同構成一個密切依賴、不可分割的整體。在與湛若水論學中，王陽明明確揭示：「天地萬物與人原是一體，其發竅之最精處，是人心一點靈明。」（《傳習錄》）所謂「靈明」就是「天下之大本」的良知，這個「本」就是「心」，也因為本心具有種種實性，每一實性即其當體自己，故陽明說「心無體」，心僅具有「感應之是非」本質。〔註157〕陽明的「心即理」追求的是人的主體性，強調主體自由，認為道德之理在我心中，實

---

〔註154〕 「陽明與陸子靜是孟子一脈，陽明才大於子靜，子靜心粗於孟子。」語見〔明〕高攀龍：《高子遺書》，（合肥：黃山書社，2009年），頁76。可見高攀龍將王陽明、陸九淵都視為孟子後學。

〔註155〕 〔清〕劉汋：《先君子蕺山先生年譜》，（合肥：黃山書社，2009年），頁21。劉汋云：「先生承絕學於辭章訓詁之後，一反求諸心，而得其所性之覺曰良知，因示人以求端用力之要，曰致良知。良知為知，見知不囿於聞見；致良知為行，見行不滯於方隅。即知即行，即心即物，即動即靜，即體即用，即工夫即本體，即下即上，無之不一，以救學者支離眩鶩，務華而絕根之病，可謂震霆起寐，烈耀破迷，自孔孟以來，未有若此之深切著明者也。」此處意指，劉蕺山認為王陽明乃最深得孔孟之學者。

〔註156〕 楊祖漢：《儒家的心學傳統》，（臺北：文津出版社，1992年），頁217～227。其認為本心是道德的本體，萬事萬物皆有其理，並由本心呈現。

〔註157〕 牟宗三：《從陸象山到劉蕺山》，（臺北：臺灣學生書局，1979年），頁222。

踐來自於心，而非由外強加之理。〔註158〕「理」是道德法則，是人的意識經由實踐而賦與行為和事物，其本身也與禮儀規範息息相關，禮應為道德本心自然的作用表現。理，是心的條理，是倫理具體化為禮儀的表現。〔註159〕這也是王陽明「心即理」的概念。

## 2. 良知到知行合一

此外，王陽明提出：「夫學貴得之心。求之心而非也，雖其言之出於孔子，不敢以為是也。」（《傳習錄・卷中・答羅整庵少宰書》）把「心」當做認識判斷的主宰，進而影響泰州學派肯定良知為面對事物之準則、道德自決，其中王艮強調百姓日用即道，重視實踐，而何心隱則將仁義具體化於人倫社會制度中，羅近溪則認為學問如同做人，要平易近情。可見泰州學派在繼承王陽明的良知教後，將良知下降到社會人倫物理層面推展，而李贄將之發揚光大，同時又反對宋明道學家的虛偽，肯定因時定術，必須依照現實狀況採取因應對策。〔註160〕故在〈童心說〉曰：

> 古之聖人，曷嘗不讀書哉！然縱不讀書，童心固自在也，縱多讀書，亦以護此童心而使之勿失焉耳，非若學者反以多讀書識義理而反障之也。夫學者既以多讀書識義理障其童心矣，聖人又何用多著書立言以障學人為耶？童心既障，於是發而為言語，則言語不由衷；見而為政事，則政事無根柢；著而為文辭，則文辭不能達。非內含以章美也，非篤實生輝光也，欲求一句有德之言，卒不可得，所以者何？以童心既障，而以從外入者聞見道理為之心也。

童心未受蔽障之前，本自具有澄明之道德覺察力，這是李贄強調的「道自我出」，故他所謂的「心」就具有一種本然具足、相當於王陽明「心即理」中「天理」的判斷力，也因為「心」有這種「宇宙心」的獨立特質，故李贄論「心」同樣呈顯出如王陽明所謂不敢以孔子為是的特徵，延伸為李贄強調之是非無定質的論述。如其在《焚書・卷一・書答・又答耿中丞》所說：

> 心之所欲為者，耳更不必聞于人之言，非不欲聞，自不聞也。若欲

---

〔註158〕楊祖漢：《儒家的心學傳統》，（臺北：文津出版社，1992年），頁226。

〔註159〕戴瑞坤：《中日韓朱子學陽明學之研究》，（臺北：文史哲出版社，2002年），頁83〜84。

〔註160〕白崢勇：〈談「良知」到「童心」的演化——兼論李贄在明季思想史上的地位〉，《人文研究學報》國立臺南大學，第42卷第2期，2008年10月。頁36〜37。

不聞，孰若不為。此兩者從公決之而已。且世間好事甚多，又安能
一一盡為之耶？

這裡所強調的心，同樣具有意志與判斷力，無需依循外在道理聞見，只要不囿
於外在聞見之限制，就不至於被遮蔽，即可本其自然所具之內在道德，避免任
慾望漫溢之弊。又李贄在《初潭集・卷之二十二・君臣二・正臣》言：

> 華歆、王朗俱乘船避難，有一人欲依附。歆難之，朗曰：「幸尚寬，
> 何為不可！」後賊追至，王欲舍所攜人，何說？歆曰：「本所以疑，
> 正為此耳。既已納其自托，寧可以急相棄邪？」遂攜拯如初。華嶠
> 《譜敘》曰：「歆為下邳令，值漢室亂，乃與同志六七人避世。自武
> 關出，道遇一丈夫獨行，願得與俱，皆哀許之，歆獨曰：「不可。今
> 在危險中，禍福患害，義猶一也。今無故受之，不知其義，若有進
> 退，可中棄乎？」眾不忍，卒與俱行。此丈夫中道墮井，皆欲棄之，
> 歆乃曰：「已與俱矣，棄之不義。」卒共還，出之而後別。」
>
> 〔批語〕此君子小人之所以分也。彼平時愛買好，急則不顧。故凡
> 買好者，皆非其心也。小人舉事不顧後，大率難以准凭，若此，國
> 家將安所用之乎？

李贄以華歆救人於危難之例，論述君子、小人之別，認為君子者，不應該是拉
攏人心的鄉愿，也非顧前不顧後的缺乏遠見，更不是因他人幾句言論，就影響
當下形勢之正確判斷。而是應能在臨事時以一知十，瞻前顧後，洞悉世情，君
子可以依照客觀條件對人對事，並且依照不同的情況作出不一樣的處置，此即
其所謂「原情論勢」之態度〔註161〕。

李贄在繼承王陽明將心作為判斷力主宰之說法外，又延伸為著重真，反
道學，以及對宋明理學「志仁無惡」的批判，《焚書・卷二・書答・復京中友
朋》說：

> 夫曰安飽不求，非其性與人殊也。人生世間，惟有學問一事，故時
> 敏以求之，自不知安飽耳，非有心于不求也。……如此，則我能明
> 明德。既能明德，則自然親民。如向日四方有道，為我所就正者，

---

〔註161〕所謂「原情論勢」，就是「根據客觀條件和情況來對人對事，反對憑主觀臆想
　　　　去看待問題，反對用一成不變的態度和固定的模式處理不斷發展變化的情況
　　　　和千差萬別的事物。換言之，就是要從客觀實際出發來決定自己的政治態度、
　　　　施政方針和評價人和事。」語見孫官生：《姚安知府李贄思想研究》，(雲南：
　　　　雲南大學出版社，1991年)，頁10。

我既真切向道，彼決無有厭惡之理，決無不相親愛之事，決無不吐
肝露膽與我共證明之意。何者？明明德者，自然之用固如是也。非
認此為題目，為學脈，而作意以為之也。今無明明德之功，而遽曰
親民，是未立而欲行，未走而欲飛，且使聖人「明明德」吃緊一言，
全為虛說矣。……聖人只教人為學耳，實能好學，則自然到此。若
不肯學，而但言「不厭」「不倦」，則孔門諸子，當盡能學之矣，何
以獨稱顏子為好學也？既稱顏子為好學不厭，而不曾說顏子為教不
倦者，可知明德親民，教立而道行，獨有孔子能任之，雖顏子不敢
當乎此矣。……故未明德者，便不可說親民；未能至仁者，便不可
說無厭惡。故曰：「毋友不如己者」。……

此信作於萬曆十五年（1587），也是李贄面臨耿李論爭時期，表達其所謂「聖
人不曾高，眾人不曾低」的理念〔註162〕。強調心不可有所繫，只要不被桎梏，
就是學，而心只要敏於學，就不會只滿足於安飽。換言之，只要勤學，就不會
刻意作安飽之想。只要透過不斷學習，就可以面對多變的社會環境。故真正想
求道者，必定會自然好學而最終有得，而學習方法可透過頓悟，也可透過漸悟，
只要能夠「明德」，方式不會只有一種。「明德」是追求人自然而然之「用」，
是從修身，進而親民的自然之理，也是親民之本，同時也是每個人天生皆具之
本質，聖學之妙都是來自於此自然，因此不厭不倦應該要在心裡做，而非別有
所求、刻意為之，要自然而然往「正」前行，「正」就是真切求道之心，能「正」
即是得「道」，就是誠心誠意追求禮義固在、情性本具之人心完整性。然為何
只有孔子能「明德親民」、「教立而道行」？為何只有顏回可好學不厭？都是因
為一般人無法「不厭」、「慎言」、「敏事」，往往只學到孔子的皮毛，卻不知孔
子所學為何物，不知自己應做的為何事，所以忽略了最根本的「仁」，反而無
法理解一般善、惡，陰、陽，剛、柔，男、女相對的原因，就在於有「兩」就
有「對」，也因為有「兩」，所以世人往往透過「虛假之名」加以分別箇中「相
對」義，尤其是宋明理學虛偽的「志仁無惡」說，李贄就此提出強烈批判〔註
163〕，在《焚書‧卷之二‧書答二‧又答京友》曰：

〔註162〕張建業主編：《李贄全集注（第1冊：焚書注一）》，（北京：社會科學文獻出
版社，2010年），頁52。

〔註163〕張建業主編：《李贄全集注（第1冊：焚書注一）》，（北京：社會科學文獻出
版社，2010年），頁55。

> 蓋惟志於仁者，然後無惡之可名，此蓋自善惡未分之前言之耳。此
> 時善且無有，何有於惡也耶！噫！非苟志于仁者，其孰能知之？苟
> 者，誠也，仁者生之理也。學者欲知無惡乎？其如志仁之學，吾未
> 之見也與哉！

一般宋明理學家認為唯有志於「仁」，才能避免為惡行，但李贄提出這是在未以「虛假之名」區分善、惡之前才能說「志仁無惡」，一旦有了「虛假之名」對善、惡進行分辨，則多的是只為善、惡之名而行仁，並非真心誠意志於仁。而真心實意就是「誠」，唯有真心實意志於仁，才是萬物生成之理，順此自然生成之理，真誠地展現天性所具之仁德，就是宇宙心之呈顯，故李贄的「心」具有天賦道德、自然無偽之意義。

## 二、主體心

在主體心的部分，因王陽明認為人與天地萬物皆為一體，所以具有同根同源之性質，故人、物得以和諧相處。「人者，天地萬物之心也；心者，天地萬物之主也。」「天下之事雖千變萬化，而皆不出於此心之一理，然後知殊途而同歸、百慮而一致。」心乃人與天地萬物的本源，也是宇宙唯一起源，故「在物為理，處物為義，在性為善，因所指而異其名，實皆吾之心也。心外無物，心外無事，心外無理，心外無義，心外無善。」此即其強調的在各種日常事上磨鍊之領悟。[註164] 這種強調生活行為的實踐，即是王陽明知行合一說。陽明的知行合一，可以展現在：知行本體、真知即所以為行，不行不足謂之知；知是行之始、行是知之成；知是行之主意，行是知之工夫等四個面向來看。[註165] 其說得自於心即理，知行本體為一，良知即是良能，故知行合一就是即知即行。[註166] 另

---

[註164] 牟宗三認為，「對於致良知之疑難，全在此『物』字之訓解上發，亦有賴於此物字之詳細考慮而得到解決。陽明在此所謂『物』是吾日常生活所牽連之種種行為也，實即具體之種種生活相也。既是生活相或生活行為，自必繫於吾之心意。吾之每一生活，每一行為，吾自必對之負全部責任，自必統於吾之心意。……生活行為對心而言，雖是客物，不似心律之即在天心中，然既云生活行為，則自與桌子電子原子不同其義，是以雖客物而實在心律之主宰中，故曰心外無物也。此言離『心之意及』，無可言生活行為也。是以生活行為不能離心而獨在。」詳見牟宗三：《從陸象山到劉蕺山》，（臺北：臺灣學生書局，1979年），頁245～246。

[註165] 戴瑞坤：《中日韓朱子學陽明學之研究》（臺北：文史哲出版社，2002年），頁88～89。

[註166] 楊祖漢：《儒家的心學傳統》，（臺北：文津出版社，1992年），頁236。

外，陽明所認為的「格物」，追求的是意念所在即是所格之地，「格」具有「正」解，將不正糾為正，「物」則是「意之所在」，所以「格物」就是「正心」。〔註167〕陽明的致知格物是致良知以正物，物乃意之所在，意之所用，格物是在意念發動處做誠意工夫〔註168〕，故真知必然有實踐之行。〔註169〕

　　良知明覺是道德實踐的依據，也是天地萬物存有的本體。〔註170〕王陽明曰：「無善無惡是心之體，有善有惡是意之動，知善知惡是良知，為善去惡是格物。」（《傳習錄》）身之主宰便是心，心之所發便是意，意之本體便是知，知之所在便是物，王陽明把「心」視為超越實在、道德的本體境界。在性的觀點上，王陽明及其後學可以說是心性一致的代表，其不顧人性論中惡的產生，而以致良知等修養論達到不同於朱子學的道德實踐，不追求權威，而強調自律倫理。〔註171〕而「致良知」的「致」具有孟子所謂「擴充」義，也就是良知不受私欲蒙蔽而呈顯，使之成為道德行為，並要在「致」中「復」，積極動態得復其本有。〔註172〕

　　此外，王陽明此種具有「善良意志」、「道德知識」特質的「良知」，本身也具備感性情感之色調。也因為所謂「良知者，心之本體。」「吾心之良知，即所謂天理也。」（《傳習錄》）所以「良知」的觀念具有孟子所謂：「人之所不學而能者，其良能也；所不慮而知者，其良知也。孩提之童，無不知愛其親者；及其長也，無不知敬其兄也。」〔註173〕推而言之，敬愛之情是一種不學不慮的自覺能力，這也就是仁愛之心，此說影響了羅近溪「赤子之心」的概念，在《近溪語錄》曰：

　　　　問：學問有個宗旨，方好用功。請指示。
　　　　「赤子之心」是「天初生我」的本心。
因為「赤子之心」是「天初生我」的本心，所以「赤子之心」為「天初生我」的自然人性。如同孟子浩然正氣的與天具來，也是「不思而得，不勉而中」的

---

〔註167〕戴瑞坤：《中日韓朱子學陽明學之研究》（臺北：文史哲出版社，2002年），頁86～87。
〔註168〕楊祖漢：《儒家的心學傳統》，（臺北：文津出版社，1992年），頁249～250。
〔註169〕楊祖漢：《儒家的心學傳統》，（臺北：文津出版社，1992年），頁264。
〔註170〕牟宗三：《從陸象山到劉蕺山》，（臺北：臺灣學生書局，1979年），頁241。
〔註171〕馬淵昌也：〈許詡與明清時期人性論的發展〉，出自溝口雄三、小島毅主編，孫歌等譯：《中國的思維世界》，（南京：江蘇人民出版社，2006年），頁213。
〔註172〕牟宗三：《從陸象山到劉蕺山》，（臺北：臺灣學生書局，1979年），頁229。
〔註173〕〔宋〕朱熹：《點校四書章句集注》，（臺北：大安出版社，1986年），頁353。

自然本性，孟子性善論強調之惻隱、羞惡、辭讓、是非的四端之心，就是其曾
述及之「赤子之心說」。而宋明理學家在此「赤子之心」上又以「自然」談「真
心」，而「真心」即「道心」。到了王陽明則以致良知談真心，王畿則以「當下
自然」談「四端」之「赤子之心」。到了羅近溪以「率性」為「自然而然」，既
然「其氣象出之自然」，則為「良能良知」，乃「不學而能」、「不慮而知」，同
時也是與天地合德，天生道德的主體心。〔註174〕也因為不學、不慮，本來如

〔註174〕許蘇民曾針對「童心說」與傳統的「赤子之心說」和「真心說」做區別，先
分析李贄以前的中國思想史上所謂的「赤子之心」、「真心」說法，再將李贄
的「童心說」與以往的「赤子之心說」、「真心說」區別開來，其認為「赤子
之心說」出自孟子，是孟子的「性善論」之立論根柢。因為有「赤子之心」，
所以「小人」才能夠接受宗法社會的道德教化，通過「求放心」來恢復其內
心的善端，故曰「大人者不失其赤子之心」。道學家也並不忌諱談「自然」，
「赤子之心」與「真心」，他們給綱常名教的「天理」綴上了「自然」的花環，
凸顯出「真心」的範疇——程顥講「人須識其真心」，湛甘強調「隨處體認天
理」的「真心」，唐樞講要「討真心」等等。道學家所講的「真心」，乃是與
「人心」相對立的「道心」，猶如與「人欲」相對立的「天理」一樣。到了王
學大多沒有拋棄「赤子之心」或「真心」的傳統道德意義。王陽明所講的
「真心」，更多的是指致良知的真心。王畿講「當下自然」的「真心」，但其
實在內容，也就是孟子的「赤子之心」，即惻隱、羞惡、辭讓、是非的「四端」
之心。羅汝芳雖然以「率性」為「自然而然」，以村婦的「赤子之保、孩提之
愛」為真心，但卻把真心或「赤子之心」歸結為孝、悌、慈「三德」：「今觀
赤子之心，都只是個孝悌；而保赤子，則便是個慈也；……惟此三德，方是
天然自明之德矣。」仍超不出宗法農村的既成倫理範疇。周汝登發揮王陽明
的「無善無惡心之體」之說，而其所謂「無善無惡」，也只是將包含了先驗的
「四端」之心的既成之善作為主體的固有屬性。羅汝芳將孟子的「大人者不
失其赤子之心」解釋為「（不失）赤子之心自能做得大人」，既使其學說具有
了較多的平民性，但另一方面又有對下層民眾作道德說教、推行禮教下移運
動之嫌。在傳統社會中，「童心」這一概念與「赤子之心」和「真心」的概念
不同：「赤子之心」與「真心」的概念由於被賦予了先驗的道德屬性而成為褒
義詞，而「童心」一詞則被看作是一個貶義詞。即使是左派王學家，也是只
標榜「赤子之心」、「真心」，而排斥「童心」。總之，「童心」被看作是「赤子
之心」和「真心」的對立面。「童心」是「人心」，而「赤子之心」和「真心」
則是體現道德禮教的「道心」。「人心惟危，道心惟微」。要「復性」就要以「道
心」來排斥人心，以「赤子之心」來排斥「童心」。這是李贄寫《童心說》的
思想文化背景，而《童心說》的寫作首先是針對排斥「童心」的傳統觀念的。
李贄為「童心」正名，指出只有「童心」才是「絕假純真」的「真心」，也只
有「童心」才是人的最初一念之本心；失去了「童心」也就失去了「真心」，
而只有「童心」未失的人才堪稱「絕假純真」的「真人」，所謂「復其初」，
也就是恢復人的童心。《童心說》蕩滌了儒家賦予「赤子之心」和「真心」的
先驗道德觀念。李贄用為傳統所詬病的「童心」概念來取代儒家「赤子之心」

是的道德倫理特徵，故其仍未超越傳統儒家的道德禮教視域，仍然是以天理在
引導人心。宋克夫、韓曉認為，羅汝芳的「赤子之心」直接啟迪了李贄的「童
心說」。〔註175〕然李贄雖推崇羅近溪，卻又在《李溫陵集・卷之四・書答四・
復焦秣陵》曰：

> 龍溪先生全刻，千萬記心遺我！若近溪先生刻，不足觀也。蓋《近
> 溪語錄》須領悟者乃能觀于言語之外，不然，未免反加繩束，非如
> 王先生字字皆脫解門，得者讀之足以印心，未得者讀之足以證入也。

李贄「童心說」雖包含「赤子之心」的道德意涵，但此道德意涵並非「童心」
的全部，而僅代表真善美童心的「善」之層面而已，但此「善」之面向仍有拓
展出去之必要，因此李贄在繼承了王學這種不學不慮的自覺能力後，要如何
才能開展，可再從王陽明曾提出的「良知」之「虛」、「無」特質來看，《傳習
錄》曰：

> 真知之虛，便是天之太虛；良知之無，便是太虛之無形。日月風雷，
> 山川名物，凡有貌像形色，皆在太虛無形中發用流行，未嘗作得天
> 的障礙……天地萬物俱在我良知的發用流行中，何嘗又有一物超於
> 良知之外。

因為「虛」、「無」，才能使「真知」、「良知」無窮無盡地發用流行，一旦被「有」
所侷限，則會形成「障礙」，故「虛」、「無」乃良知之本然狀態。而良知的精
神在於仁愛，藉仁愛待物，則可使人與萬物「一體」，並具有內在的道義根源
與依據，人與自然的協調共處乃宇宙間之自有、本有、自覺，此「非意之也」，
而是「其心之仁本若是」所以才能「與天地萬物而為一也」。故此種以仁愛之
心待物的民胞物與胸懷，就是王化解物我矛盾，實現物我和諧之法門。同時也
是王陽明對中國古代「天人合一」思想之貢獻，他把這種仁愛之情上升到人類
生而俱有的地位，將天地萬物視為整個生命體系的一個部分，他意識到人與自
然物的相互依賴與密不可分，重新賦予自然物以生命：「人的良知，就是草木

---

　　　　　的概念，又以「童心」來規定「真心」，本身就是思想史上的一大翻案。詳參
　　　　　許蘇民：《李贄評傳》，（南京：南京大學出版社，2006 年），頁 206～211。許
　　　　　蘇民是從翻案的角度看李贄寫〈童心說〉的背景，但這樣的說法，明顯揭示
　　　　　許氏是以去除儒家天賦道德意義看「童心」，但如此說解，反而與李贄所謂禮
　　　　　義自在人心的說法相矛盾，筆者將於後文論述。
〔註175〕宋克夫、韓曉：《心學與文學論稿》（北京：中國社會科學出版社，2002 年 5
　　　　　月），頁 27。

瓦石的良知。若草木瓦石無人的良知，不可以為草木瓦石。」(《傳習錄》) 王陽明透過至善人格的推展擴充，由我、我與人，推展到我與社會的和諧，甚至擴充至天地萬物，「達我一體之仁」於天地萬物，「致吾心之良知於事事物物」，使「事事物物皆得吾心之良知」；此種進程，最終將達到至善人格追求的人道、天道融合之最高境界。故心成為「天地萬物之主」，天地萬物俱為我良知的「發用流行」，在人、物「一體」的同時，就是追求自然天命的進程，不分物我、內外，最終達到內外兩忘之境。〔註 176〕

因此王陽明的「良知」說是繼承、改造、發展了孟子的「性善」說和陸九淵的「本心」說，以本體角度觀之，即為「天理」、「天理之昭明靈覺處」(《傳習錄》) 他將「良知」提升為最高之本體，從而將「心」提高到宇宙人生本體的高度。這種將「心」作為身為一個人的主體之說，影響泰州學派的王艮，王艮強調「任心之自然」即可致良知，將良知做為一種「順任」即「存在」的主體，故曰：「良知原自無不真實」〔註 177〕「人心本無事」〔註 178〕。其「契良知之傳，工夫易簡，不犯做手」〔註 179〕，藉由日常講學不輟，推廣出「尊身立本的大成仁學和百姓日用之道」〔註 180〕，由此備受尊重與官方支持，也因為這種「出則必為帝者師」的「出位之思」，為其開闢出一條「士人在『處』的情況下，如何實現『身尊』與『道尊』得以兩全的至美人生之路」。〔註 181〕

而王畿同樣也繼承了王陽明的「良知」教，方祖猷指出，王畿對心本體的探討，是以「人心本虛」、「寂是心之本體」、「虛明活潑，心之本體」來說明心的認識作用。其次，以「良知是心之本體」、「無欲者，心之本體」、「靜者，心之本體」闡釋心的倫理意義；最後，以「至善者，心之本體」、「樂是心之本體」、「淡是心之本體」、「直是心之本體」四項命題，來分析心的超脫境界，並以「虛

---

〔註 176〕楊國榮：《良知與心體：王陽明哲學研究》，(臺北：洪葉文化事業有限公司，1999 年)，頁 119～123。

〔註 177〕〔明〕王艮：《心齋王先生語錄》，(合肥：黃山書社，2009 年)，頁 22。

〔註 178〕〔明〕王艮：《心齋王先生語錄》，(合肥：黃山書社，2009 年)，頁 35。

〔註 179〕王襞在王艮去世後寫給李春芳的信中稱：「(王艮) 契良知之傳，工夫易簡，不犯做手……」轉引自姚文放主編：《泰州學派美學思想史》，(北京：社會科學文獻出版社，2008 年)，頁 323。

〔註 180〕胡學春：《真：泰州學派美學範疇》，(北京：社會科學文獻出版社，2009 年1 月)，頁 60。

〔註 181〕胡學春：《真：泰州學派美學範疇》，(北京：社會科學文獻出版社，2009 年1 月)，頁 47、63。

寂者，心之本體」為心體本質展開對其他面向的論述，並借助佛老，建構其心體論思想。〔註182〕可見王畿對心學的繼承，是從「心」之虛、寂、虛明活潑處來論述，並展現了至善、樂、淡、直等主體心完成之境界。

　　綜上所論，陽明與龍溪之良知說，主要著重在封建社會的修齊治平之說教，但王艮轉而著重在下層社會，故曰：「百姓日用即道」「百姓日用條理處，即聖人之條理處。」後來又有顏山農「制欲，非體仁」的說法，反對對「欲」的禁錮，使王學日益傾向於否認用外在規範來人為地管轄「心」，此對李贄的「童心說」有極大影響。

　　因為李贄言論之激，造成往往被誤以為反孔，以至於忽略了他在儒學方面的繼承。若以日本學者溝口雄三的研究來看，李贄之學術不只未曾「反孔」而合於儒學，且其所提出的主張，在思想史的發展上更有積極的意義。溝口氏在考察明末清初思想史之特徵時，拈出「肯定欲望的言論開始表面化」與「『私』得到肯定性的主張」兩點，指出李贄在這些觀點主張上，與黃宗羲、王船山等人的言論並觀，並無不同；甚至，在這種種思想變化的發展上，卓吾皆站在先驅性的地位。〔註183〕楊國榮在〈從良知說到童心說〉說：

> 如果說，正統理學把天理歸結為外在的強制，那末，王陽明則側重
> 於天理的內在抑制。然而，理論的演變，往往有其自身的內在邏輯。
> 盡管王陽明並不贊成個體之心對普遍天理的偏離，但他既然賦予良
> 知以個體性與普遍性之雙重規定，那就無法阻止個體性原則以他並
> 不企望的形式展開。事實上，泰州學派首先在志（意）知關係上把
> 自我（個體）之意抬到了「主宰」的地位，而李贄則在泰州學派的
> 影響與引發下，從另一個角度突出了個體性原則。〔註184〕

而李贄從心學延伸下來的也就是這個部分。陽明視良知為人人天生具有，這是以心為是非標準，不以孔子之是為是。其後，王畿更有現成良知說，認為未必要以古聖先賢視為絕對單一標準。李贄深受其影響，在《藏書‧紀傳目錄》提出：「以孔子之是非為是非，故未嘗有是非。」反對「以定本行罰賞」，可見他

---

〔註182〕方祖猷：〈王畿的心體論及其佛老思想淵源〉，《鵝湖學誌》第16期，1996年6月，頁145～169。

〔註183〕溝口雄三著，林右崇譯：《中國前近代思想的演變》，（臺北：國立編譯館，1994），頁2～23。

〔註184〕楊國榮，〈從良知說到童心說〉，出自氏著：《王學通論——從王陽明到熊十力》，（上海：華東師範大學出版社，2009年），頁155～156。

對「心」的定義是很自由解放的，由此延伸出「童心」才是「真心」，而聞見、道理、書籍、義理，反會障蔽「真心」。又深受顏山農肯認「欲」存在之合理性的影響，李贄直言人心之「私」的本然特質，在在為其「心」的普遍特質理論，埋下更符合「人」的取向論述。

## 三、廓落心

　　李贄受王門心學影響還有在心的廓落層面。李贄注重自得，中國傳統音樂美學有「樂者，樂也」的概念，「樂」本身具有藝術的本質，雖不具功利性，卻藉由時間的流動，使人們在體驗中達到歡樂的情感，這種對快樂的追求，也是人性人情中的自然需求，音樂成為使人達到自得自適的方式之一，同時也是修養工夫之法。

　　王陽明曾以「樂是心之本體」聯繫仁與樂的關係，《傳習錄》曰：

> 樂是心之本體，雖不同於七情之樂，而亦不外於七情之樂；雖則聖賢別有真樂，而亦常人之所同有，但常人有之而不自知，反自求許多憂苦，自加迷棄。雖在憂苦迷棄之中，而此樂又未嘗不存，但一念開明，反身而誠，則即此而在矣。

王陽明將心體的「樂」境與世俗之「七情」進行區分，由於心體之「樂」並非「七情」，但也不能離「七情」而作用，因人之感官會為外物而引發七情，但七情未必會撼動心體本具之樂。然常人往往受限於感官引發之情，卻未返身求心體之樂，故往往陷落於憂苦中，反觀聖賢因能反身而誠，回歸良知以去除七情之蔽障，終能感知此本體之樂。故《傳習錄》又說：

> 七情順其自然之流行，皆是良知之用，不可分別善惡，但不可有所著；七情有著，俱謂之欲，俱為良知之蔽。

在肯認樂為心體本然狀態之餘，王陽明又提出讓七情順其自然流行，即是良知發用，此順情而發具有真情實感的自然流露意涵，凡順應此真情宣洩，就無善惡之別，但若因此滯溺而深陷於慾望中，造成七情無法滌除，則反為遮蔽良知之毒藥。故王陽明在談七情之「真」時，仍是透過「善」的天理在引導「情」之疏導，也因為透過良知，方能使情感達到內向超越的另一層次。

　　其後，王門後學多有講「樂」與自適之論，李贄傳承自王艮與王襞，王艮就曾作〈樂學歌〉承王陽明「樂是心之本體」，其以為心要達到「樂」的境界，才是自得，故王艮把心學推向更強烈的感性層面，〈樂學歌〉曰：

人心本自樂，自將私欲縛。私欲一萌時，良知還自覺。一覺便消除，

人心依舊樂。樂是樂此學，學是學此樂。不樂不是學，不學不是樂。

樂便然後學，學便然後樂。〔註185〕

王艮強調良知具有自覺能力，也因為「樂」是人心原本的自然狀態，卻受限於慾望之束縛，反而違背了「樂」之本然，但只要良知自覺此一慾望萌芽，即可立即消除慾望之桎梏，回歸「樂」的狀態。泰州學派強調德與樂不分，只要依乎良知本體而行，即可因德性滿足，通達悟後之真樂，此乃心安理得之樂。而王艮這種將「樂」視為審美之重要途徑，也就是儒家所謂「顏回之樂」、「曾點之樂」之延伸，因道德涵養而使人生達到需要滿足所獲得之愉悅體驗，這同時也是審美的至高境界。可見王艮也未脫離以「良知」指引「樂」的思維傳統。

此外，王畿對「樂是心之本體」也有所闡釋，其藉由「樂」說明心的超脫境界，方祖猷解讀王畿「樂是心之本體」義，先從心和天地流通角度看，認為王畿的「人心本樂，本與萬物同體」是從人與自然相融合，而達人心本然的舒暢狀態。其次，再以樂和懼之相互關係看，認為王畿的「樂」具有無罣礙的超脫，且這種超脫不離開心的修養，即使是「戒慎恐懼」的工夫，亦是保存樂之本體。再者，王畿肯定「樂到忘處」的忘情之樂，因解脫外形之束縛，方為人生至樂。〔註186〕

而李贄論「樂」與「自得」可分成幾個部分，首先是苦、樂相依相乘，《焚書‧卷一‧書答‧復丘若泰》曰：

苦海有八，病其一也。既有此身，即有此海；既有此病，即有此苦。

丹陽安得而與人異邪？人知病之苦，不知樂之苦——樂者苦之因，

樂極則苦生矣。人知病之苦，不知病之樂——苦者樂之因，苦極則

樂至矣。苦樂相乘，是輪迴種；因苦得樂，是因緣法。

李贄從佛教觀點闡述苦、樂乃相乘之關係，人生在世，即在苦海，但世人往往陷落於病苦，卻不知樂、苦本身即具有因果關係，兩者是不斷循環之過程，此即「極樂則自無樂，無樂則自無苦。」（《焚書‧卷四‧雜述‧決疑論前》）李贄雖然是以佛教「真空」概念論述樂苦相依，但也同時具有《老子》福禍相倚之概念，此「樂中有憂，憂中有樂」（《焚書‧卷二‧書答‧又與焦弱侯》），唯

〔註185〕〔明〕王艮：《心齋王先生語錄》，（合肥：黃山書社，2009年），頁35。

〔註186〕方祖猷：〈王畿的心體論及其佛老思想淵源〉，《鵝湖學誌》第16期，1996年
6月，頁160～161。

有在眾人皆樂時,「至人獨以為憂」(〈又與焦弱侯〉),蓋禍福本就是常相倚伏,故李贄寧可處憂而不肯處樂,因「凡為人必思出苦,更於苦中求樂」(《焚書·卷三·雜述·祭無祀文代作》),看似愚昧,實則終身常樂之法。

其次,為自娛自適之樂,〈寄京友書〉云:

> 《坡仙集》我有披削旁註在內,每開看,便自歡喜,是我一件快心卻疾之書,今已無底本矣,千萬交付深有來還我!大凡我書,皆謂求以快樂自己,非為人也。

李贄藉讀書而獲求道之樂,乃植基於內心自得之快意,故有「龍湖卓吾,其樂何如?四時讀書,不知其餘」(《焚書·卷六·四言長篇並引·讀書樂》)之感,讀書之樂並非為他人或外在功名之想,而是「我以自私自利之心,為自私自利之學,直取自己快當,不顧他人非刺」(〈寄答留都〉)的聞道之樂,這種「直取自己快當」頗近於心學反身而誠,復歸良知之樂,也是李贄將好學視為人心之自然私利之證明,故其言:「窮莫窮與不聞道,樂莫樂於安汝止。」(〈卓吾論略〉)此種求道之樂,乃止於心安、樂適,足以令人趨而不厭。且此樂具有「真正行事」的「自取快樂」(〈答周柳塘〉)意,故具坐落於日常「實」處之特質。

再者,樂之極致可達「忘死」之境,在《焚書·卷五·讀史·非有先生論》說:

> 遇得其人,則一言以興;遇不得其人,則一言遂死。千載遇少而不遇多,此志士所以在山,仁人所以盡養壽命也。唯其不忍為,是以莫肯為,歌詠彈琴,樂而忘死,宜矣。然則東方生蓋亦幸而遭遇漢武者也。

君臣遇合少有伯樂,漢武帝識東方朔之才,使東方朔得遇,若不遇,則寧可淡泊明志,退隱江湖,堅守其道,樂而忘死。無須為求利錄而卑躬屈膝,喪失獨立人格,而是堅持精神之超然,不隨波逐流之「大人」理境,同時也是「樂義而忘死」(《焚書·卷五·讀史·幽憤詩》)之實踐。

綜上所述,可知李贄傳承自心學的自得,可從自適求道,而達心體之樂來看,這是得自王陽明、王艮和王畿所謂「樂是心之本體」的情感與道德聯繫。而極樂則可「忘死」的超脫則與王畿的「樂到忘處」有相合之處。然其苦、樂相乘則不同於王畿的樂、懼相互關係,王畿主要藉此保有心體之樂,全為修養工夫,而李贄則是融合佛、道觀點,拈出苦樂因果循環之理,以透過認知苦、樂關係,使心本乎情,又能不滯泥於情。而心學將良知作為引導樂之路徑,李

贄也非全然接納，而是同時肯認人心的「自私自利」面，「私」與「良知」同為引領心歸趨「樂」之法門，此種自得，已非王艮透過良知自覺，使私慾消除之說，而是接納「私」與「良知」具在人心之事實，故李贄的自得也是從凡人視域而來。

## 第四節　儒釋道論心之異同與「童心說」之真蘊

　　李贄在晚年寫〈三教歸儒說〉，曰：「儒、釋、道之學，一也，以其初皆期於聞道也。」〔註187〕認為儒釋道雖立說殊異，但最初宗旨都是希望探求天地萬物的道理，必須要得知道理後才可死，唯有擺脫世間束縛，方能捐除富貴帶來之苦痛，而其中更有濃厚的對中晚明假道學者的批判意識。也因為儒釋道三家都是李贄求道、探求生命意義的方向，因此對他而言，三者的學說都是以探求人之何以依存於世為目的，故其對儒釋道三家的解讀，理應也有個人的創造性解讀。

　　前文已提出李贄論「心」具有道家的「自然」、「虛靜」、「天真」，佛教的「真空」，儒家的「主體」、「宇宙」、「廓落」等意涵，那麼已發之「童心」，自然也有未發之「本心」的儒釋道學說本質。而既然「童心說」同時具備儒釋道三家的「心」之特質，那麼儒釋道三家的「心」之異同何在？而李贄援用到因情動而發之「童心」後，又是如何融攝為渾一呢？這是本節所企圖探索的重點，故以下分就儒釋道論心之同、異，與「童心說」對儒釋道「心」之融攝說明。

### 一、儒釋道論心之同、異

　　儒釋道三家論「心」，皆賦予「心」以超越感官的無限可能。道家的「心」就是「自然」，本身即感官之外的存在，其重視心齋、坐忘的工夫，目的都是為了去除人欲、智慧，藉由「虛靜」，以通感天然之「道」。而佛教講「空」，其「真空」心得以生萬法，是形上的真正存在，同樣也是要破除妄色遮蔽與外在之相，超越感官的偏執。儒家重視透過「正心誠意」以達「內聖外王」之境界，從《中庸》的「不誠無物」、朱熹的「一身之中渾然有個主宰者，心也。」王陽明也有「無心外之理，無心外之物。」著重去人欲，存天理。

　　其次，儒釋道三家的心，都具有不滯不泥的本體意義。心齋要屏除世間雜

---

〔註187〕本文內容同時也是《初潭集・卷之十一・師友一・釋教》的批語。

念，擺脫束縛，以求心的無知無識、虛靜平和。佛教禪宗說「我心即佛」，把心提高到一種審美境界，同時超越功利，追求自由。而儒家追求心的自適、自得，天人合一的境界，同樣也是希望破除心的執著，追求善的境界。三者都重視內心的安頓、安適，從審美體驗中抵禦生活苦痛，透過心的自我調節達到精神烏托邦，故都有不執著於某一事物之特徵。〔註188〕

再者，三者都有自然而然的生成性，有生生不息的本源特徵，道家論「無」，「無」生「有」，佛教講「空」，「空」生萬法，而禪本身就是要「喚起生生不息與時空交融的覺悟」〔註189〕；王陽明的「靈明」，為天地鬼神的主宰，盡心盡性，以人知天。而從氣而構成的心，得以與自然萬物交融。因此三者強調物我即人與自然協調共處的必要性，更強調這種協調共處的內在意義。

至於儒釋道論心的殊異處又何在？儒家最重視道德與現實社會意義，因為心的道德自決力，因此要努力達到至善人格的最高境界。道家強調「無」，「無」代表的是和「有」的相對概念，「無」是從萬物演進上談，是物的存在狀態，所以「心」必須要能合天，心必須虛靜以「合」天。至於佛教講「空」，「空」是絕對的恆常狀態，是心性本體，是應對世界的精神狀態，外在的「有」、「法」都是虛幻，所以要透過心的明覺了悟外在的虛妄。但儒家將這種外在其視為必然，故李春青認為老莊是從外在世界看人的世界，因為外在世界是「無」，所以人也要「無為」因應；佛禪是以人的世界看外在世界，人性與世界都是虛空。〔註190〕儒家則重視人的世界，不知生，焉知死，故一切要以「有為」為尚，「心」要秉持仁、善，與人相偕。道家則重視人外之自然，視死如生，以蹈大方為所嚮；佛教則以真俗不二，遮撥塵慮，證印涅槃寂靜。

其次，是心與物的關係，禪宗著重在心不著於物，是超越世俗又不離於世俗；而道家的「心齋」是要藉由想像而游心於六合之外，擴展心的自由。對世間善惡，禪宗不否定，只是「不住」，「如水常流通」。是自心無礙，不執著，其認同倫理道德規範，但又不刻意於此。莊子則持齊物共通的理路，強調「此亦一是非，彼亦一是非。」〔註191〕至於儒家，則最重視在事上的修練，故泰

---

〔註188〕李春青：《道家美學與魏晉文化》，（北京：中國電影出版社，2008年），頁58。

〔註189〕吳經熊著、朱秉義譯：《中國哲學之悅樂精神》，（臺北：華欣文化事業中心，1979年），頁57。

〔註190〕李春青：《道家美學與魏晉文化》，（北京：中國電影出版社，2008年），頁58。

〔註191〕李春青：《道家美學與魏晉文化》，（北京：中國電影出版社，2008年），頁59～60。

州學人肯定良知為面對事物的準則，王艮強調百姓日用即道，重視實踐。

## 二、「童心說」對儒釋道「心」之融攝

　　李贄為窮究生死，以儒釋道三家解構生命意義，然其在闡釋某些概念時，並未如儒釋道的定義那麼嚴格。如《焚書·卷四·雜述·觀音問·答自信》說：

> 又須知我所說三身，與佛不同。佛說三身，一時具足，如大慧引儒
> 書云：「『天命之謂性』，清淨法身也。『率性之謂道』，圓滿報身也。
> 『修道之謂教』，千百億化身也。」最答得三身之義明白。然果能知
> 三身即一身，則知三世即一時，我與佛說總無二矣。

李贄肯認大慧宗杲解釋佛有三身的說法，其融合《中庸》，將「天命之謂性」比清淨法身，「率性之謂道」指圓滿報身，「修道之謂教」解千百億化身。所以這是藉由儒釋的用字來相互比附，但在其內涵上，卻又沒有將定義區分得那麼明確，如他誇讚藺相如的評語為：「真丈夫，真大聖人，真大阿羅漢，真菩薩，真佛祖，真令人千載如見也。」〔註192〕然而除卻這些批語式的論斷文字外，李贄大多仍依照其對儒釋道的理解加以詮釋。許蘇民說：

> 李贄對「童心」的闡釋，是與他對儒、佛、道三家思想的深入研究
> 分不開的。但無論是佛學文獻，還是儒家和道家的文獻，對於李贄
> 這樣一位自由思想者來說，都不過是借以自由地馳騁其思緒，自由
> 地驅使其中的概念、名相、術語，自由地加以改造或借題發揮的對
> 象，而不是使自己的頭腦成為既往的思想文獻的跑馬場。〔註193〕

許氏之論，或可解釋李贄行文中何以經常出現儒釋道三家詞彙並用之現象，也就是因為儒釋道三家對李贄的意義，都是探討自家性命下落的方法，故才會有諸多借題發揮之處。

　　〈童心說〉創作於萬曆十年（1582年），是針對焦竑刊刻的《西廂記》中所聲明的「龍洞山農敘《西廂》末語云：『知者勿謂我尚有童心可也。』」之言而來，也是反對前人排斥「童心」的觀念而發抒的文章〔註194〕。李贄強烈捍

---

〔註192〕王煜：《明清思想家論集》，（臺北：聯經出版事業公司印行，1981年），頁59～60。

〔註193〕許蘇民：《李贄評傳》，（南京：南京大學出版社，2006），頁214。

〔註194〕許蘇民從東漢服虔、呂坤、曹于汴、陳龍正、左派王學家等人對童心之貶抑，說明「赤子之心」與「真心」的概念往往被賦予先驗道德屬性而為褒義詞，但「童心」反而被看作是貶義詞。這也是李贄寫〈童心說〉的思想

衛童心價值，並將其置放於本體的高度。也因為「童心」重視擺脫外在的知識
和規矩形式，所以其主張最好的文學，是人在最真實的心情狀況下的作品。〔註
195〕要論述李贄音樂美學，就不可以忽略李贄對此藝術心「童心」之解讀。而
要透徹「心之初」的「童心」，也應理解李贄在受儒釋道三家思想影響下，所
提出之「心」的見解，此在前三節已有論述，而〈童心說〉雖對儒釋道三家有
所融合，卻又有所殊異〔註196〕，故此節進一步探討〈童心說〉對儒釋道「心」
之融攝。

## （一）天理、人欲皆備於我之揭舉

李贄傳承儒釋道三家以心合天的概念，肯定心具有天理本質，在《念佛答
問》中云：

> 天地與我同根，誰是勝我者；萬物與我為一體，又誰是不如我者。

因為人即道，道即人，「人心」即「道心」，所以「真心」便是天地與我所共有
的超越本源，在王學而言，「良知」是宇宙和我共同的超越根據，對佛教來說，
「真空」或佛心是佛學的妙有，「良知」或「良能」是儒學的妙有。〔註197〕李
贄是以儒釋道之本體論來融通他的天理觀與人心，而由此發動的「童心」，自
然也得以開展天理之道德義。也因其深受王學虛體實用、即體即用的知行合一
影響，又深受佛教「真空」說所強調避免「頑空」、「斷滅空」之流弊，故發展
出於倫物上識「真空」的論述〔註198〕，然既要求倫物、百姓日用，則不可避
免述及人性中「私」與「人欲」的部份。

但童心說到底是「存天理，去人欲」的心？還是「存人欲之天理」的心？
在前人研究中，有視其童心來自於自然人性，本源於人的七情六慾，屬於一種

---

背景，而進行對「童心」之表彰與正名，此為李贄「又創特解，一掃而空
之」。詳參許蘇民：《李贄評傳》，（南京：南京大學出版社，2006），頁 209
～210。

〔註195〕周志文：〈「童心」、「初心」與「赤子之心」〉，《古典文學》第十五期，頁 77。

〔註196〕許蘇民就此提出三個方面的差別：「童心說」與傳統的「赤子之心說」和「真
心說」的根本區別；「童心說」對佛學的「真空說」、「清淨本原說」和儒學的
「未發之中說」的改造；「童心說」對儒家的「誠意」說、「游藝」說、「孔顏
樂處」說和佛家的「解脫」說、道家的「相忘乎道術」說的改造。詳見許蘇
民：《李贄評傳》，（南京：南京大學出版社，2006），頁 205～219。

〔註197〕王煜：《明清思想家論集》，（臺北：聯經出版事業公司印行，1981 年），頁 58。

〔註198〕左東嶺：〈禪學思想與李贄的童心說〉，《鄭州大學學報（哲學社會科學報）》
第 5 期，1995 年 5 月，頁 10～17。

無法掩飾的人欲〔註199〕，亦有學者持反對意見，認為李卓吾的童心就是天理，和人欲是兩分的〔註200〕，李贄的「心」具有自然情性，當然也有「私」的本質在其中，此在《藏書·卷三十二·儒臣傳·德業儒臣後論》就有論述：

> 解者又曰：「所謂無心者，無私心耳，非真無心也。」夫私者人之心也，人必有私而後其心乃見，若無私則無心矣。如服田者，私有秋之獲而後治田必力；居家者，私積倉之獲而後治家必力；為學者，私進取之獲而後舉業之治也必力。故官人而不私以祿，則雖召之，必不來矣；苟無高爵，則雖勸之，必不至矣。雖有孔子之聖，苟無司寇之任，相事之攝，必不能一日安其身於魯也決矣。此自然之理，必至之符，非可以架空而臆說也。

李贄在這裡肯定了人心之「私」，認為「私者人之心也，人必有私而後其心乃見，若無私則無心矣」，服田者若沒有私「秋之獲」，就不會「治田必力」；居家者若沒有「私積倉之獲」，就不會「治家必力」；為學者若沒有「私進取之獲」，就不會「舉業之治也必力」；官人若沒有私以「祿」、「高爵」，就不會「來」「至」。可見這種人心之「私」是因為有外在「獲」的想望而產生，是和物質生活欲望等生存的必備條件無法分離的，且聖凡皆同，這是和儒釋道的「心」是不同的，李贄肯認「私」是客觀的人心本質，也是自然而然的合理存在，同時也是生存的強烈動機之必然，若無私心則難以生存和成長。這種「雖聖人，不能無勢利之心。雖盜跖，不能無仁義之心。」（《明燈道古錄·第十章》）〔註201〕的論點，李贄赤裸裸直視人心私利，可以說是傳承自荀子〈性惡論〉之說。

　　由此來看，李贄並不否認人欲的存在，也不認為人欲有去除的必要性，也因為他洞察人性中最寶貴的童心甚易泯滅，故認同人心必私，人欲不過是種自然的私心罷了。況且，穿衣吃飯等人倫物理也代表了「自然」之性，衣食住行

---

〔註199〕許蘇民提及「所謂『童心』，就是源自物質之自然的真實的人性，即與封建的『義理之性』相對立的『氣質之性』；具體地說，就是作為活生生的生命存在的人的欲望、情感、追求，人的七情六慾。說穿了，『童心』即人欲，而且是毫無掩飾的人欲。」又道：「肯定人的情感、欲望、追求之合理性，才能在此基礎上建立一種真正合乎人性的道德，才能打破那種本質上是不道德的虛偽的道德氛圍。」詳參氏著：《李贄的真與奇》，（南京：南京出版社，1998年），頁112～113。

〔註200〕袁光儀：《李卓吾新論》（臺北：國立臺北大學出版社，2008年），頁142。

〔註201〕張建業主編：《李贄全集注（第14冊：老子解注、莊子解注、道古錄注、孫子參同注）》，（北京：社會科學文獻出版社，2010年），頁255。

等生存需求放到人倫物理的角度，與儒家思想的天理道德形成對比，肯定人們追求這些欲望的合理性。因此筆者認為，李贄當屬「存人欲之天理」的心。這是在老莊「自然」和禪宗的雙重影響下，李贄遠離了正宗儒門，將傳統理想化的人格，做了實質上的改變，否定了儒聖的絕對權威，視顏、曾、孟、荀後之儒者，初墮落為迂腐疏闊的董仲舒，後淪陷於近世的「名利交相養」〔註202〕，其直指公利就是義，更關懷下層民眾需求，為民發聲，得以產出個人思想之新詮。所以，許蘇民在《李贄評傳》說：

> 所謂「童心」，就是源自物質之自然的真實的人性，即與宋明道學的「義理之性」相對立的「氣質之性」；具體地說，就是作為活生生的生命存在的人的認知、意志、情感，人的生命的追求。自《童心說》出，傳統的綱常名教的「自然」一變而為脫盡了一切禮教外衣的人性之自然；「自然」不再是敵視「人欲」的「天理」上的花環，而是中國早期啟蒙思想帶著物質的詩意的感性光輝向人發出的會心微笑。在李贄看來，人如果沒有「童心」，「欲求一句有德之言卒不可得」；只有肯定「童心」，肯定人的認知、意志、情感之追求的合理性，才能在此基礎上建立起一種真正合乎人性的道德，才能打破那種本質上是不道德的虛偽的道德氛圍。縱然真如鄒穎泉所說，李贄說過「酒色財氣不礙菩提路」的話，也只能在上述意義上對它予以合理的解釋。〔註203〕

再者，儒家學說基本上是將善、惡，公、私做嚴格區分，因此善、惡，公、私是相反的概念，彼此壁壘分明，更不可能融合。嵇康在其〈釋私論〉中就有對公、私之議論，對嵇康而言，「公」具有順乎內心情感之意，「私」則是矯情逆性之偽〔註204〕。李贄延續了嵇康所謂「公」之意，也提及此種情感真實流瀉

---

〔註202〕 王煜：〈李卓吾雜揉儒道法佛四家思想〉，收入氏編：《明清思想家論集》（臺北：聯經出版公司，1981年），頁13～17。

〔註203〕 許蘇民：《李贄評傳》，（南京：南京大學出版社，2006年），頁213～214。

〔註204〕 吾師江建俊說：「（嵇康）在〈釋私論〉論中，亦翻空議論，突破過去對公、私的常論，其公、私不涉及善惡、是非的道德判斷，而標出『私以不言為名，公以盡言為稱』……公指顯情無措，能坦露自己的真情實感，胸懷坦蕩，『不察於有度而後行』『不議於善而後正』『不論于是而後為』，任心而行、光明磊落、開誠佈公，不計是非毀譽。私則匿情矜吝口是心非、虛情假意，遮掩偽飾不能順乎自然。」詳見吾師江建俊：〈嵇康之「出位之思」———從「師心」談起〉，出自氏編：《竹林名士的智慧與詩情》（臺北：里仁書局，2008年7月），頁101。

無關乎道德判斷，另外，他又受佛教真妄一如說的影響，將人心的私利不以道德預設言之。同時也頗具老子正言若反的特徵。荒木見悟在〈中國佛教基本性格的演變〉說：

> （佛教）以真妄相即、佛凡一體為基本原則，並非排除虛妄來確立真實，而是「虛妄」本身可轉成真實。排除虛妄的真實是偏頗的真實，若殘存與「妄」對立的真，是無法接近更高層次的「悟」。因而，正如在佛教學內部，天台的十界互具說就是一個典型的例子，說明：除去「性善」，「性惡」亦隨而去之。在儒家來看，誠然是難以理解的矛盾論法。如舍凡夫則無佛一般，舍妄則真亦不可得。因有凡夫，故佛之慈悲心乃得以高揚。虛妄熾烈，真實的作用力度也隨之加強。……從儒教的角度而看，善惡的區別不明確的話，實際社會就將無法治理，會有這樣的疑問存在。從佛教的角度來看，善惡二分說是將意識停留在分別的世界這樣的批判。〔註205〕

佛教是以「空」為根本，必須去除善、惡，公、私等等世俗鑿痕。而儒家是從人心中本具有仁義禮智等天賦道德，故要揚善去惡，重公棄私，故孟子有所謂的義、利之辨，強調捨生取義、重義忘利的大丈夫精神。而李贄雖然繼承了心學對「良知」天賦道德的說法，但是同時也包含了佛教的「真空」觀，將善惡視為萬法之一，不可將善惡二分。又受到老子的樸素辯證法的影響，《老子·二章》有言：「有無相生，難易相成，長短相形，高下相傾，音聲相和，前後相隨。」〔註206〕事物皆有兩個面向，故李贄對於善、惡，公、私等兩面性，並非持非彼即此的對立立場，而是兩者相即相依的角度，採取更彈性看待彼此關係的態度，這也為他的心同時包含情、私、慾、禮義提供解套，秦學智認為，這種「自然人性論」將私心、私欲視為人心之必然存在，且禮義為情性的自然表現，是一種合乎人性發展的道德標準體系〔註207〕。此外，自王門以下，王艮之子王襞將自然的人性視為「善」，間接肯認生理欲求為「善」，顏山農則有「是制欲，非體仁」〔註208〕說，何心隱更直接提出無欲是違反人心，認為「且

---

〔註205〕荒木見悟著、廖肇亨譯：《明末清初的思想與佛教》，（上海：上海古籍出版社，2010 年），頁 145～146。

〔註206〕〔魏〕王弼注、樓宇烈校釋：《老子周易王弼注校釋》，（臺北：華正書局，1983 年），頁 6。

〔註207〕秦學智：《李贄大學明德精神論》，（北京：中國傳媒大學出版社，2007 年 7 月），頁 18。

〔註208〕〔清〕黃宗羲：《明儒學案》，（臺北：世界書局，1961 年），頁 335。

欲惟寡而心存，而心不能以無欲也。」〔註209〕，可見李贄在人欲之觀點，是其融通儒釋道三家之後的個人詮釋。

李贄天理、人欲觀是承襲道家的「自然」之「本來如此」義、「天真」之「情真」義，佛教的「真空」義，以及心學「主體心」之「心即理」概念，再由此來梳理〈童心說〉，故〈童心說〉曰：

> 夫童心者，真心也。若以童心為不可，是以真心為不可也。夫童心者，絕假純真，最初一念之本心也。若失卻童心，便失卻真心，失卻真心，便失卻真人。人而非真，全不復有初矣。童子者，人之初也；童心者，心之初也。夫心之初曷可失也！

李贄論「心」具有「自然」義，而「自然」，又來自於他的「真」，故「童心」就是「真心」。李贄以「童」、「真」相比附，若無「童心」，則謂無「真心」。由此可知，「童心」非「假」，乃純粹之「真」，是人在未接受外來影響前就存在的真實狀態，是以「童心」即最初「未受世間一切名理事物所侵染的純粹清明的境界」〔註210〕。而「真人」就是具有「童心」「真心」的「自然淳樸」之人。此「全不復有初矣」的「初」也就是指「人之最初一念之本心」的「童心」，具有直覺能力、純粹而獨立，是擺脫一切進入對形象的真覺式的思維〔註211〕。袁光儀則將「童心」視為超越、先驗的道德心，是以儒者性善說為前提。〔註212〕

---

〔註209〕〔清〕黃宗羲：《明儒學案》，（臺北：世界書局，1961年），頁311。

〔註210〕周彥文認為：「人的真心稱為童心，是因為『童子者，人之初也；童心者，心之初也』，這最初的人性，是未受世間一切名理事物所侵染的純粹清明的境界，是一個以絕對真誠的態度來對待世事，並發之為文的境界。唯有在此境界下所寫的文章，才有真性情、真見解，才能流傳千古。」參閱周彥文：〈李贄及其〈童心說〉所表現的文學觀〉，《東海文藝季刊》，3期，1982年，頁27。

〔註211〕周志文強調，「我們可以將〈童心說〉的中強調的真心，『最初一念之本心』解釋為擺脫一切進入對形象的真覺式的思維之中。童心指的就是最初的、有直覺能力的「心」，它強調審美活動，（包括文學的創造與欣賞），不在事物的外在的（extrinsic）價值，審美活動是一種純粹而獨立的活動，不依靠任何外緣的事物，它的價值是純然的內在的（intrinsic）。」詳參周志文：〈「童心」、「初心」與「赤子之心」〉，《古典文學——第十五集》，頁80。

〔註212〕袁光儀說，「李贄所以能反對『從外入』、『從人得』之禮，而強調『克己復禮』、『博文約禮』之禮，正可見李贄對童心『絕假純真、最初一念』之提倡，實以儒者性善說為前提，童心、真心，亦即超越的、先驗的道德心。」詳參袁光儀：〈道德或反道德？李贄及其「童心說」的再詮釋〉，《臺北大學中文學報》第2期，頁180。

具有自覺其正、自信其美之特質。〔註213〕

　　無論是直覺、純粹、先驗道德，都是指涉「童心」有「自然」之本質。儒、道皆強調自然，道家重視自然而然，而儒家道德實踐也是「自然」高於「人為」，「興於詩，立於禮，成於樂」本身就有內在之樂（自然）超乎外在之禮（人為）的意涵。故儒道在追求「自然」的精神上有其相通之處。嵇康就曾經試圖「越名教而任自然」（〈釋私論〉）〔註214〕，藉由「自然」療救「名教」之弊。他貶抑讀書人藉由研讀經書以謀取功名富貴，認為當時士人以六經為獵取功名利祿的工具，反造成儒經變質〔註215〕。他重視的是儒家的正統名教〔註216〕，聖人之治，強調本性之「和」，故其根本還是以一外在本體「道」來讓人「心無措乎是非」、「行不違乎道」。

　　反觀中晚明時期，讀書人以六經為獲得仕宦的手法與魏晉如出一轍，李贄也對此虛偽的假道學提出強烈質疑，然李贄也和嵇康一樣，不是一味反對六經，而是反對六經淪為獲取利益之手段，如此將造成人心之遮蔽，童心之喪失，所以李贄在「越名教而任自然」這個部分，的確是傳承了嵇康〔註217〕。但是

---

〔註213〕袁光儀以「蒙卦」詮解「童心」，而「『發蒙』的過程，不在於『去除蒙昧』，不在於使童蒙遠離蒙昧狀態，而在於啟發蒙者之自覺其正、自信其美，換言之，即認清自身生命之本質與價值。相反地，若求外在的價值取代自身蒙之正性，獨遠其實，則為自加桎梏，以往而吝，不可脫矣。」詳見氏著：〈蒙以養正──李贄《九正易因》之〈蒙卦〉解與「童心說」〉，《成大中文學報》第29期，2010年，頁62。

〔註214〕〔三國〕嵇康著、戴明揚校注：《嵇康集校注》，（北京：人民文學出版社，1962年），頁234。

〔註215〕吾師江建俊提出：「嵇康貶抑『思不出其位』而力主『出位之思』，……責禮法之士將學習六經視為獵取功名利祿的工具，乃是對六經本作為聖人之行的誣衊，也是士風敗壞之伊始。而當讀書人相攜奔競於榮華，則儒經必然變質。且其將儒經字句視為不刊之論，無形中，經典遂成禁錮言行心靈之枷鎖。」詳見吾師江建俊：〈嵇康之「出位之思」──從「師心」談起〉，出自氏編：《竹林名士的智慧與詩情》，（臺北：里仁書局，2008年），頁97。

〔註216〕曾春海說，「嵇康『越名教而任自然』所針對的是名教異化淪為矯性造作的不息然現象。……嵇康『任自然』的自然觀，質言之，不但是其對現實政治社會的批判立場，在他據以解讀和解構彼時已變質異化的名教外，他也據以描畫了一條建構達觀、健康的生命價值觀，那就是接引吾人『順天和以自然』、『任自然以托身』，追求吾人精神上之至樂和至味的心靈生活。」詳見曾春海：《竹林七賢的玄理與生命情調》，（臺北：五南出版社，2013年），頁111。

〔註217〕蔡仲德說：「儒家禮樂思想歷來肯定音樂的表情特徵，『情動於中，故形於聲』……道家自然樂論歷來重視自然，重視真，《莊子》更有『法天貴真』的明確主張……李贄繼承並發展儒家肯定音樂表情特徵的思想，否定道家的

李贄基本上是肯定人人皆有聖人之具，他重視的是人心內在本體的價值，人心自具禮義之質性，故自己即可措乎手足，不必仰賴外在另一道德主體。因此，筆者認為，「童心」的「真」，「有初」，其實就是同時包含人心中的私、欲、情和禮義〔註218〕，也就是「存人欲之天理」的心。

## （二）從師心獨見到童心運轉

因為「童心」為「真」，「真」即是「自然」，且「自然」狀態下的「童心」就是一種「存人欲之天理」的心，既然「童心」如此珍貴，又是李贄音樂美學思想的理論基礎〔註219〕，那要如何保持「童心」之「真」與「自然」呢？且人不可能脫離社會而存在，必定會有與他人接觸的機會，既有交流，就不可能避免世俗塵念沾染「童心」，故〈童心說〉曰：

> 然童心胡然而遽失也？蓋方其始也，有聞見從耳目而入，而以為主于其內而童心失。其長也，有道理從聞見而入，而以為主于其內而童心失。其久也，道理聞見日以益多，則所知所覺日以益廣，於是焉又知美名之可好也，而務欲以揚之而童心失；知不美之名之可醜也，而務欲以掩之而童心失。

李贄針對「童心」淪喪，區分成三個階段〔註220〕：首先，是具體經驗從各種

----

〔註218〕袁光儀認為「李贄之童心固是『真』，因為『真』，使他亦必正視『人欲』的存在，亦必不能忍受任何虛偽矯飾的態度；簡言之，『人欲』做為存在的事實，是童心之『真』所不能迴避而必正視的『對象』，卻不是童心的本質內涵；此『絕假純真，最初一念之本心』之所以萬不可失，乃因其同時亦即是善、即是美，即儒者所論先天至善的道德主體。」詳見氏著：〈蒙以養正──李贄《九正易因》之〈蒙卦〉解與「童心說」〉，《成大中文學報》，29 期，2010 年，頁 69。但筆者並不十分贊同，其仍然以制欲作為體仁之方法，但以王門後學來看，如顏山農就有「是制欲，非體仁」之說，而由李贄師承王學脈絡看來，似有矛盾。

〔註219〕蔡仲德說：「李贄音樂美學思想的理論基礎是『童心』說。」參見氏著：《中國音樂美學史》（北京：人民音樂出版社，2003 年），頁 703。

〔註220〕對於「童心」之失，傅小凡將其分為四個步驟，他說：「第一，通過耳目等感覺獲得外部世界的經驗，這種經驗在人的內心中成為主宰，因此童心失去了；第二，開始讀書學習，書中的道理和師長的教誨，通過感官達於內心，這些道理又成為內心的主宰，而童心再失；第三，隨著時間的推移，道理和經驗越來越多，感知到的外部世界也越來越豐富，人逐漸了解到美名的好處，因

感官入主心中，成為心的主宰；其次，是思惟想法藉由具體經驗，再從各種感官入主心中；最後，這些思維、想法、經驗形成對外在世界的判準〔註221〕，有了善惡美醜之別，違背了萬物平等的概念。而前文提及，李贄曾反對這種區別心，因為區別心反而是造成人世紛爭的原因。佛教就反對將善惡二分，以避免「意識停留在分別的世界」〔註222〕；道家也認為善與惡、美與醜不過是相依相即的概念。而會明確界定善、惡之分者，只有儒家，所以由此可見佛、道真忘一如、正言若反的思想在李贄「童心說」的發酵。

且因「無善無惡」的無分別心才是「至善」，此等有美、不美區隔的心一旦形成，就會產生由外而內的成見，這已非人心自然之情、私，而是因外在社會價值判准所造成的不自然之預設，如：好學本為人心之自然私慾，因李贄認為人有勤學之原始慾望〔註223〕，但是一旦念書是為了獲得某些外在利益，那

---

此追求名聲而使童心又失；第四，知道不好的名聲對自己不利，於是一味地掩蓋自己的不良行為和舉止，從而使童心喪失殆盡。在這四個步驟中，貫穿著一個根本內容，就是社會的知識與聞見。正是主體在社會經歷的過程中，逐漸將這本於天性的童心失去了。然而這些源於外部的經驗是任何一個主體都必須面對的客觀環境，人是不可能超越它而獨立生存的。況且任何一個主體必須接受社會的教育，才可能成為一個具有社會意義的人，所以這童心的失去就成了必然。」傅小凡之說法，乃是完全推翻了道理聞見的價值，而將道理聞見視為遮蔽童心的原因。詳見氏著：《李贄哲學思想研究》，（福州：福建人民出版社，2007年），頁172。

〔註221〕關於外在的道理聞見如何斲傷人心，袁光儀認為「在李贄來看，蒙之正性才是至善至美，後天灌輸給我們的知識系統與追求金錢財貨的價值觀，則是強加桎梏，使我們迷失本性（見金不見其身）。然而，一旦以那些外在價值觀為美善，則生命自然流於不斷地外逐，看不起質樸（空空者）、看不起貧窮（屢空者），而自身便須不斷追求知識財貨以傲人，無異於不斷地『自加桎梏』，李贄直接借上九爻辭之『為寇』為喻，世俗教育以『知識』、『聰明』、『貨殖』為價值，就李贄看來皆是斲傷『蒙』之正性之『寇』，所當禦之，不當為之。」筆者同意袁氏之見，由於這些世俗外在價值凌越童心本身所具有之質樸特徵，故反而蒙蔽了童心之真純。詳見袁光儀：〈蒙以養正──李贄《九正易因》之〈蒙卦〉解與「童心說」〉，《成大中文學報》第29期，2010年，頁63～64。

〔註222〕荒木見悟著、廖肇亨譯：《明末清初的思想與佛教》，（上海：上海古籍出版社，2010年），頁146。

〔註223〕李贄在《李溫陵集·卷之三·書答三·答鄧明府》曰：「間或見一二同參從入無門，不免生菩提心，就此百姓日用處提撕一番，如好貨，如好色，如勤學，如進取，如多積金玉，如多買田宅為子孫謀，博求風水為兒孫福蔭，凡世間一切治生產業等事，皆其所共好而共習，共知而共言者，是真邇言也。」李贄基本上肯定了日用之常為人心之私，且應順民之好而為，其中「勤學」就屬於「百姓日用處」。

麼這種想法就是囿於社會造成的「有所為而為」之欲，一旦這些慾望主宰了心，那麼「童心」必然消亡。

　　李贄基於對太極否定，視外在義理為喪失童心之根源，視童心為「真人」的內在依據，他反對形而上的「一」、「天理」，繼承陽明學說，揚棄外在之「理」的超驗性，但反對王學以綱常為內容的天理，這也是藉此透過反對封建整體，轉向個體自身的固有價值。〔註224〕然而道理聞見就一定是不好的嗎？前人研究往往以此認定李贄是反對傳統專制道德教條〔註225〕，但是這裡牽涉到道理聞見入侵「童心」的路徑，以及聖人是以何種方法讀書，才能避免道理聞見對童心之斲傷〔註226〕，況且聖人能在博覽群書後，還可保持靈明之心，本於聖凡皆同的觀點，聖人能做到，凡人應也能在讀書識義理的過程中，保持童心，故〈童心說〉曰：

　　夫道理聞見，皆自多讀書識義理而來也。古之聖人，曷嘗不讀書哉！然縱不讀書，童心固自在也，縱多讀書，亦以護此童心而使之勿失焉耳，非若學者反以多讀書識義理而反障之也。夫學者既以多讀書識義理障其童心矣，聖人又何用多著書立言以障學人為耶？童心既障，於是發而為言語，則言語不由衷；見而為政事，則政事無根柢；

---

〔註224〕楊國榮，〈從良知說到童心說〉，出自氏著：《王學通論——從王陽明到熊十力》，（上海：華東師範大學出版社，2009年），頁157。楊氏說，「在正統理學那裡，理（太極）表現為超驗的太一，它化生萬物而又君臨其上，這種以『一』（太極）消解多（具體對象）的觀點，可以看作是從形而上的層面論証天理對於個體的優先性。李贄反對以『一』為萬物之原，首先是針對正統理學賦予理以超驗規定而發，在這一點上，李贄的見解與王陽明基本上一脈相通。不過，二者又存在著不可忽視的差異：王陽明所揚棄的，僅僅是理的超驗性，至於以綱常為內容的天理本身，王氏絲毫不容有任何懷疑；李贄則將鋒芒直接指向了理（太極）本身。所謂『何太極之有』，即鮮明地表現了這一傾向。」

〔註225〕如許蘇民就認為，「『童心』乃是一個與專制道德說教、乃至整個的傳統文化氛圍相對立的範疇。在李贄看來，傳統的是非、善惡、美醜的觀念都是障蔽人的『童心』的，『道理聞見，皆自多讀書、識義理而來』。」詳見氏著：《李贄評傳》，（南京：南京大學出版社，2006），頁211。

〔註226〕周彥文認為此處的道理聞見並非要全然推翻，畢竟讀書若能秉持有主見、不人云亦云、不一味將古聖先賢當偶像般崇拜，那麼，讀書的目的，就應該不是要去背誦經典字句，以代替己見，甚至用以解釋、掩飾自己的惡言惡行。相反的，讀書目的應是要利用書中道理，使自己有主見和純粹清明的判斷，以應世，並保有絕對純真的童心。詳見周彥文：〈李贄及其〈童心說〉所表現的文學觀〉，《東海文藝季刊》第3期，1982年，頁29。

　　著而為文辭，則文辭不能達。非內含以章美也，非篤實生輝光也，

　　欲求一句有德之言，卒不可得。所以者何？以童心既障，而以從外

　　入者聞見道理為之心也。

由此看來，道理聞見並非造成遮蔽「童心」的原因，李贄也非一味反對道理聞見，重點在於讀何書、如何讀、為何讀、如何實踐﹝註227﹞，李贄也非反對聖人或讀書，而是反對一味以古人為師，終淪為個人見解之淪喪，且藉由正確讀書，反可保童心之「真」，此即聖人著書立說之目的﹝註228﹞，藉此完成內在精神的品質與獨立思考的人格，同時也是一種儒者的道德自律﹝註229﹞。在此，李贄傳承了王陽明「心即理」的心物一體觀，但又不同於陽明將「天理」（規範、義理）視為良知的主導﹝註230﹞。

---

﹝註227﹞　傅小凡說：「不是任何聞見和道理都能夠使童心喪失的，所以李贄並不一味地反對在生活中獲取聞見和道理，這就要看讀什麼樣的書，如何讀書，為什麼讀書；聞見什麼樣的道理，聞見了道理又如何運用了。」詳參氏著：《李贄哲學思想研究》，（福州：福建人民出版社，2007年），頁173。

﹝註228﹞　袁光儀認為「李贄以道理聞見為弊之真諦，非但不是前人所認為的反對聖人經教，相反地，李贄是以極端認真的高標準反思『問學』（教育）的本質，唯在啟發『童心』道德主體的自覺，而徹底摒除以知識才能論優劣的世俗價值觀。」詳見袁光儀：〈蒙以養正——李贄《九正易因》之〈蒙卦〉解與「童心說」〉，《成大中文學報》，29期，2010年，頁73。周彥文也認為「李氏反對的並不是古聖先賢的本身，更不是反對讀書，他所反對的，是拿聖賢經典當做一成不變的至論，當做自己虛言假行的藉口的態度。」參閱周彥文：〈李贄及其〈童心說〉所表現的文學觀〉，《東海文藝季刊》，3期，1982年，頁28。

﹝註229﹞　袁光儀提出「童心之『真』即使涵括對『人欲』的正視與肯定，然就其做為唯一最高價值而言，童心之『真』，即儒者之道德自律。李贄之學，即承繼陽明心學一脈的發展，即使推其極處，逸出傳統理學之矩矱，然就其學說宗旨，如對儒者性善之體悟，與對親民愛民之看重等，其為『真道學』之一脈。」詳見袁光儀：〈道德或反道德？李贄及其「童心說」的再詮釋〉，《臺北大學中文學報》第2期》，頁182、184。

﹝註230﹞　楊國榮認為，「李贄在這裡固然否定了理在氣先之後，但其立論的前提並不是以氣為第一原理的氣一元論，而是心物一體論。不妨說，李贄的以上議論乃是以王學批評正統理學。事實上，王陽明已在心體內在於萬物的前提下，肯定了理氣不可分。從理學演變的歷史行程來看，這裡真正值得注意的是李贄對作為太一的理——太極的否定。……王陽明的良知既具有『吾心』這種個體的形式，從而不同於正統理學之超驗的太極；同時又以天理為其普遍的內容，後者往往構成了良知的更主導的規定。作為良知內容的理，既含有理智（理性）之意，又指形而上化的名教規範及義理，而王陽明所突出的，常常也正是理的後一內涵。與此相應，當王陽明把理視為良知的本質規定時，亦意味著將這種規範、義理作為良知的主導方面。與王陽明不同，李贄不僅反

　　換言之，李贄「童心說」並非要人不讀書，而是藉此批判當時充斥之偽道學，以正統的綱常義理「主於其（童心）內」〔註231〕，因為這些唯一之理的正統，反而會使童心淪喪，以致失去其獨立精神人格，故〈童心說〉曰：

> 夫既以聞見道理為心矣，則所言皆聞見道理之言，非童心自出之言
> 也。言雖工，於我何與，豈非以假人言假言，而事假事文假文乎？
> 蓋其人既假，則無所不假矣。由是而以假言與假人言，則假人喜。
> 以假事與假人道，則假人喜；以假文與假人談，則假人喜。無所不
> 假，則無所不喜。滿場是假，矮人何辯也？

若屈從於「聞見道理」，就會失去童心，也會如矮子般，隨人說妍，更無一己超絕之判斷與卓見，只知一味跟隨他人意識，為獲得好評而虛應故事，反而造成「滿場皆假」的局面，因此「這不僅是封建社會的問題，李贄實際上揭示了主體與社會之間的矛盾。」〔註232〕李贄的〈童心說〉一方面是對中晚明時期道學家的指控，其內部思路，實有魏晉時期嵇康「師心」說的因襲。

　　嵇康曾對當代「六經為太陽，不學如長夜」（〈難自然好學論〉）〔註233〕之「常論」提出批駁，視「好學」並非人的自然之性，反對張邈的〈自然好學論〉，批判時人研讀六經只是為功名之求，認為人應以「無為」為要。〔註234〕嵇康

---

對以名教義理為童心的內容，而且將義理視為喪失童心的根源。」詳見楊國
榮：〈從良知說到童心說〉，出自氏著：《王學通論——從王陽明到熊十力》（上
海：華東師範大學出版社，2009 年），頁 157～158。

〔註231〕「與童心相對的見聞道理，並不是關於一般對象的感知思慮，而是源於義理
之知。換言之，李贄主要不是從認識論的意義上貶抑感知思慮，而是反對以
正統的綱常義理『主於其（童心）內』。將義理視為失卻童心的終極原因，便
突出地表現了這一點（也正是這一點，使李贄所突出的童心有別於陸九淵的
吾心）。」詳見楊國榮：〈從良知說到童心說〉，出自氏著：《王學通論——從
王陽明到熊十力》（上海：華東師範大學出版社，2009 年），頁 158。

〔註232〕語見傅小凡：《李贄哲學思想研究》，（福州：福建人民出版社，2007 年），頁
175～176。

〔註233〕〔三國〕嵇康著、戴明揚校注：《嵇康集校注》，（北京：人民文學出版社，1962
年），頁 262。

〔註234〕吾師江建俊：〈嵇康之「出位之思」——從「師心」談起〉，出氏著：《竹林名
士的智慧與詩情》（臺北：里仁書局，2008 年 7 月），頁 103。曾春海也認為
嵇康把甘苦痛癢視為生理的自然反應。但「好學乃人心計度後天的利害而始
致，非人性之本然。……嵇康認為人的天性是崇尚安逸閒恬的。……六經是
外鑠抑引人性的。……嵇康著此文顯然是對標榜儒家禮法世教，以司馬氏政
權為核心的豪門世族大膽地予以批判。嵇康勉力地要掙脫當權的豪門世族加
諸整體社會的儒學思想禁錮，揭穿彼等以倡道德禮法的虛偽性，擬以露骨的

反對的是透過學六經、仁義以求仕宦之手段，並非完全否定六經的意義與價值。身處於中晚明的李贄，同樣也是對時人之批判而出此言〔註235〕，但不同的是，李贄將「好學」視為人心之「自然」，故《李溫陵集・卷之三・書答三・答鄧明府》曰：

> 間或見一二同參從入無門，不免生菩提心，就此百姓日用處提撕一
> 番，如好貨，如好色，如勤學，如進取，如多積金玉，如多買田宅
> 為子孫謀，博求風水為兒孫福蔭，凡世間一切治生產業等事，皆其
> 所共好而共習，共知而共言者，是真邇言也。

他把勤學視為「百姓日用處」，也是人心所「共好」、「共習」者，且若勉強學習，只為求功業之想，此絕非報答父母恩情之手段，而是「榮耀他人耳目」罷了〔註236〕，他對讀書勤學基本上是抱持肯認之態度，故言：「不讀書，不勤學，不求生世之產，不事出世之謀，蓋有氣骨而無遠志，則亦愚人焉耳，不足道也。」（《李溫陵集・卷之九・雜述三・三蠹記》），故李贄肯定了好學為人心自然之本質。

　　另外，在「道理聞見」方面，李贄還有更積極的意義，就是突破人之性分限制，這與嵇康的「師心」有異曲同工之妙。吾師江建俊提出，劉勰《文心・才略》稱嵇康「師心以遣論」，指其有獨特之個性，得以擺脫依循，自由揮灑一己之才思，而「師心」一詞可追溯到莊子的「成心」，歷來各家對莊子「成心」解讀不同，可概分為二解，一為褒，以「成心」為自然心、真心，一為貶，以成心為偏執心、虛妄心，而嵇康加以融合之後，以師心「獨見」為「真心」，以師心「陋見」為「私志」，前者超拔，後者專斷。嵇康論理多以「心」解，其詩文共一百六十六個「心」字，論樂以「心」為體，提倡若以「虛」為涵養，

---

〔註235〕「（嵇康）主要針對當時門閥士族所標榜的名教之虛偽性而發，而李贄之反對以六經、義理抑制童心，則具有新的含義：它的注重之點在於個體性原則。可以說，李贄正是通過把良知中的個體性規定與嵇康以來摒棄系統化的綱常義理（六經、語、孟等）的非正統思想結合起來而突出了個體性原則。」詳見楊國榮：〈從良知說到童心說〉，出自氏著：《王學通論——從王陽明到熊十力》（上海：華東師範大學出版社，2009年），頁159。

〔註236〕《李溫陵集・卷之九・雜述三・為黃安二上人三首・大孝一首》曰：「即使勉強勤學，成就功名以致褒崇，亦是榮耀他人耳目，未可以拔吾慈母于苦海也。唯有勤精進，成佛道，庶可藉此以報答耳。若以吾家孔夫子報父報母之事觀之，則雖武周繼述之大孝，不覺眇乎小矣。」

批判來衝破世俗名教的社會束縛。」詳見曾春海：《竹林七賢的玄理與生命情調》，（臺北：五南出版社，2013年），頁100～101。

則可「任心」而達大道〔註237〕。

反觀李贄論「心」，出現在其文獻中的心僅有主宰知覺運動的「道心」，知覺運動之「人心」、具有私慾情禮義等共性之「本心」、最初一念之「童心」，李贄擴張了人心的功能，這是源自泰州學派的自我之意至上論，他藉著抬高個體之意志而貶抑普遍的理智（理性），去除綱常規範之義理〔註238〕。但李贄在「心」的辨名析理上，似不及嵇康之清晰，也可見到李贄並非一位嚴謹的學者。然從李贄肯定以正確的方法獲得道理聞見來看，他所謂的「童心」也並非為一靜止不動的「寂」，而是具有活潑生成性的「真心」。

李贄在〈三教歸儒說〉云：

> 儒釋道之學一也，以其初皆期于聞道也。必聞道然後可以死，故曰：
> 「朝聞道，夕死可矣。」

可見不管李贄本於儒釋道哪一家的立場，在藉由「聞道」而完成生命的期待都是一樣的，由此來看其〈童心說〉的道理聞見，可發現李贄追求讀書的目的，就是在護持「童心」，而非有所為而為的研讀《論》、《孟》，一旦有了有所為而去為的想望，就如同佛教「真空」觀所謂的有為「空」的企圖，那麼就不是「真空」，也就不是「真心」了。故一旦為功名而讀書，那麼道理聞見將會遮蔽本心，陷落「童心」於遮障之弊。若研讀《六經》是為求自家生命下落，是為了

---

〔註237〕吾師江建俊：〈嵇康之「出位之思」——從「師心」談起〉，出氏著：《竹林名士的智慧與詩情》（臺北：里仁書局，2008年7月），頁105～107。吾師江建俊認為「劉勰《文心‧論說》之稱述傅嘏、王粲、王弼、嵇康之論文『師心獨見，鋒穎精密』，及〈才略〉之言嵇康『師心以遣論』，皆視『師心』為文學藝術獨創的關鍵。夫以『心』為師，即重在發揮作者獨特的個性、思想，也就是自由的揮灑一己的才思，擺脫一切依循。歷代學者對莊子的「成心」有迥然不同的解釋，一持正面肯定，以成心為自然之『道』，為『真宰』以『成心』為無私無我之『真心』。……另一種則持負面否定的態度，此郭象一系的注解即屬此。人皆自私其成心，有成心則有偏執，因以有是非。而是非之彰，道之所以虧，乃知成心是一種虛妄心。」
〔註238〕「李贄強調童心之個體性（「自」）品格，在一定意義上可以看作是對泰州王學的進一步引申。然而，在突出個體性這一相近的形式之下，二者又存在重要差異：在泰州學派那裡，與自我（個體）之意相對的，主要是普遍的理智，其特點表現為抬高個體之意志而貶抑普遍的理智（理性）；而童心所剔除的，則是以綱常規範為內容的義理。前者具有非理性主義的性質，後者則繼承並發展了嵇康以來的非正統思想，帶有明顯的異端色彩。」詳見楊國榮：〈從良知說到童心說〉，出自氏著：《王學通論——從王陽明到熊十力》（上海：華東師範大學出版社，2009年），頁159。

悟生命意義，是不為外在功名富貴之求而識讀書義理，那麼這樣的學習就是合乎人生存之本能、本性，就不是遮蔽童心之毒藥。從李贄本身仕宦過程來看，他當初也只是為了盡人倫責任而做官，並非求一己之名利，故這也是屬於滿足生存條件所需之自然，當人倫盡，便辭官歸隱，若徒望虛位，就是為功名之求。故李贄並非一味排拒讀書義理，而是讀書義理之目的有順性或矯性之別。前者足以使心更向上層次提升，後者反而會落入世俗之桎梏。

由此看來，藉由正確地讀書與學習，「童心」也是有衝破人之性分之可能，如同嵇康論心，也是包含先天資質與後天論見之合匯，其論多自為客主，相互辯難，又能師「心」以遣論，而創獨說。順其心，又能以析辯圓成自說。嵇康的「越名教」之「越」還有衝破人之性分之意，若一味固守「氣分」，將無法「擺脫認知的先天局限或後天的設定」，故應「思出其位」以「拓展所宜之思」。蓋嵇康之心乃藉由虛靜涵養，而行玄覽之功，有自我意識，同時又能認識道體，故其乃就認識論的角度，提升心的清明，破除感官經驗的限制，「超有無」而臻乎「道」之境界。〔註239〕嵇康以「主體心消解有措」，「越名任心」，李贄以「童心說」的成長，是源自「虛靜心」的「道自我出」之內在主宰知覺運動之規律，及在人倫物理的磨練中保持不滯逆之「真知」，而使此藝術精神擺脫世俗桎梏，由「童心」而發的作品，自可成為「至文」，此種以「真知」聞見道理〔註240〕，證成了「童心」運轉的每個當下剎那的突破，確實實踐了嵇康「越名教而任自然」（〈釋私論〉）〔註241〕之真諦。

## （三）個體情性之強化

李贄提倡人心本具禮義道德，同時也肯定個人情性有其殊異的價值，而這種對天生道德的共性，在王陽明「成色」說便已提及。王陽明認為人心本有「純乎天理」之本質，且聖人之所以為聖，乃基於「其心之純乎天理而無人欲」，

〔註239〕詳見吾師江建俊：〈嵇康之「出位之思」——從「師心」談起〉，出自氏著：《竹林名士的智慧與詩情》，（臺北：里仁書局，2008 年 7 月），頁 104、111。

〔註240〕周彥文說：「李氏在明燈道古錄中討論大學內『誠意致知』的意義時，曾經說道：『唯在真知，吾之未能而不敢勉焉。』他所謂的一切『知』，必為不自欺的真知，也就是童心。文章的內容在求真，而不是求文飾。」詳參氏著：〈李贄及其〈童心說〉所表現的文學觀〉，《東海文藝季刊》第 3 期，1982 年，頁 30。

〔註241〕〔三國〕嵇康著、戴明揚校注：《嵇康集校注》，（北京：人民文學出版社，1962 年），頁 234。

就如同「精金」的「成色足」，這是一種「尊德性」之說，因此「聖人的基本性格是一元的（仁），而不是二元的（仁且智），聖人完全變為一個道德人格的標準。」〔註242〕然聖人又有才力大小的差別，如同「金之分兩有輕重」，但聖人端賴道德的「成色」而非才力的分兩，而此道德之「天理」又可藉由前文所謂正確的吸納道理聞見之法求得，此即「道問學」。即使是凡人，只要有此純乎之天理，即可成為聖人，未必需要有功業。但李贄在傳承王門「心即理」說法的同時，卻賦予個體情性同樣的價值，「把『情』抬到絪縕化物的本體論範疇的高度。」〔註243〕他並非把個體情性放在道德之下，而是將其置於與道德天理同樣之地位，他傳承王陽明的「分兩」，直視個人才力之殊異，但他又有所轉變，王陽明之「分兩」具有大小高低之別，李贄則不要這種分別，而是將殊異之情性放在平等的地位一視同仁，開展出與禮義同樣高度的情性論。換句話說，李贄肯定個體情性有殊異而無高下，且其價值地位與禮義相同，這已非以「天理」引導人心，而是強化情與禮義之相互融通，以達到個體之「心」的平衡發展。

王煜說：「羅近溪從拘謹恢復自然，李卓吾卻從自然趨向任誕。」〔註244〕因為李贄言行學說有強烈的個性，且其行為多有不拘禮法之狂，故從道家「自然」理路往個體自由的開展便越發鮮明。李贄在個體情性之強化方面，可以從他對人心、道心之闡發上窺知，《道古錄》曰：

　　《虞書》云：「人心、道心，便是兩心，心安有兩也？」

　　曰：「心，一也。自其知覺運動而為各人所用者，謂之人心；自其主

---

〔註242〕語見陳來：《有無之境──王陽明哲學的精神》，（北京：人民出版社，1991年），頁289。

〔註243〕「把『情』抬到絪縕化物的本體論範疇的高度。」一語出自蕭萐父、許蘇民之《明清啓蒙學術流變》，兩人認為「李贄所說的『童心』、『真心』、『真性情』皆與一個『情』字相通；或者可以說，童心即真心，即真性情，這一切皆『因乎自然』。李贄以『童心』作為衡量這個世界的一切真偽是非善惡美醜的尺度，更將『情』抬到了『絪縕化物』的本體論的高度：『絪縕化物，天下亦只有一個情。』『情』成為世界的本源，一切創造的原動力。這種似可稱之為『唯情論』的思想，更成為後來馮夢龍等人所大大發揮了的情感本體論的濫觴。」語見蕭萐父、許蘇民：《明清啓蒙學術流變》，（瀋陽：遼寧教育出版社，1995年），頁102。

〔註244〕語見王煜：〈李卓吾雜揉儒道法佛四家思想〉，收入氏編：《明清思想家論集》，（臺北：聯經出版公司，1981年），頁27。但對於李贄何以歸趨任誕此一方向，王氏並未加以說明。

　　　宰此知覺運動而為天地人物大根柢者，謂之道心。人心不同，有如
　　　其面。」

《道古錄》乃李贄應友人劉東星之邀，為劉氏與其子用相、姪子用健講授《大
學》、《中庸》的內容，針對用相、用健所提的問題進行解說。李贄提出「心」
只有一種，個體知覺運動者稱為「人心」，主宰此知覺運動者為「道心」，「人
心」即「道心」。由於人的心性各不相同，所以展現在外的也有殊異。李贄在
此將「道心」視為「人心」的上位，但「人心」與「道心」又非兩分，故其言
「心，一也。」他將「道心」作為「人心」的基礎，前者是「無」，後者是「有」，
前者為「虛」，後者為「實」，「道心」是真實存在的未發，而「人心」則是覺
知運作的已發，此「人心」有「童心」義。《道古錄》又曰：

　　　道本不遠於人，而遠人以為道者，是故不可以語道。可知人即道也，
　　　道即人也。人外無道，而道外亦無人，故君子以人治人，更不敢以
　　　己治人者。以人本自治，人能自治，不待禁而止之也。

李贄認為「人心」就是「道心」，所以道所存在之處，就是人所存在之處，道
不可離人而存在，人也不可能離開道而明覺，所以人道相依，人就是道的彰顯，
道就是人的內在性，因此李贄融合了老子的無為之治，認為君子為政必須以人
治人，亦即順應人心之自然歸趨以自治，不可以個人之心治之，此乃李贄融合
儒家之天理，與道家之無為，所形構出的個人對心的創造性詮釋。也因為天道
中有人心，人心中有天道，所以心得以兼具內在性與超越性，此為李贄之創發。

　　也因為李贄對人、對心的強化，因此雖然其繼承了道家「自然」心的順
性、天然等概念，但是又有所不同，他強調心的「私」也是一種「天成」〔註
245〕，天成之心有趨利避害之念，此為個體基於自我保護之需，故也是人心之
「自然」，這也同時反映了李贄對工商業市民的關照〔註 246〕。這種說法，脫
離老子在無為理念下的愚民思想，老子所謂的「虛其心，實其腹，弱其志，強

---

〔註245〕《李溫陵集·卷之三·書答三·答鄧明府》云：「吾且以邇言證之：凡今之人，
　　　　自生至老，自一家以至萬家，自一國以至天下，凡邇言中事，孰待教而後行
　　　　乎？趨利避害，人人同心。是謂天成，是謂眾巧，邇言之所以為妙也。」

〔註246〕「李贄生長於素以商業發達見稱的泉州，其祖先又曾世代經商，耳濡目染，
　　　　使他對從事工商業的市民寄予極大的同情……如果說，剔除良知中的普遍之
　　　　義理已開始逸出正統意識形態的軌轍，那末，以私心為本心則通過折射市民
　　　　的意識而使童心說中的異端色彩更為明顯。」楊國榮，〈從良知說到童心說〉，
　　　　出自氏著：《王學通論——從王陽明到熊十力》（上海：華東師範大學出版社，
　　　　2009 年），頁 161。

其骨」(《老子・第三章》)〔註247〕以使民「無知無欲」。魏晉時，嵇康從養生的角度，強調順天和之自然，亦即破除人之情欲、榮華，認為此皆使人夭性喪真之罪魁禍首，必須將之去除，方能養生〔註248〕。在李贄學說中反其道而行，就是因為肯定人欲，所以更不能忽視身為一個人對物質、精神皆有追求之想。再者，也因人人都有聖人之具，故未必要以聖人為唯一治理者，凡人也有積極成聖之可能。所以李贄結合了人性需求與社會現實，繼承了道家自然任性的思維，又能有更實際之社會作為。李贄這種肯定七情六慾之情乃人之自然，若違逆反而矯情之說法，是從「人」的角度看自然，而嵇康則是從「天」的角度看自然，兩者有相當大的歧異。所以「童心」代表「從個體自身中尋找其固有的價值」。〔註249〕

　　然而這個七情六慾的「情」也不是物慾橫流的縱慾，而是有更高度的說法，就是「自適」與「自得」，也就是「樂」境的展現。故《焚書・增補一・答周二魯》曰：

> 士貴為己，務自適。如不自適而適人之適，雖伯夷、叔齊同為淫僻；不知為己，惟務為人，雖堯、舜同為塵垢秕糠，此儒者之用，所以竟為蒙莊所排，青牛所訶，而以為不如良賈也。蓋其朝聞夕可，雖無異路，至于用世處身之術，斷斷乎非儒者所能企及。後世稍有知其署者，猶能致清淨寧一之化，如漢文帝、曹相國、汲長孺等，自利利他，同歸于至順極治，則親當黃帝、老子時又何如耶？僕實喜之而習氣太重，不能庶幾其萬一，蓋口說自適而終是好適人之適，口說為己而終是看得自己太輕故耳。

這裡所強調的「為己」、「自適」，並不是指一味的追求自私自利與個人享樂，李贄著意的是內心的安穩快意，這是出自「童心」的傾聽內心之真，順從己

---

〔註247〕〔魏〕王弼注、樓宇烈校釋：《老子周易王弼注校釋》，(臺北：華正書局，1983年)，頁8。

〔註248〕吾師江建俊說，嵇康認為養生有五難，五難就是名利不減、喜怒不除、聲色不去、滋味不絕、神虛精散，其為天性喪真之毒藥，唯「五者無于胸中，則信順日濟，玄德全全」，乃能證成其「體妙心玄」，此已超越於道家之重養神，道教神仙之重養形，真正超出「世教」之外，而為通變達微之「至理」。詳見吾師江建俊：〈嵇康之「出位之思」——從「師心」談起〉，出自氏編：《竹林名士的智慧與詩情》(臺北：里仁書局，2008年7月)，頁103。

〔註249〕詳見楊國榮，〈從良知說到童心說〉，出自氏著：《王學通論——從王陽明到熊十力》(上海：華東師範大學出版社，2009年)，頁161。

心而為以達自我安適，不是只為迎合他人需求，包含統治階層的利益，違背
自己內心之想望，因此「自適」包含了率性自然的本「真」，也包含對得起道
德良知之「善」，這種同時兼具個人精神獨立自主、無懼無畏、心安理得，即
是一種「自得」之樂境。也就是前文所言之「樂」為心之本體之論述，但此
「樂」與「自得」又非依附於外在之「道」與「理」，而是肯認人人皆有其生
命的追尋，個性的發展，所達到的內心安適，是「隨其資性，一任進道」，每
個人皆有各自求樂之法，「願作聖者師聖，願為佛者宗佛」，只要能「自得」
即可〔註250〕。關於李贄所謂情性殊異之論，秦學智在《李贄大學明德精神
論》說：

> 人們的心性卻是「至一」和「大同」。因為人性是相同的，是為一，
> 但每個人的心性表現、欲望、需求等又是千差萬別的，所以是為二或
> 多。總的來說，人是一和多的統一。明白了人是一和多的統一，那麼
> 天道、人道就很容易掌握和遵循了。「迹」即「多」，即複雜，即千差
> 萬別，即事物的特殊性或曰個性。而「道」或曰「真理」即「一」，
> 即簡易，即至一，即「大同」，即事物的普遍性或共性。〔註251〕

秦氏說法容易讓人誤解李贄把每個人的心性視為有一個制高點的「道」在統
攝，所以「心性」相同，只是表現出來的需求不同。筆者認為，基於李贄所謂
的「人必有私」、「禮義就在情性中、人心具有知覺運動等概念來說，「道心」
就是「體」，「人心」就是「用」，李贄根本上是即體即用，體用一源論。人的
心性之所以「大同」、「至一」，是因為心本具有私、慾、情、禮義、知覺等內
容，此為其「同」，也就是心的共性，不會因為張三、李四而有所不同。但是
也因為每個人皆有其個性、性格、喜好，所以李贄強調「順其性」，肯定每個
人的殊性，此即「多」。故李贄是在「心」上統一了同與殊，一與多。這也是
他在《九正易因‧觀卦》所說的「我生民生，無二無別，是謂天下之平；此所
以不言而喻，而下觀自化與？而觀者不一，化者不一，則各隨深淺，自不能一

---

〔註250〕　《焚書‧卷一‧書答‧復鄧石陽》曰：「平生師友散在四方，不下十百，盡
　　　　　是仕宦忠烈丈夫，如兄輩等耳。弟初不敢以彼等為狗人，彼等亦不以我為絕
　　　　　世，各務以自得而已矣。故相期甚遠，而形迹頓遺。願作聖者師聖，願為佛
　　　　　者宗佛。不同在家出家，人知與否，隨其資性，一任進道，故得相與共為學
　　　　　耳。」
〔註251〕　秦學智：《李贄大學明德精神論》，（北京：中國傳媒大學出版社，2007），頁
　　　　　29。

也。」〔註252〕每個人情性不同，各有深淺，此為多，而非一。

其次，李贄的「童心說」雖然有莊子「貴真」的思想，但仍有殊異。盛晶
認為：

> 莊子的「貴真"主要強調的是人的本性要符合天道的規律，強調的是
> 一種自然而然的最初始最本真的狀態；而李贄童心說的「貴真"他既
> 有自然的本真狀態同時更強調心口合一，那他就不僅僅是一種狀態，
> 更加是一種人格的真實。所以由此出發，在莊子看來，「返璞歸真」
> 是人的最初的狀態也是人最終的歸宿；但是對李贄來說，「絕假純真」
> 是李贄所有思想的出發點，李贄所有的觀點和思想都是以「童心說」
> 作為出發點來闡述的，童心是李贄的最初的本源。〔註253〕

也因為李贄傳承了老莊思想中的「自然」、「真」，而有了對「童心」的「真」、
「最初」的重視，也因為「童心」只是其說的開始，加之人的情性各有殊異，
因此，由於「情」動而發的「童心」才能成就各種「美」的可能與多元特色，
如：在音樂方面，可形成諸多風格；在文學方面，則可發衍出諸多體裁。故〈童
心說〉曰：

> 然則雖有天下之至文，其湮滅于假人而不盡見于後世者，又豈少哉！
> 何也？天下之至文，未有不出于童心焉者也。苟童心常存，則道理
> 不行，聞見不立，無時不文，無人不文，無一樣創制體格文字而非
> 文者。詩何必古選，文何必先秦。降而為六朝，變而為近體；又變
> 而為傳奇，變而為院本，為雜劇，為《西廂曲》，為《水滸傳》，為今
> 之舉子業，皆古今至文，不可得而時勢先後論也。故吾因是而有感
> 于童心者之自文也，更說甚麼《六經》，更說甚麼《語》《孟》乎？

既然至文出自「童心，那麼「童心」就是衡量世間所有藝術的標準，只要外在
的既定成見不要干擾內心，則由「童心」外發之作品都是好的作品。包含各時
代、各類體，皆有其價值，故不能厚古薄今，凡出自「童心」者就是「至文」。
不可僅以《六經》、《論語》、《孟子》這些古人標準來權壓今人。

職是之故，李贄的「童心」已成為一種藝術價值的判準，而其原則就在於
「真」、「情」，故〈童心說〉曰：

---

〔註252〕張建業主編：《李贄全集注（第 15 冊：九正易因注）》，（北京：社會科學文獻
　　　　出版社，2010 年），頁 119。
〔註253〕盛晶：《道家思想對李贄哲學思想的影響》，（湖南：湖南師範大學中國哲學碩
　　　　士學位論文，2012 年），頁 21。

夫《六經》、《語》、《孟》，非其史官過為褒崇之詞，則其臣子極為贊
美之語。又不然，則其迂闊門徒，懵懂弟子，記憶師說，有頭無尾，
得後遺前，隨其所見，筆之於書。後學不察，便謂出自聖人之口也，
決定目之為經矣，孰知其大半非聖人之言乎？縱出自聖人，要亦有
為而發，不過因病發藥，隨時處方，以救此一等懵懂弟子，迂闊門
徒云耳。藥醫假病，方難定執，是豈可遽以為萬世之至論乎？然則
《六經》、《語》、《孟》，乃道學之口實，假人之淵藪也，斷斷乎其不
可以語于童心之言明矣。嗚呼！吾又安得真正大聖人童心未曾失者
而與之一言文哉！

儒家的《六經》、《語》、《孟》等經典，是史官的褒揚、臣子的讚美、學生弟子
依照記憶老師說法所記錄，本身已是依個人觀點解前人之見，然這樣的解讀絕
非原貌，如同王門後學對王陽明「良知」說的解釋就有諸多門派，然假道學家
往往固執此說，奉為唯一經典，實荒謬至極。若一味研讀以作為換取官祿之工
具，忽略了本自「童心」的創造性觀點，照單全收之餘，自會抹滅「童心」之
「真」。

再者，古聖先賢之語往往有針對性，古今情勢殊異，絕不可抱殘守缺，以
經典之說作為衡諸世間一切事物之規矩，畢竟是非無定質。〔註254〕〈童心說〉
具有率真自然之特徵，同時也有真情實意的表達意義，故「苟童心常存，則道
理不行，聞見不立，無時不文，無人不文，無一樣創制體格文字而非文者。」
「童心者之自文也。」因為真本性的「童心」自然可由衷發抒真性情的言語，
人的自然情感有真實表達的必要，故〈童心說〉不僅具有本體意義，同時也有
實踐意義。

李贄身為王學之後，又仰慕王畿、王艮、羅近溪等王門後學，在《藏書》
中，將王陽明置於《勳封名臣》而非《理學名臣》，由此可見，其對人格事功重
視的態度。王艮提出「百姓日用即道」，也影響李贄重視「百姓日用」、「穿衣吃
飯」等個人生存的條件，故而肯定心之有「私」是合情合理，因日用之常就是

---

〔註254〕周彥文：〈李贄及其〈童心說〉所表現的文學觀〉，《東海文藝季刊》，3 期，
　　　　1982 年，頁 28～29。周彥文引王陽明〈答羅整庵少宰書中〉之「夫學貴得之
　　　　心。求之心而非也，雖其言之出於孔子，不敢以為是也。」以及李贄《藏書‧
　　　　紀傳目錄論》中所謂「咸以孔子之是非為是非，故未嘗有是非耳」諸語，倡
　　　　議李贄此語主在告誡我們不可佞古，當自有主見。此即李氏對古聖先賢的經
　　　　典抱持著打破偶像、迷信的態度的最佳例證。

生存的基本需求，李贄認同此人倫物理，根本上是將儒家的道德良知與私慾本能放在同一高度。而人心若本有「私」，則〈童心說〉的「真心」必然也有「私」的本質，若無「私」，就非「真」，更非「真人」了。故《道古錄・第十章》曰：

> 夫聖人亦人耳，既不能高飛遠舉、棄人間世，則自不能不衣不食、絕粒衣草而自逃荒野也。故雖聖人，不能無勢利之心。〔註255〕

換言之，李贄的「私」是「自然」心的本質，即使是聖人也有私心，故「私」不能歸屬於惡，更不能給予道德批判，因「私」是生存的基本需求，和道德無涉。故岡田武彥說：

> 其學雖被稱為持簡易、任自然之學，但那是由於他堅持民眾性而提倡安易的現成思想的緣故。他以求天地人物生生之本於「一」或「太極」或「理」者為妄論，而求之於陰陽夫婦。……。他反對以「一」或「太極」或「理」為體，認為由於這些東西存在於「陰陽夫婦」的「實」，所以如果離「實」而在實上立體，那不就反而陷於空虛枯槁了嗎？不言而喻，他雖然基於現成論，但就像眾所周知的夫婦論那樣，他的現成論甚至越發顯現出民眾化的形態。……卓吾排斥虛文而求實用，去浮理而揣人情。就是說，在卓吾看來，民眾素樸的要求及其自然的心情，就是本原的道。〔註256〕

李贄傳承自老莊的「自然」心，又融入了心學王艮的日用之常，展現了更符合人性的心性論由此看來，心具有情、私、義、規律的本質，如果沒有七情六慾，怎麼會有洗滌過後的昇華情感？因此童心所謂的「絕假純真」的假就是無情、無私、無義、無規律。故其對偽道的虛假有強烈針砭意義，同時也是對封建社會下平民百姓現實利益的積極正視，兼顧社會層面是李贄崇尚「實」的證據，與《莊子》僅構築一個逍遙的精神烏托邦截然不同。由此可知，〈童心說〉本身代表的是一種主觀精神意識，也是李贄美學觀具體實踐的基礎。

## 小結

　　綜合以上所述，李贄傳承自道家的自然心、虛靜心、天真心，強化了心本

---

〔註255〕張建業主編：《李贄全集注（第14冊：老子解注、莊子解注、道古錄注、孫子參同注）》，（北京：社會科學文獻出版社，2010年），頁255。

〔註256〕岡田武彥：《王陽明與明末儒學》，（上海：上海古籍出版社，2000年5月），頁210。

來如此之狀態，並採「虛」之工夫，讓心得以展現真情、獨立、感應極物之特徵。其所謂「心」之意蘊，乃聚焦於「初心」、「純心」、「本心」、「真心」的自然本性，此與「俗心」、「偽心」、「染心」、「迂心」對反，因此要「絕假」，才能「存真」，假人、假心、假言、假文，迥非至文，以其非出「童心」，若「童心」存，則「無人不文」。李贄所謂人心本具之私、情、欲，是人生理慾望之「真」，也是「無善無惡」的「至善」，而其所謂禮義，也是人生而有之的「真德性」，李贄這種以「心」為主，擺脫「理」之薰染，而音樂之格調，即立足於性情之自然。因為能發於「自然」之性，故能發抒內在的「真」，也因為不需要外在的「格」，所以出自於「至情」「至性」的情感，是古今一也。以真、自然為前提之餘，更需要以「虛靜」取徑，使萬物並作，並觀物復命，如此一來，琴者，方能「吟其心」，達「心同琴同」。又由於李贄之「心」，具有「真空」含意，此乃「有中之有」，得以隨境而生，故隨聲音、樂音而發，自能使個人獨特心具體化，自當「聲音之道原與心通」。而其心又同時具有心學的宇宙、主體、廓落之境，因之，「心」不僅是李贄音樂美學的本體，同時，透過「發乎情性」、「由乎自然」，最終可使音樂「止於禮義」。

此外，也因李贄所謂的「心」具有「未發」義，「童心」因「情」動運轉，而具「已發」義，而未發、已發乃理學之命題，李贄藉此概念沿用到他的「心」和「童心」之關係，其「心」傾向於陽明的「未發」，也因同時具有情、欲、私、禮義等意涵，故屬於人人本有之性善，但唯有「情」動運轉的「童心」在發用流行時，才有展現「全其本體的中」之境界可能，故李贄論心，同樣具有本體與工夫、體與用之聯繫。

由此看來，前人多是以「善」「真」的角度來詮釋童心，但是卻沒有人從「美」的角度來解釋童心，即使論者常提及童心是真善美的心，但其詮釋卻多以儒家的「善」、道家的「真」、佛教的「禪」來看童心，卻忽略了藝術心靈「童心」其所具有變動的完成性，換言之，一個藝術精神的提升，在美學中是理所當然的，但是若以儒家的「善」與道家的「真」來看的話，仍是回歸最原始的天賦道德或是法天貴真，然，「童心」本身就是一個活潑潑的主體，這不是王門後學歸寂派所強調的「靜」、「寂」，而是一種由上而下的動態主體之掌握，唯有從此一角度來端看「童心」，才能賦予「童心」主導生生不息的美學延伸特質。因此，下一章節就李贄音樂美學的本質，探求李贄音樂美學主體和起源。